本项研究得到国家社会科学基金重点项目"中华民国新闻史研究"（13AXW003）资助

南京师范大学民国新闻史研究所丛书（第二辑）
新闻史人物研究系列 ｜ 倪延年　主编

学术与救国：
新闻人任白涛研究

张炳旭　著

南京师范大学出版社

图书在版编目(CIP)数据

学术与救国：新闻人任白涛研究 / 张炳旭著. —南京：南京师范大学出版社，2025.4

(南京师范大学民国新闻史研究所丛书 / 倪延年主编. 第二辑)

ISBN 978-7-5651-5343-3

Ⅰ.①学… Ⅱ.①张… Ⅲ.①任白涛－人物研究 Ⅳ.①K825.42

中国版本图书馆 CIP 数据核字(2022)第 108363 号

丛书名	南京师范大学民国新闻史研究所丛书(第二辑)
丛书主编	倪延年
书　　名	学术与救国：新闻人任白涛研究
作　　者	张炳旭
策划编辑	晏　娟
责任编辑	张丽琼
出版发行	南京师范大学出版社
地　　址	江苏省南京市玄武区后宰门西村 9 号(邮编:210016)
电　　话	(025)83598919(总编办)　83598412(营销部)　83373872(邮购部)
网　　址	http://press.njnu.edu.cn
电子信箱	nspzbb@njnu.edu.cn
照　　排	南京开卷文化传媒有限公司
印　　刷	镇江文苑制版印刷有限责任公司
开　　本	787 毫米×960 毫米　1/16
印　　张	15
字　　数	274 千
版　　次	2025 年 4 月第 1 版
印　　次	2025 年 4 月第 1 次印刷
书　　号	ISBN 978-7-5651-5343-3
定　　价	68.00 元

出版人　张　鹏

南京师大版图书若有印装问题请与销售商调换
版权所有　侵犯必究

关于民国时期新闻史人物研究的再思考

——序《南京师范大学民国新闻史研究所丛书》（第二辑）

新闻史是新闻事业发生、发展和变化的历史。在构成新闻事业的诸要素中，新闻人是最具主动和能动性的要素。新闻活动是新闻人借助新闻媒介传播新闻内容至目标受众的社会活动，而新闻媒介只是新闻人为传播新闻创造且只有在新闻活动中才能发挥"新闻媒介"独特价值的"专业工具"，至于新闻内容更是新闻人发现、选择和传播的社会生活景象。因此，新闻史人物研究理应是新闻史研究的基本内容，中国新闻史研究如此，外国新闻史研究似乎也应是如此。

一

呈现在读者诸君面前的是一套由年轻新闻史学者完成的以民国时期新闻史人物为研究对象的学术丛书。他们有一个共同的身份或生活经历——都曾经是南京师范大学新闻与传播学院的博士研究生，都是在南京师范大学新闻与传播学院完成了博士研究生学业，博士阶段都是从事新闻史论方面选题的研究，论文主题也都是对民国时期新闻史人物的研究。

南京师范大学的前身是在新中国第一次高等院校专业调整中以原南京大学和公立金陵大学的中国语言文学和教育学专业为主体成立的南京师范学院。至于师范教育的历史则可溯源至公元 1902 年由清末名臣张之洞奏请清廷创办的"三江师范学堂"（而后历经两江优级师范学堂、国立南京高等师范学校、中央大学师范学院及南京大学师范学院等不同发展阶段，直到新中国成立后全国高等学校专业调整成立南京师范学院）。1964 年 6 月，教育部批复江苏省委宣传部同意在南京师范学院（政教系）设立的新闻专业，成为新中国成立后南京师范学院设立的第一个非师范专业。全国恢复高考,学校在中文系77级招收40名新闻专业学生,培养方式为江苏省委宣传部《新华日报》和南京师范学院联办共管——这一模式被后人称为"省部共建高校新闻院系"的最早探索之一。1995年,学校在新闻专业和电化教育系基础上合并成立新闻与传播学院。2006年,南京师范大学的新闻学科获准设立由新闻学理论、新闻史论和新闻法学为主要研究方向的二级学科博士学位授权点,据说是当时全国省属师范院校中获准设立的唯一的新闻学二级学科博士学位授权点,因而被学界同行专家誉为"进入全国新闻教育第一方阵"。2008年开始招收新闻史论方向的博士研究生。2012年5月在学院乔迁进新办公大楼之际,南京师范大学新闻与传播学院民国新闻史研究所正式成立。2013年5月获准立项国家社会科学基金重点项目"中华民国新闻史研究",同年11年竞标成功新闻史学领域第一个国家社会科学基金重大项目"中华民国新闻史"。2014年5月成立国内高等学校第一个"南京师范大学民国新闻史研究所",学校聘请了所长,研究所聘请了第一批兼职研究员。自2014年起,南京师范大学和中国新闻史学会于2014、2015、2016及2018年先后举办了四届"民国新闻史研究高层学术论坛",先后出版了《民国新闻史研究2014》《民国新闻史研究2015》《民国新闻史研究2016》3本专题性研究集刊。

2018年11月南京师范大学出版社出版的"南京师范大学民国新闻史研究所丛书"(第一辑,收录了研究民国时期新闻人胡道静、林语堂、黄天鹏、马星野的4种专题研究著作),即是在这种浓郁的学术氛围中产生的第一套"民国新闻史人物研究丛书"。现在呈现给各位读者的则是《南京师范大学民国新闻史研究所丛书》(第二辑),分别收录了关于民国时期新闻史人物英敛之、任白涛和范长江等的3种专题研究著作(按原定计划,《南京师范大学民国新闻史研究所丛书》第二辑也是由4种子目著作组成。研究"新闻人陈独秀"一书因工作程序方面影响而未能列入该辑丛书,将另行出版)。这既是国家社会科学基金相关项目的后续研究成果,也是南京师范大学民国新闻史研究群体向学术界同仁呈交的又一份答卷。

二

《南京师范大学民国新闻史研究所丛书》(第一辑)序言中,我曾就民国时期新闻史人物研究的社会环境和评价维度等谈过一些看法。认为民国时期的社会环境具有"两半"(半殖民地半封建)社会性质依旧、国民党(在较长时间内)处于强势地位、共产党(在较长时间内)处于弱势地位、外国势力(主要是美、苏、日等国)影响中国政治及舆论影响政治走向等主要特点;评价民国时期新闻史人物可以从国家观念、民族利益、社会道德、阶段表现等不同维度进行,这些观念至今仍未改变。鉴于本辑丛书所收录3种著作的具体研究对象(历史人物)同样生活在民国时期,这里我想进一步就研究民国时期新闻史人物的基本要求问题谈一些个人看法。

首先,研究民国时期新闻史人物必须坚持尊重历史的原则。"尊重历史"是指研究民国时期的新闻史人物应当尊重历史文献和原始史料,尊重历史文献所记载的客观历史事实,尊重历史文献呈现的完整人物形象。与研究对象直接相关的文献史料,应该尽可能完整、系统、全面。应该依据有关文献的历史记载来描绘、叙述研究人物的人生轨迹、思想变化、社会贡献和历史评价。一切从客观存在的事实出发,一切从记载历史事实的历史文献出发,一切从完整全面地记载历史事实的历史文献出发,而不是从零碎的、片面的、有选择的历史文献中寻找符合研究者"人设"的文献进行阐释性"描绘"。特别应强调的是,对那些与研究者预设的研究结论不很一致的史料甚至是相反的史料,尤其应予以充分的尊重,而不应"有意识"地忽略。只有立足于站得住脚的史料,从史料呈现的历史本身来阐释研究人物的人生经历、思想变化,才能使我们的研究成果站得住脚,得出的结论经得住时人的辩驳,对历史人物的评价经得住历史的检验。

其次,研究民国时期新闻史人物必须坚持实事求是的原则。"实事求是"是指研究民国时期的新闻史人物必须把他们放在当时特定的历史社会环境中去认识和评价。因为在不同历史语境和多种因素作用下,同一历史人物很可能会有与他在其他历史阶段截然不同的社会表现。由于民国时期特定的社会环境(执掌政权的国民党竭力打压摧残共产党及其领导的工农民主革命)与当今社会意识形态的差异,除国共合作抗日和国共和谈时期外,生活在国统区的历史人物要在国民党执政的社会环境中生存,一般不会公开与执政者"叫板",而更多是"曲言语是非"或"借古讽今""含沙射影"地表达自己的政治倾向或情感倾向。一些新闻人在国统区出版发行的新闻报刊上"奉命"刊载国民党中央社的"通稿电讯",那既是"奉命行事",实际上也是他被"逼上梁山"的"保命之

— 3 —

举"。当今研究者应具有基本的辨别历史是非的常识,而不能"认死理"地坚持"唯史料主义",被"这些"史料带进了认识的"沟里"(误区),得出不符合历史唯物主义的结论。

再则是研究民国时期新闻史人物必须坚持一分为二的原则。"一分为二"是指我们对于民国新闻史人物的研究,不但应看特定历史人物顺应历史发展的主流部分,即一生中主体的社会活动、主要的社会经历、所处的社会阵营及重大社会事件中的思想倾向,同时也不能或不应该采取平面的、单一的角度去认识复杂的历史人物。马克思说过,人是各种社会关系的总和(大意)。正常情况下,人的一生从事社会活动的时间大约有四五十年,在这四五十年间,中国的社会力量发生了巨大的变化,中国的政治态势发生了巨大的变化,中国的社会环境发生了巨大的变化。而作为社会存在的新闻史人物在这些变化当中当然也在发生变化。认识历史人物既要从他的人生大局、思想整体、政治主流等方面认识和评价,同时也不应忽略历史人物的其他方面,尤其不应忽视人物变化的客观环境条件,只有这样,才有可能把我们的研究对象(民国时期新闻史人物)完整地呈现在我们的研究成果中。

最后,研究民国新闻史人物必须坚持有所超越的原则。"有所超越"是指,现在的研究者对于民国时期新闻史人物的研究,应有超越前人的目标追求。这里"超越前人"的追求主要是指对前人研究成果的超越,包括研究对象范围的超越,获得原始史料水平的超越,思想认识深度的超越,对历史人物评价完整客观性的超越等。因为只有这样,才能使我们的研究、研究工作及研究成果,对已有的社会知识体系有所贡献、有所增补,对后人的研究有所补益。"学术研究无禁区",只要坚持正确的政治立场和科学的方法,民国时期的新闻史人物应该都可以研究。与此同时,那些民国时期比较著名的新闻史人物已有很多研究成果,没有被研究过的民国时期著名新闻史人物已经不多。因此,民国时期新闻史人物研究就必须有所超越,或者是研究角度的超越,或者是研究路径的超越(另辟蹊径),或者是研究史料的超越(新史料的挖掘和发现),或者是研究结论的超越(评价更为全面、客观、科学和完整)。总之,后来的研究成果必须对已有研究成果有所超越,才有研究的价值。

三

对照上述几点看法，收录在《南京师范大学民国新闻史研究所丛书》(第二辑)里的这3种以民国时期新闻史人物为研究对象的著作，可说是有圈有点，至少可说有一些值得欣慰的地方。

在坚持尊重历史方面。这3种以民国时期新闻史人物为研究主题的著作共同特点之一就是十分重视原始史料文献的搜集、研读(解构和建构)，并在研究成果中提供了认识特定历史人物的"钥匙"。仅以张勇丽的《办报与爱国:新闻人英敛之研究》为例。为研究著名新闻人英敛之，张勇丽尽最大努力搜集了与英敛之研究相关的各类文献史料。仅作者在该书正文后列出的参考文献就包括:晚清民国时期的报刊共计13种，中文著述140种，外文译著11种，硕博及期刊论文63种，合计达227种。作者正是在如此丰富翔实的文献史料基础上，对英敛之人生道路转折与社会环境、英敛之的新闻实践活动、英敛之与天主教、英敛之与清末政治、英敛之与辛亥革命的关系以及英敛之的新闻思想进行了较前人更为全面、系统的研究。在此基础上从四个角度提出对英敛之的历史评价:在列强侵略面前主张自强兴国的"爱国新闻人"，在封建君主制度下推进君主立宪的"进步新闻人"，迷惘无奈借助天主教"聚心育民"的"宗教新闻人"，在氏族感情上忠于清廷但未逆大势的"明智新闻人"。个人认为，从上述四个侧面描述的"完整英敛之"应该是基本符合"历史英敛之"实际的。

在坚持实事求是方面。这3种以民国时期新闻史人物为研究对象的著作都努力践行实事求是的原则，即努力把民国时期新闻史人物放到当时特定的社会语境中研究。任白涛是与徐宝璜、邵飘萍等属于同一时期的我国第一代新闻学者。由于各种原因，学界对任白涛的研究成果很少。改革开放后公开发表的第一篇研究任白涛的学术论文是当时在上海复旦大学新闻学院任职的马光仁先生，于1986年在《新闻大学》(1986年第13期)上发表的《任白涛与新闻学研究》。后来尽管有学者陆续发表过一些文章，但作为博士学位论文选题的学术基础还是非常单薄。张炳旭坚持实事求是的研究方法，从搜集基础的、原始的文献史料入手，一步一步踏踏实实地向前走，基本厘清了任白涛作为"中国早期新闻学研究的先知先觉者"从南阳、开封、上海、东京到重庆、恩施的人生轨迹和在日本留学期间参加"大日本新闻学会"研习新闻学时就出版《应用新闻学》、回国后创办中国新闻学社出版《综合新闻学》,以及在全面抗战期间从事抗日新闻宣传的学术历程,充分彰显了坚持"实事求是"的巨大学术张力。

在坚持一分为二方面。这3种著作都努力践行了这一辩证思维的原则,看到了历史人物的两面性甚至多面性。研究者们努力认识某一特定民国时期新闻史人物的各个(或多个)方面,力求科学全面完整地认识和评价研究的历史人物,避免"一边倒""一刀切","说好皆一切都好,说坏则一无是处"的简单性结论。集天主教徒、清室眷属、爱国报人于一身的英敛之是如此;从赴日本留学跟随日本人学习新闻学理论,到回国从事新闻学理论研究,抗战爆发后进行"新闻抗日"研究的任白涛也是如此。周浒在《社会与人生:新闻人范长江研究》中不仅客观叙述并热情肯定了范长江从进步新闻人走向革命新闻人的历史进程,对范长江同志在"革命新闻人"岗位上为无产阶级革命新闻事业努力工作予以高度赞扬,同时也向读者客观展现了范长江作为一个"努力挣脱旧新闻圈影响和束缚"的"新型"新闻人的侧面:他在成为"革命新闻人"后努力摆脱资产阶级报纸运作习惯对他的影响和努力挣脱旧新闻界所获名声的束缚,努力使自己成为彻底的"革命新闻人"。比较顺畅地解释了范长江在新中国成立后工作中所遇到的矛盾和困难,在读者面前展现出一个"较为完整的范长江"形象。

在有所超越方面。这3种著作都有所表现,都有自己的亮点,或多或少都有超越前人的地方。张炳旭的《学术与救国:新闻人任白涛研究》除了是国内新闻史学界的第一篇研究"中国早期新闻学研究先知先觉者"任白涛的博士学位论文,更在研究任白涛有关新闻事件及新闻思想的基础上,研究了任白涛面对日寇侵略而立足新闻人岗位和民族良心所进行的反对日本军国主义新闻侵略的斗争,这在以往的研究成果中所见不多,毋庸置疑是一个创新和超越。张勇丽研究的英敛之、周浒研究的范长江,都是新闻史学界的著名人物,也是学术界已有众多成果的研究对象。但他们在充分获取已有学术成果营养的基础上,立志有所创新,努力有所超越:周浒从"社会关系网络视域"研究社会关系网络对范长江人生道路、思想发展和业务经历的影响;张勇丽对英敛之的研究跳出了学术界常见的"报业革命""报人启蒙"范畴,大胆从英敛之与天主教、与清末政治(君主立宪)、与辛亥革命关系的角度切入。这些角度或切入点大多是以往学者所没有尝试过的,自有一番新意,使人眼前一亮,应该说基本实现了预期目标。

四

南京是研究民国时期新闻史具有独特优势的城市之一。南京师范大学是我国新闻史领域第一个国家社会科学基金重大项目的责任单位。南京师范大学新闻与传播学院是在我国新闻教育界享有盛誉的教学研究单位,目前拥有新闻与传播学一级博士学位授权点,先后有4个国家社会科学基金重大项目在这里安家落户。南京师范大学民国新闻史研究所是国内高等学校设立的第一个面向全国的民国时期新闻史研究学者的开放型学术平台。《南京师范大学民国新闻史研究所丛书》(第二辑)的出版得到国家社科基金有关项目的经费资助和学院的关心支持。这里要特别说明以下几点:

一是关于丛书名称。尽管张勇丽著作《办报与爱国:新闻人英敛之研究》中的英敛之的主要新闻实践是在清末(1902年6月16日创办天津《大公报》,1912年2月23日在《大公报》上刊登告白宣布"外出"后"不理报馆事");周浒著作《社会与人生:新闻人范长江研究》中范长江的新闻实践又一直延续到新中国成立之后,但考虑到与第一辑丛书的名称有所承继,且丛书的出版事宜主要由南京师范大学民国新闻史研究所在实际操作,所以仍然沿用《南京师范大学民国新闻史研究所丛书》之名,成为该套丛书的"第二辑"。

二是《南京师范大学民国新闻史研究所丛书》(第二辑)所收入著作的作者都是年轻的新闻史研究者。尽管都是南京师范大学新闻与传播学院培养的新闻史学方向的博士,但由于各自不尽相同的主客观条件,在攻读博士学位期间都承受了不同方向的压力和个人面临的不同困难:张勇丽在孩子出生不满11个月时便忍痛将孩子留在老家,自己来南京求学;周浒的孩子刚上幼儿园,为了来南京攻读博士学位,只能由夫人接送孩子和照顾日常生活;张炳旭虽然没有家庭老小之累,但学术积累方面的"补课"和突破一直是他面临的巨大压力。值得欣慰的是,他们都克服了各自的困难,如期完成了博士学位论文的撰写、修改、盲审和答辩,如期毕业并获得博士学位。他们专注于特定新闻史人物研究的"打深井",尽可能搜集相关资料并进行认真研究,尽可能探讨这些历史人物所处的社会环境与人生道路的关系,探析他们思想和业务转变的内在动因,尽可能"还原"特定历史人物的"完整图像",顺利实现了这一阶段的人生目标。

最后要特别强调的一点是:这3位作者都是20世纪八九十年代出生的年轻人,他们所研究的对象则是出生在民国时期乃至在民国之前,主要的新闻实践和研究活动是"民国时期"社会环境。这些年轻学者不可能有机会去亲身经历和体会这些民国时期历史人物所处的那个风云突变的时代、那个错综复杂的社会环境、那种新旧交替的人际关系以及那种由于社会环境突变对人们思想造成的冲击和震撼,加上各人学术经历和文献的积累及对研究对象认识程度的差异,不同研究对象原始文献搜集和研读难度的不同,当然也受导师学术水平、学术视野及学术积累等方面的局限,所以收入《南京师范大学民国新闻史研究所丛书》(第二辑)中的著作难免有这方面或那方面的不足。但正如我在丛书第一辑的"序言"最后所说的:好在他们是一群年轻人,是一群在高等学校从事教学科研工作的年轻人,且是一群有志于学术研究的年轻人,相信他们会通过不断努力达到不断完善的目标。更相信他们在顺利跨出第一步之后会走出更加精彩的人生之路,在学术探索和研究领域绽放出更加鲜艳灿烂的学术之花,结出更为丰硕优良的学术之果。

是为序。

倪　延　年
二〇二一年六月五日初稿于南京师范大学随园
南京师范大学民国新闻史研究所
二〇二四年十一月十八日改定于龙凤花园寒舍

目 录

引 言 ·· 1

第一章 任白涛的人生历程与社会环境 ··· 13
第一节 家世与早年求学生涯 ··· 13
一、家庭与家学 ··· 13
二、从私塾到学堂 ·· 15
三、上海问医兼求学 ·· 17
第二节 涉足报界到东渡日本 ··· 19
一、初入新闻界 ··· 19
二、东渡日本留学 ·· 19
三、与周恩来成为莫逆之交 ·· 22
四、参与留日学生运动 ··· 24
第三节 在杭州与上海间辗转 ··· 25
一、置身版权纠纷 ·· 26
二、投身左翼文化运动 ··· 28
第四节 因抗战而逐流 ··· 30
一、赴重庆寻找党组织 ··· 30
二、从事战时宣传工作 ··· 31
三、抗战胜利后的学术研究与文化工作 ··· 33

第二章 任白涛的新闻实践研究 ·· 35
第一节 在《民立报》时期的新闻实践 ··· 35
一、辛亥革命时期的上海新闻界 ··· 35
二、任白涛《民立报》记者经历考证 ·· 36

— 1 —

三、《民立报》上的"河南通信" ……………………………… 40
　　四、任白涛新闻通讯的主要内容 …………………………… 47
　第二节　在《新湖北日报》时期的新闻实践 ……………………… 50
　　一、《新湖北日报》的创刊背景及过程 ……………………… 51
　　二、《新湖北日报》的编务人员与栏目设置 ………………… 52
　　三、任白涛主编期间的《新湖北日报》言论分析 …………… 54
　　四、毅然离开《新湖北日报》 ………………………………… 60
　第三节　任白涛新闻实践的主要特征 ……………………………… 61
　　一、以兴趣支持事业 ………………………………………… 61
　　二、将新闻用作武器 ………………………………………… 62
　　三、为言论自由大声疾呼 …………………………………… 63
　　四、为民族解放坚守阵地 …………………………………… 64

第三章　任白涛的新闻学研究 …………………………………………… 65
　第一节　任白涛从事新闻学研究的背景 …………………………… 65
　　一、五四运动前后的中国社会政治文化环境 ……………… 65
　　二、20世纪20年代前后中国新闻学研究的快速发展 …… 67
　第二节　任白涛在日本的新闻学研究 ……………………………… 68
　　一、参加"大日本新闻学会" ………………………………… 69
　　二、著述《应用新闻学》 ……………………………………… 69
　　三、《应用新闻学》的出版经历 ……………………………… 70
　第三节　任白涛在国内的新闻学研究 ……………………………… 72
　　一、创办中国新闻学社 ……………………………………… 72
　　二、《综合新闻学》的诞生 …………………………………… 74
　　三、与学术界同人的交往 …………………………………… 75
　　四、进行体系化的新闻学研究与构建 ……………………… 78
　第四节　任白涛新闻学研究的主要特征 …………………………… 82
　　一、以改善我国新闻事业为目标 …………………………… 83
　　二、以指导实践为主要目的 ………………………………… 84
　　三、以构建体系化新闻学为追求 …………………………… 85
　　四、以引领学术为意识 ……………………………………… 88

第四章　任白涛的新闻思想研究 ········· 90
第一节　任白涛新闻思想的主要渊源 ········· 90
一、中国传统文化观念的熏染 ········· 90
二、西方新闻学理论的影响 ········· 92
三、自我新闻实践活动的提炼 ········· 95
第二节　任白涛新闻思想的主要内容 ········· 96
一、任白涛的新闻业务思想 ········· 97
二、任白涛的新闻教育思想 ········· 110
三、任白涛的新闻伦理思想 ········· 119
四、任白涛的新闻舆论思想 ········· 130
第三节　任白涛新闻思想的主要特征 ········· 135
一、中外结合,以本土化为追求 ········· 135
二、以吸纳为起点,以立足体系创建为目标 ········· 137
三、强调记者责任,以服务公众为宗旨 ········· 139

第五章　任白涛的抗日新闻宣传研究 ········· 141
第一节　任白涛从事抗日新闻宣传研究的历史背景 ········· 141
一、日本帝国主义者发动全面侵华战争 ········· 141
二、中国新闻界的抗日新闻宣传热潮 ········· 143
三、任白涛对日本新闻界的早期关注与研究 ········· 145
第二节　任白涛从事抗日新闻宣传研究的主要动因 ········· 146
一、为挽救中华民族亡国灭种的危险局面 ········· 147
二、为抵抗日本帝国主义的新闻侵略 ········· 149
第三节　任白涛对抗日新闻宣传研究的主要成果 ········· 151
一、认识日本发动全面侵华战争前的宣传政策 ········· 152
二、揭示日本对华新闻宣传工具的侵略本质 ········· 157
三、提出战时新闻宣传活动的主要原则 ········· 166
四、提出中国对日新闻宣传的具体措施 ········· 171
第四节　任白涛抗日新闻宣传研究的主要特征 ········· 180
一、强烈的民族主义情感 ········· 180
二、注重新闻的宣传功用 ········· 182
三、适应时代环境的需要 ········· 183
四、将学术研究融入抗战实践 ········· 184

第六章　任白涛在中国新闻史上的地位及评价 …… 186
第一节　新闻人任白涛的历史定位 …… 186
一、始终怀揣强烈责任感的新闻人 …… 186
二、对中国早期新闻学建构有开创性贡献的新闻学者 …… 189
三、对抗日宣传做出一定贡献的新闻斗士 …… 195
第二节　新闻人任白涛的历史局限性 …… 197
一、过分地看重新闻事业的力量和作用 …… 197
二、未能充分地将自己的新闻主张贯彻于实践 …… 199
第三节　新闻人任白涛的现实启示 …… 200
一、新闻人应当具有为国为民的社会责任意识 …… 200
二、新闻学术研究应与当下时代需要相结合 …… 201
三、应当理性看待西方新闻学理论和思想 …… 202

结　语 …… 204

参考文献 …… 207

附　录　任白涛生平大事记 …… 218

后　记 …… 225

引 言

民国初年,新闻事业的短暂繁荣孕育出一批以新闻为职业的报人和记者。风云激荡的恶政现实促使着他们自觉地将个人命运与国族前途紧密结合,将"新闻"用作推进时代进步、挽救民族危亡之"武器"。其中有部分职业记者在从事新闻工作的同时开始着手进行新闻学术研究。他们在长期的新闻从业经历中掌握了丰富的史料,积淀了深厚的经验,这为其进行新闻学研究奠定了基础,他们的努力推动了中国新闻学的发展进程。他们在学术研究中表达出了对中国新闻事业落后状态的批判情绪,渴望通过新闻学研究来改善我国新闻事业状况,进而促进国家振兴。新闻人物研究可以说是中国新闻史研究的重要组成部分。从某种程度上讲,新闻事业史是新闻史人物的活动史,新闻史人物构成了新闻事业史书写的主要内容。

本书以新闻人任白涛作为研究对象,考察任白涛在民国时期动荡的时代与社会环境中独特的新闻实践和新闻学术研究活动,并在此基础上力图对新闻人任白涛做出全面客观的评价。

一、新闻人任白涛研究的价值及意义

经过对与任白涛相关的史料和现有研究的掌握与认识,本书选取民国时期新闻人任白涛进行研究主要有如下的几点理由。

(一)目前新闻史学界对任白涛的较少关注与研究为本书的进一步探讨提供了较为广阔的空间

任白涛自1911年辛亥革命前夕开始为上海《神州日报》《民立报》《时报》《新闻报》等报担任驻汴特约通讯记者,直至1916年赴日留学为止。1941年,任白涛又被聘为战时重镇恩施《新湖北日报》总编辑。在做特约通讯记者期间,任白涛写有不少新闻与通讯。尤其是他在《民立报》上发表的"开封通信""河南通信",反映了民国时期河南的社会现状,揭露了北洋军阀的黑暗统治。

自1916年赴日修习新闻学到1952年去世前夕,三十余年里,任白涛始终孜孜不倦于新闻学研究。在此期间,他写出了数量颇为可观的新闻学论文和专著,是一位富有学术热情且勤奋执着的新闻学者。任白涛的新闻实践经历与学术思想在中国新闻史上占有重要的一页。但任白涛性格刚正不阿,与志趣相异之人难以共处,致使他在当时社会的名气与影响并不轰动。这在一定程度上催生出这样的结果,即目前学术界对任白涛的研究,不仅成果较少而且片面,对他的许多留世著述要么考察未深,要么未曾注目。而这些历史空白则恰好为本书提供了较为广阔的研究空间。

(二)任白涛是中国近现代新闻学术史上的重要人物之一

1918年北京大学新闻学研究会的成立,标志着新闻学作为一门学科在中国逐渐地建立起来。在中国现代新闻学建立的过程中,一批专业新闻学者适时出现,贡献自己的绵薄之力。任白涛与徐宝璜、邵飘萍、戈公振等属于同一时期的新闻学者,同样对中国新闻学的发展做出过不可忽视的贡献。

在任白涛整个的新闻人生涯中,新闻学者是他的主要身份,新闻学研究的成就也是他最为闪耀和引人注目之处。任白涛对新闻学怀有极大的兴趣和热情,早在为上海各报担任驻汴特约通讯记者时,他就开始酝酿从事新闻学研究并着手搜集、整理史料。从这一点上看,任白涛不失为中国早期新闻学研究的先知先觉者。1916年他东渡日本,参加"大日本新闻学会",专修新闻学。1921年他在杭州西子湖畔创办了"中国新闻学社",自费出版了《应用新闻学》,该书成为国人撰述的第一部关于实用新闻学的专著。1941年,长沙商务印书馆出版了任白涛的著作《综合新闻学》。全书共130余万字,是一部内容丰富的新闻学著作。任白涛始终以严谨负责的态度来从事新闻学研究,注重史料的搜集、整理,在不少新闻学问题上有着自己独特的看法与认识,在中国新闻学术史上占有一定的地位。

(三)任白涛对抗日新闻宣传的研究是他区别于同时期其他新闻人的独特之处

任白涛自1916年赴日至1921年回国,在日本修习新闻学达五年之久,其间曾经历两次"留日学生运动",又曾与同乡王拱璧停止课业,专门对日本新闻政策进行调查研究。在日留学期间,任白涛还开始向国内媒体介绍西方近代文明发展情况,发表对日本朝日新闻社进行详细介绍的文章,以此引起国人尤其是中国新闻界的注目。

回国以后,任白涛又陆续在国内媒体发表大量关于日本对华新闻宣传的文章。抗战期间,任白涛成为左联下属的文艺新闻社社员,后又加入了左翼新闻记者联盟,翻译过《苏联文艺理论》《有岛武郎论文集》等书籍,对革命文化运动产生了积极影响。针对日本对华实施的种种恶毒新闻宣传政策及手段,任白涛连续写出《抗战期间的新闻宣传》《国际通讯的机构及其作用》《日本对华的宣传政策》三部专著,以响应我国新闻界战时新闻宣传之需。抗战全面爆发后,任白涛又在周恩来的安排下到郭沫若领导的军事委员会政治部第三厅担任设计委员,专门从事对敌宣传。从某种意义上来说,任白涛不仅是一位杰出的新闻学者,同时也是一位资深的日本问题研究专家。他的这些工作和研究是使其区别于徐宝璜等同一时期新闻人的特别之处。

(四)对任白涛新闻学研究内容、特点及影响的考察与分析,为全面认识中国近现代新闻学的研究水平和学科建构情况提供了必要补充

近现代之交,一批专业新闻学研究者的出现和相当数量的新闻学专著的问世,使得中国新闻学研究逐渐由"学问"而成"科学",新闻学作为一门学科逐渐被越来越多的人所接受和认可。这与当时中国一批筚路蓝缕、勤苦治学的新闻学人的努力分不开。作为中国早期系统研究新闻学的新闻学者之一,任白涛在多年的新闻学研究过程中,留下了不少珍贵的研究成果,提出了一些富有洞见的理论与观点,在当时的新闻学术界产生了一定影响。任白涛的新闻学研究范围涵盖了理论新闻学、应用新闻学和西方新闻事业史等多个方面,尤其在应用新闻学领域,他是具备一定影响力的新闻学者。在徐宝璜、任白涛、邵飘萍、戈公振等中国早期新闻学人的努力下,中国新闻学不断走向专业与成熟。他们不仅是西方新闻学理论的早期介绍者,还是新闻学理论本土化的较早践行者。因此,对任白涛新闻学的研究为全面认识中国近代新闻学的研究水平和学科构建状况做出了必要补充。

二、现有研究述评

任何学术研究都需要建立在前人研究的基础之上,只有如此才能使得研究有所突破和升华。历史学者周建漳指出:"学术研究不论从规范上还是在实质上都不能是无背景的自说自话,其与已有研究成果间总是存在着或隐或显的对话关系。"①为此,下文将从任白涛的生平经历、任白涛的新闻活动以及任白涛的新闻思想三个方面对现有研究进行述评。

(一) 现有研究之回顾

任白涛相关研究成果内容主要集中于如下几个方面。

1. 对任白涛生平经历的研究

在关于任白涛生平经历的研究成果中,比较重要的有上海社会科学院特约研究员任嘉尧所写的人物小传《任白涛》②一文。文中对任白涛一生的历程做了大体上的介绍,涵盖了任白涛为上海《民立报》《时报》《神州日报》《新闻报》等报担任驻汴特约通讯记者、赴日本早稻田大学留学、寄寓杭州大佛寺、与伍超的"版权纷争"、出版《综合新闻学》的经过、赴重庆寻找周恩来、担任《新湖北日报》总编辑、担任第六战区中校参谋和湖北省政府参议、出席1949年第一次中华全国文学艺术工作者代表大会等主要的生平经历。该文的特点在于对任白涛的人生历程做了较为完整的叙述,对研究新闻人任白涛具有重要参考价值。

陈正卿发表于2006年第1期《上海滩》杂志上的《任白涛:追随共产党的辛亥名记者》③一文,对任白涛的人生经历中的许多细节进行了首次披露。文中交代了任白涛与左翼新闻工作者联盟(应为左翼新闻记者联盟)的关系,任白涛留日时与周恩来的交往,任白涛在《新湖北日报》与国民党反动派的斗争,任白涛在上海遇见终身伴侣邓涧云以及任白涛晚年的凄凉生活情境等内容。该文的特点在于对上述任白涛的社会活动加以详细的描写,突出社会环境和人物心境。同时该文作者还以情景再现的方式,勾勒出任白涛夫妇与周恩来、邓颖超、郭沫若、胡愈之、夏衍、胡绣枫等人的交往情景,为进一步发掘史料、铺叙任白涛的人物关系网提供了珍贵的线索。

程安发表于1992年《南都学坛》杂志上的《任白涛》一文,以时间为轴,也对任白涛的人生历程做了大体上的描述。文中叙述的一处细节值得注意,"当时不少进步学生,常于周末到王拱璧寓所聚会,任白涛与周恩来一见如故,后结为至交"④,但该文只是简单提及并未深入解析。理清任白涛与周恩来的人

---

① 周建漳.历史及其理解和解释[M].北京:社会科学文献出版社,2005:1.
② 任嘉尧.任白涛[M]//上海市政协文史资料工作委员会,中国社会科学院近代史研究所中华民国史研究室.中华民国史资料丛稿人物传记:第10辑.北京:中华书局,1981.
③ 陈正卿.任白涛:追随共产党的辛亥名记者[J].上海滩,2006(1).
④ 程安.任白涛[J].南都学坛,1992(2):121.

物交往关系对认识和理解任白涛的思想转变实质上有重要意义。

王拱璧的妻子王金玉所写的《王拱璧与〈东游挥汗录〉》一文,较为细致地回顾了任白涛与王拱璧在留学东京期间的反帝爱国活动。其中介绍了民国八年(1919年)"五七国耻"纪念日期间,任白涛与王拱璧放下手中学业,专门从事对日本新闻宣传政策的调查研究活动。文章回顾了任白涛与王拱璧向国内报刊撰写并发表文章,揭露日本帝国主义对华新闻宣传的机关及方式,叙述了任白涛在留日学生总会的派遣下回国慰问在病榻上的王拱璧并协助其写成《东游挥汗录》第二辑的经过。[①] 这段历史的披露对推动学界研究任白涛做出了有益补充,同时也为本书研究任白涛留日时期的社会活动及新闻实践提供了史料支撑。

2. 对任白涛新闻活动的研究

目前学界对任白涛的新闻实践活动尚未展开专门研究,对任白涛新闻活动的考察还停留在简单叙述的层面,对任白涛新闻实践活动的介绍常常夹杂于对其生平经历的介绍之中。因此,上述关于任白涛生平经历的研究成果,实际上也包含了对其新闻活动(包括新闻学术活动)的提及。除此之外,对任白涛新闻活动的研究还主要集中体现于下列研究成果之中:童兵和陈绚主编的《新闻传播学大辞典》[②](2014)、朱信泉和宗志文主编的《民国人物传:第7卷》[③](1993)、庄汉新和郭居园编纂的《中国古今名人大辞典》[④](1991)、尹韵公主编的《中国新闻界人物》[⑤](2002)、中国大百科全书总编辑委员会《新闻出版》编辑委员会等主编的《中国大百科全书·新闻出版》[⑥](1990)、李盛平主编的《中国近现代人名大辞典》[⑦](1989)、周家珍编著的《20世纪中华人物名字号辞典》[⑧](2000)、邱树森主编的《中国历代人名辞典》[⑨](1989)、中外名人研究中

---

① 王金玉,窦克武.王拱璧与《东游挥汗录》[J].近代史研究,1987(3).
② 童兵,陈绚.新闻传播学大辞典[M].北京:中国大百科全书出版社,2014.
③ 朱信泉,宗志文.民国人物传:第7卷[M].北京:中华书局,1993.
④ 庄汉新,郭居园.中国古今名人大辞典[M].北京:警官教育出版社,1991.
⑤ 尹韵公.中国新闻界人物[M].北京:中国人事出版社,2002.
⑥ 中国大百科全书总编辑委员会《新闻出版》编辑委员会,中国大百科全书出版社编辑部.中国大百科全书·新闻出版[M].北京:中国大百科全书出版社,1990.
⑦ 李盛平.中国近现代人名大辞典[M].北京:中国国际广播出版社,1989.
⑧ 周家珍.20世纪中华人物名字号辞典[M].北京:法律出版社,2000.
⑨ 邱树森.中国历代人名辞典[M].南昌:江西教育出版社,1989.

心编著的《中华文化名人录》①(1993)、中国社会科学院新闻研究所编的《中国新闻年鉴:1984》②(1984)、中国社会科学院近代史研究所中华民国史研究室编的《中华民国史·人物传:第1卷》③(2011)等。这些著作基本上是以人物词条的形式对任白涛的新闻活动加以介绍。考察其内容,它们对任白涛新闻实践活动和新闻学术活动的介绍不外乎如下几个方面:辛亥前夕,任白涛为上海《民立报》《神州日报》《新闻报》《时报》等报担任驻汴特约通讯记者;1916年,任白涛东渡日本修习新闻学并参加"大日本新闻学会";1921年,任白涛回国迁居杭州为《申报·自由谈》《文艺新闻》《绸缪月刊》《教育杂志》《妇女杂志》进行自由撰稿;1921年,任白涛创办中国新闻学社并出版《应用新闻学》;1935年,任白涛计划并撰写《综合新闻学》;1941年,任白涛主编《新湖北日报》等。这些研究成果对任白涛一生中的新闻活动从整体上进行了回顾,但都未进行系统和深入的探讨。另外,钱阳的硕士论文《留日背景下的民初知识分子——作为新闻人的角色呈现》④(2015),简要考察了任白涛留日期间的学术活动及其新闻理论渊源。因此,任白涛新闻活动的具体经过、新闻活动的主要内容、新闻思想以及其与新闻界人物的往来关系诸问题目前还未得到深入考察,而这些将是本书的重点研究内容。

3. 对任白涛新闻思想的研究

(1) 任白涛的公众本位思想研究

有关任白涛的新闻思想是目前研究成果比较集中的一个方面。其中关于任白涛的公众本位思想,比较重要的研究有单波的《20世纪中国新闻学与传播学:应用新闻学卷》⑤(2001),书中较为系统地考察了任白涛的公众本位新闻思想。作者对任白涛关于新闻事业"绝对当以公众为本位"的论断进行了分析,阐释了任白涛的公众本位新闻思想的构建基础和具体内涵,并认为任白涛对新闻业务问题的论说体现了与众不同的专业精神,对报纸业务的特质比同时代学者看得更为真切。作者的此番思考与讨论也为本书进一步研究任白涛

---

① 中外名人研究中心.中华文化名人录[M].北京:中国青年出版社,1993.
② 中国社会科学院新闻研究所.中国新闻年鉴:1984[M].北京:人民日报出版社,1984.
③ 中国社会科学院近代史研究所中华民国史研究室.中华民国史·人物传:第1卷[M].北京:中华书局,2011.
④ 钱阳.留日背景下的民初知识分子——作为新闻人的角色呈现[D].合肥:安徽大学,2015.
⑤ 单波.20世纪中国新闻学与传播学:应用新闻学卷[M].上海:复旦大学出版社,2001.

新闻思想提供了积极的启示。陈建云主编的《中外新闻学名著导读》[①](2005)探析了任白涛提出的"公众是报纸永久的主人"的观点,指出在公众与报纸的关系问题上,任白涛认同美国报王普利策关于"报纸表面上看来属于资本家和财团,实质上所有主应是读者"的说法。同时作者特别关注到了任白涛对报纸的国有问题以及对苏联新闻统制模式的态度与思考。

丁淦林、商娜红主编的《聚焦与扫描:20世纪中国新闻学与传播学研究》[②](2005)集中介绍了任白涛的"新闻事业特质之第一应述者,则社会之公共机关是已""新闻事业则绝对当以公众为本位""报纸应让各种主张都有平等发表的机会"相关论述,体现任白涛的公众本位新闻思想。黄燕萍在《任白涛的"公众本位"新闻观》[③](2017)一文中从"公众本位论"的提出、"公众本位论"的学术背景、"公众本位论"与"公共性"、"公众本位论"与"受众本位论"以及"公众本位论"的实现这五个层面阐述了任白涛的公众本位新闻思想。该文的独特之处在于对"公众本位"和"受众本位"两个易于混淆的问题进行了辨析,指出任白涛的"公众本位论"是针对人民大众的现实需求而提出来的,"受众本位论"则着眼于受众如何使用信息。杜胜祥的《浅论任白涛的新闻思想》[④](2002)一文认为任白涛的公众本位新闻思想并不简单地等同于报业企业化,他在该文中简析了报业大众化与商业化的区分问题。

(2)任白涛的新闻本位思想研究

陈珉在《五四时期的新闻本位思想》[⑤](2015)一文中将任白涛置于创立中国新闻学的学者群体中,从报纸与政治的脱离、报纸应刊载新闻、报纸应服务社会、报纸应经济独立和言论自由等方面剖析了以徐宝璜、邵飘萍、任白涛、戈公振为代表的五四时期中国新闻学人的新闻本位思想内涵。马光仁在《任白涛与新闻学研究》[⑥](1986)一文中以报纸宣传为切入点讨论了任白涛对新闻报道的基本要求,总结了任白涛关于新闻报道应当力求真实、应当力求客观公正、应当坚持新而速的三大原则,体现了任白涛鲜明的新闻本位思想。

---

① 陈建云.中外新闻学名著导读[M].杭州:浙江大学出版社,2005.
② 丁淦林,商娜红.聚焦与扫描:20世纪中国新闻学与传播学研究[M].北京:新华出版社,2005.
③ 黄燕萍.任白涛的"公众本位"新闻观[J].青年记者,2017(26).
④ 杜胜祥.浅论任白涛的新闻思想[J].新闻爱好者,2002(1).
⑤ 陈珉.五四时期的新闻本位思想[J].青年记者,2015(21).
⑥ 马光仁.任白涛与新闻学研究[J].新闻大学,1986(13).

(3) 任白涛的新闻伦理思想研究

李秀云在《任白涛:中国早期新闻道德改革的倡导者》[①](2003)一文中对任白涛的新闻道德观点做了较为全面的回顾与论述。文章探析了任白涛对新闻道德的定义,阐述了其对当时中国新闻道德现状的不满态度,并对任白涛提出的记者失节的三个原因,即记者的收入过低、记者个人修养的欠缺、外力的引诱,进行了逐一分析。作者对任白涛从主、客观两方面剖析记者失节原因的做法表示肯定,认为此种分析是比较客观冷静而又全面的。另外李秀云在其专著《中国新闻学术史(1834—1949)》[②](2004)中又专辟章节,进一步介绍和探讨了任白涛为改革中国新闻道德现状提出的几点倡议。同时,从新闻道德与新闻价值、新闻道德与新闻真实性、新闻道德与新闻宣传等方面解读了任白涛的新闻伦理观,以此来解释当时中国新闻界存在的十分严重的"风纪问题"。此番对任白涛新闻道德观的认识和考察也为本书提供了一种有益的借鉴。

杨舒婷的《任白涛新闻伦理思想探析》[③](2018)一文在北洋政府时期的报业发展背景下,探讨了任白涛新闻伦理思想对中国现实新闻界的指导意义。该文从新闻专业主义角度去解释任白涛新闻学论述和话语中表达出的新闻客观公正理念、新闻自由与责任理念,指出任白涛是最早呼吁新闻自律和新闻立法的学者。同样,文章也对任白涛提出的新闻记者个人道德修养之内涵,新闻记者违反新闻道德的原因和补救措施等问题进行了分析。王笑圆在《邵飘萍和任白涛应用新闻观之比较研究》[④](2011)中运用比较研究的方法将任白涛与邵飘萍比而观之,认为任白涛是从社会状况入手,系统研究新闻从业者的职业道德。作者立意很高,看到了社会大环境对当时新闻人的影响和腐蚀,但其并未对任白涛的新闻道德思想和观点加以深入研究,不过这种比较研究的思路值得关注。

(4) 任白涛的自由主义新闻思想研究

张育仁在其著述的《自由的历险:中国自由主义新闻思想史》[⑤](2002)一书中,曾专辟一节介绍任白涛与戈公振的自由主义新闻思想。作者从任白涛早年的新闻实践经历和赴日本早稻田大学的留学经历出发,认为任白涛在此

---

① 李秀云.任白涛:中国早期新闻道德改革的倡导者[J].军事记者,2003(5).
② 李秀云.中国新闻学术史(1834—1949)[M].北京:新华出版社,2004.
③ 杨舒婷.任白涛新闻伦理思想探析[J].视听,2018(3).
④ 王笑圆.邵飘萍和任白涛应用新闻观之比较研究[J].今传媒,2011(5).
⑤ 张育仁.自由的历险:中国自由主义新闻思想史[M].昆明:云南人民出版社,2002.

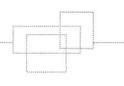

期间树立了较为坚定的自由主义新闻观念。通过考察任白涛的新闻活动经历，作者指出任白涛深受西方文明价值体系的影响，致使其终其一生主要是以一个热衷于学术研究的自由知识分子身份出现。从自由主义视角去解读任白涛的新闻思想为本书的进一步研究提供了有益的借鉴，也体现了任白涛新闻思想的丰富性。

（二）有关研究及文献之评析

通过梳理相关研究成果，笔者发现目前学界对任白涛的研究总体趋势呈上升状态。尤其是在近十年来，对新闻人任白涛的研究趋势上升明显，这说明任白涛这位民国新闻人开始为当代学者所注目，但尚未出现研究任白涛的博士论文，提及任白涛的硕士论文也仅有上文提到的钱阳的《留日背景下的民初知识分子——作为新闻人的角色呈现》一篇。整体而言，海内外学术界对任白涛的研究已经有了一定基础，产生了一些成果，这可为本书的研究提供丰富的经验基础和可资借鉴的研究思路。对此，本人对前辈研究者们深怀感激。

但客观分析现有成果，笔者发现相关研究存在明显不足。这表现在以下几点：第一，专门以任白涛为研究对象的成果较少，而既有成果又多为一些零星的碎片化的研究，缺乏整体性和深度。第二，对任白涛的人生经历和新闻实践活动研究较少，大部分成果停留在简单介绍层面，同时在内容上呈现出千篇一律的特点，并有将错就错的问题出现。第三，对任白涛新闻思想的研究较为片面，未能形成对任白涛新闻思想的全面梳理和深入考察。同时，有些成果孤立片面地看待任白涛的新闻活动及新闻思想，未能将新闻人任白涛放置于具体的时代背景、错综复杂的报业环境以及个人处境下加以考察，对任白涛个人心境和思想的把握不够，缺乏对人物全面立体化的呈现。第四，对任白涛在抗战期间的实践活动探讨不足，以及对任白涛的抗日新闻宣传研究的关注有明显欠缺。综上可知，对民国时期新闻人任白涛的研究还有很大的可供拓展和深化的空间，而这些亦将成为本书重点研讨的内容。

三、研究思路、内容框架及研究方法

（一）研究思路

本书是以新闻人任白涛为中心的研究。新闻人物的新闻活动受到具体的历史语境和社会环境的交织影响，考察历史人物需要将其置于具体的历史环境之下。因此本书注重对新闻人任白涛的人生历程进行整体概观的梳理,抓住任白涛的特殊经历和特殊身份,对任白涛在不同历史环境下的新闻活动与学术活动展开研究。譬如,本书注重对任白涛的新闻从业者、留日新闻学者、国民党体系内宣传者等身份以及在此身份下的新闻实践与思想的考察等。对任白涛人生历程的描摹从逻辑关系上来说是从纵向结构对新闻人任白涛的整体把握。新闻人物研究是对历史人物的研究,由于时空的阻隔,我们无法与当事人直接对话。对此,如何正确认识任白涛,我们还需要回归到他留下来的大量个人著作及他人忆述当中,通过与文本的交流来全面把握人物的思想及行为。鉴于此,本书以任白涛参与或主编的报纸刊物、新闻学著述以及他人回忆录等为研究文本,从横向系统探讨了任白涛的新闻实践活动、新闻学术活动、新闻思想以及抗日新闻宣传等内容,力求客观、全面地将民国时期新闻人任白涛的人物形象和特质呈现出来。在此基础上,对任白涛在我国新闻史上的学术地位和历史贡献做出探究与思考,希冀这番探索能够对中国新闻史尤其是新闻人物史的研究有所助益。

(二) 内容框架

基于上述的研究思路,本书的内容安排按照"总—分—总"的逻辑顺序,研究内容紧紧围绕新闻人任白涛展开,主要从以下几个方面进行探究:其一,任白涛的人生历程与社会环境,注重从"新闻人"的角度去梳理任白涛的生平轨迹,考察任白涛以"新闻人"的角色与社会进程之间的互动关系。其二,任白涛在特定社会环境下的新闻实践活动,重点考察他为上海《民立报》《神州日报》《时报》《新闻报》等报担任特约通讯记者和主编《新湖北日报》前后两个时期的新闻实践活动。其三,任白涛的新闻学研究,重点探讨任白涛的新闻学术研究历程、对新闻学的建构、与新闻界人物的往来关系等。其四,任白涛的新闻思想研究,着重考察任白涛新闻思想的主要渊源,并从新闻业务思想、新闻教育思想、新闻伦理思想以及新闻舆论思想等方面去探析任白涛的新闻思想。其五,任白涛的抗日新闻宣传研究,重在探讨新闻人任白涛进行抗日新闻宣传研究的历史背景与主要动机,以及着重考察任白涛关于抗日新闻宣传研究的主要观点,认为任白涛的研究活动反映的是中国新闻学人在抗战时代背景下进行"新闻救国"的一种积极方式。最后,通过对上述任白涛人生历程、新闻实践、新闻学术活动、抗日新闻宣传的研究与阐释,对新闻人任白涛做出客观的认识及评价。本部分是在前五章研究和探讨的基础上对任白涛在中国新闻史上的地位及贡献做出的历史定位,是对全文内容的总结和收束。任白涛一生钟情于新闻事业,既从事新闻学术研究,又投身于新闻实践活动,是民国时期追求新闻理想的典型新闻人。"学优则仕"曾是中国古代知识分子最为崇高的人生追求。但在清末民初的政治语境中,知识分子希冀通过科举而进入国家治理中心的道路已经被彻底切断。然而"新闻"这一新兴职业的出现又为他们的成功"转型"提供了立足点,许多知识分子积极利用报刊媒体来践履其开启民智、兴国安邦的人生理想。本书所研究的新闻人任白涛即是在这一时代背景下钩沉的历史人物,"学术"与"救国"是他身上闪烁的一对鲜明印记。

(三) 研究方法

首先,历史研究讲究有一分材料说一分话,新闻史人物研究亦当如此。若要将历史人物纳入具体历史语境当中加以考察,需要合理运用文献文本资料,注重史实史据,因而本书将文献研究法作为主要研究方法。文献研究法是"人文社会科学研究的重要方法和必要过程",主要指"利用文献资料间接考察历史事件和社会现象的研究方式"。[①] 通过对前人研究成果和各类相关史料的搜集、整理、分析、鉴别和研判,进而形成对历史事实的科学认知,从而得出符合客观实际的结论。本书用到的主要文献有:任白涛的个人专著,如《应用新闻学》《综合新闻学》《国际通讯的机构及其作用》《抗战期间的新闻宣传》《日本对华的宣传政策》等;任白涛在报刊上发表的各类文章;他人关于任白涛的回忆性、叙述性和评价性文献;较有参考价值的当今著述,如《中国新闻传播学说史》[②]《中国新闻学术史(1834—1949)》[③]《中国新闻传媒人物志:第3辑》[④]等。本书在掌握了丰富的文献资料之后,还要对文献资料进行科学、理性的辨析和解读,进而以此为基础对新闻人任白涛的新闻实践和新闻思想内涵及学术追求做出系统的研究。

其次,比较研究法是将两个或两个以上的事物或对象的特征加以比对,从而找出事物之间的相似性或差异性,探寻普遍规律与特殊规律。它侧重于在纵横交错的历史脉络中揭示人物、事件的特征,以使研究对象的形象更为生动丰满、立体直观。本书对比较研究法的运用主要是将任白涛与同时代的其他新闻人进行横向比较,譬如,在对新闻人任白涛的新闻实践活动、新闻学术研

---

① 林聚任,刘玉安.社会科学研究方法[M].济南:山东人民出版社,2008:145.
② 徐培汀,裘正义.中国新闻传播学说史[M].重庆:重庆出版社,1994.
③ 李秀云.中国新闻学术史(1834—1949)[M].北京:新华出版社,2004.
④ 程曼丽,乔云霞.中国新闻传媒人物志:第3辑[M].北京:长城出版社,2014.

究、新闻学理论观点及新闻思想的阐释过程中融入其他新闻人的观点、思想与实践,将其与同时代的其他新闻人进行横向比较研究,以凸显任白涛新闻实践、新闻学研究和新闻思想的个性或共性,从侧面折射民国时期新闻人群体思想、实践的发展变化特征。

最后,对于历史人物的个案研究需要将其放入其所处的特定社会系统之中,将所有与个体相关的因素加以系统、全面的考察,如此方能寻得准确理解、阐释、评析历史人物的钥匙。系统研究法要求妥善处理好整体与部分、整体与外部环境间的关系,以综合地、准确地考察研究对象。本书的系统思维主要体现于两个方面:一是借用系统论的方法对大量的、零碎的任白涛史料和信息加以系统地搜集、整理和研读,在全面占有史料的基础上形成对新闻人任白涛的科学认知;二是对任白涛的研究采取一种系统且重点突出的方式,研究内容所涵盖的各个方面是紧扣"新闻人任白涛"的角色定位而展开的,尝试运用新闻学、传播学、历史学、社会学的方法和理念考察新闻人任白涛,为客观准确地把握新闻人任白涛的性格特质、思想理念、实践行为以及历史贡献提供科学依据。

第一章　任白涛的人生历程与社会环境

任白涛的一生是坎坷与奋斗的一生。统观他六十二载的生命历程，他尽管没有做过多少惊天动地的大事，却凭借着在中国早期新闻事业与新闻学研究中的辛勤耕耘而在中国新闻史上占据一定的位置。新闻人"济世为民"的职业使命注定了他的个人命运总是与时代环境交织在一起，而这种休戚关系在纷乱的年代里结合得更为紧密。任白涛历经晚清、民国临时政府、北洋政府和新中国等多个历史时期。在时代的浪潮中，任白涛时而站在历史的潮头，时而又归于沉寂，在理想与现实之间来回踱步。正是在这样的大变革时代里，任白涛毅然选择以新闻为终身事业，艰难而曲折地走出了一条属于自己的"新闻人"之路。任白涛的人生历程在一定程度上反映了同时期与他相类的民间新闻人在时代大环境里的挣扎与浮沉。

第一节　家世与早年求学生涯

任白涛出身于一个没落的乡宦家庭，从小便受到极其严苛的封建式教育。父亲的过早离世让任白涛拥有一个并不那么美好的童年。这种成长环境促使任白涛渴望冲破家庭的束缚，向外界寻求新知，从而为其日后走上新闻之路埋下伏笔。

一、家庭与家学

任白涛，幼名洪涛，曾用笔名冷公、一碧，河南南阳人士。1890年2月3日（清光绪十六年正月初四日），任白涛出生在河南省南阳市卧龙区白庄的一个破落地主家庭。南阳历史悠久，山川秀丽，物产丰饶，人才辈出。在中华民族几千年的文明进程中，这里曾诞生出无数先贤名哲。及至近现

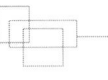

代,亦同样是名人辈出,异彩纷呈,如军事家彭雪枫、哲学家冯友兰、考古学家董作宾、古典文学史家冯沅君等都诞生在南阳这块沃土之上。[1] 这些革命先烈和仁人志士都曾经为民族解放、国家振兴做出过卓越的贡献。或许为南阳独特的历史文化气息所染,任白涛一生也始终浸润着一种心念家国的精神气质。

任白涛出生仅六个月,父亲便离开人世,他遂由伯父任学椿教养成人。任学椿曾是清朝光绪年间辛卯科举人[2],属于清政府官僚体制内的一员。关于任学椿的其他身份,可从民国元年(1912年)四月八日《民立报》上一段电文的结尾处略知一二。

河南电报

民立报北京袁大总统、武昌副总统、开封都督藩台诸议局钧鉴:

谢镇旧部任福元、董怀振、包炳耀同锡福等,纠合散勇土匪劫财掠民,搜杀无发辫士绅,地方糜烂已达极点,恳速剿,以救余生。南阳府参议员任学椿等同叩。

自南阳发[3]

从封建体系中的举子到新政权社会中的参议员,此种身份转变反映出任学椿的"取仕"之心。由于始终站在"有权阶级"的一边,伯父任学椿的家境应当还算殷实。对于任白涛而言,他追随伯父生活的日子尽管谈不上有多么幸福,却也让他在童年时代能够衣食无忧。

受家庭环境的熏染,任白涛幼年时期便接受了严格的传统文化教育。据任白涛回忆,他在八岁时就已经接受过了四五年的家庭式教育,及至进入私塾,"所谓四书五经,都已经从头到尾,站在先生旁边背诵——包本——过,可是还没有作过一回文"。任白涛将这种家庭式教育称为"家庭监牢",因为那段日子带给他的是"种种的吃苦和不自由"。[4] 封建式的家庭教育给任白涛的身

---

[1] 王菊梅.序[M]//白万献,黄运甫,李仁瑞,等.南阳历代名人.郑州:中州古籍出版社,1998:3.
[2] 南阳市地方史志编纂委员会.南阳市志[M].郑州:河南人民出版社,1989:902.
[3] 河南电报[N].民立报,1912-04-08.
[4] 任白涛.从监牢式的私塾跳入学堂[J].青年界,1935(1):42.

图1-1 任白涛幼年时期曾经居住过的院子

心带来了极大的创痕,否则他不至于用"苦闷得要死不得活"①这样的字眼来形容自己的家庭环境。这种对封建教育模式的不满,促进了任白涛在思想上对自由与进步的急切渴求。

二、从私塾到学堂

童年时期的家庭和私塾教育为任白涛的生活蒙上一层苦闷的阴影。进入新式学堂以后,任白涛逐渐接受到一些新思想和新知识,关于自我未来人生理想的想象也在其心目中逐渐清晰。

(一)最值得回忆的学校生活

在进入学堂之前,任白涛已经读了整整七个年头的私塾。他对于私塾教育的印象,一如先前的家庭教育,也是一种"监牢"式的枯燥且死板的学习生活。尽管任白涛对私塾教育亦不认可,但这一时期的求学经历为他打下了坚实的史地知识基础,奠定了深厚的传统文化底蕴,这对其日后从事新闻通讯写作和新闻学术研究实有助益。

十五岁那年,任白涛终于摆脱了私塾教育,如愿地进入了新式学堂。对于当时的喜悦心情,任白涛是这样描述的:"一旦而得入'学堂',就仿佛到了天

---

① 任白涛.从监牢式的私塾跳入学堂[J].青年界,1935(1):42.

堂;单用'如出笼之鸟'这样的语句是不能形容当时的心情的。""不讲别的,单说那学校附近的梅溪河这一条清流,已经够做被拘囚到家庭中,几乎大门都不叫出去的我的憧憬的对象而有余了。"①任白涛就读的这所学校名叫"劝忠学堂",由南阳当地著名的教育家张嘉谋先生主持创办。该校校址设在离任白涛家约有三里地的城外附廓的一个公家的祠堂里,祠堂前后有多间房屋,屋后另有一个大院子,学生大多数是寄宿生。

在这一段时期内,任白涛修习了国文、历史、地理、算学、体操和武术等多门学科。在任白涛接触的老师当中,对他影响很大的分别是国文"教习"李仙芳先生和武术"教习"王宗纲先生。而尤以国文"教习"李仙芳先生的课为任白涛所最钟爱,他曾动情地回忆道:"因为对李先生——特别是他的'小批'和'大批'——印象太深刻了,所以到二、三十年后的今日,他的温和而庄严的面影和精细的批辞还在我的脑海中萦回着。"②在李仙芳先生的教导和鼓励下,少年时期的任白涛便具备了丰富的人文历史知识和过硬的写作功力。此外,对于王宗纲先生所指导的体操和武术课程,任白涛也颇为首肯,"这位王先生可以说是个奇人,他精通于武术,更擅长'运气'……虽然他的理论有点玄妙,听者多不能够十分理解,但他的诲人不倦的态度,能够令人站在他的周围感不着一点的疲倦"③。由于自幼身体孱弱,任白涛十分重视对身体素质的提升。这种在知识和体能上的积累为他后来从事新闻采访与写作工作奠定了坚实基础,深厚的文化素养和过硬的体能素质也是任白涛后来在其新闻学著作中认为的新闻记者的必备素质。

这段学堂生活尽管只有一年多的光景,却是任白涛早期求学生涯中的一段重要时光,他曾满怀感慨道:"那种一团和气的样子,正是不可与如今的一般剥削学生,无微不至——特别是克扣学生膳费致使学生多患营养失调——的营业学校同日语的。"④从任白涛的话语中,我们不难体味他对这段学习经历的感怀和追忆。

(二)少年时期的阅报经历

在任白涛少年时代的学堂生活中,有一段经历对任白涛的思想产生过积

---

① 任白涛.从监牢式的私塾跳入学堂[J].青年界,1935(1):42.
② 任白涛.从监牢式的私塾跳入学堂[J].青年界,1935(1):43.
③ 任白涛.从监牢式的私塾跳入学堂[J].青年界,1935(1):43.
④ 任白涛.从监牢式的私塾跳入学堂[J].青年界,1935(1):43.

极影响。前文提到任白涛就读的"劝忠学堂"是由当地闻人张嘉谋[①]所创办的,实际上张嘉谋与任白涛不仅是师生关系,还是邻里关系。张嘉谋生于1874年5月14日(清同治十三年三月二十九日),是南阳当地有名的教育人士,他热衷于创办各类新式学校,组织建立民间图书馆,为河南省当地的教育事业做出过突出贡献。应该说,他是一位具有进步思想和勇于实践的教育家。[②] 张嘉谋一生治学,爱国爱民,关怀青年进步,家中所藏书刊达万卷以上,曾在南阳家中自建私立图书馆,任人借阅。[③] 由于这层邻居关系,少时的任白涛得以阅读进步报刊,民主思想遂在其心中慢慢生根发芽。[④] 对报刊上新知识和新思想的接触,使得任白涛的视野进一步开阔起来,阅报于他而言应当是一件极为愉快的事情。在《应用新闻学》自序中他如是说道:"忆吾少小之时,即嗜报纸成癖。"[⑤]他曾亲切地称呼张嘉谋先生为从事教育的"热心家"[⑥]。尽管囿于史料缺乏,我们暂且不能知悉任白涛彼时具体阅读了什么报刊,但这段经历却是任白涛对报纸和新闻的最早接触。应当说正是源于这一时期的读报经历,任白涛对新闻事业逐渐产生了浓厚的兴趣,否则他绝不会在此后中途废学而毅然决然地投身报界。

三、上海问医兼求学

与任白涛的不幸出身相类,他早年的求学经历也充满了坎坷。但生活的挫折并没有压垮任白涛,反而磨炼了他坚韧的精神品质,激发了他对知识与未来的不懈追求。

---

① 张嘉谋(1874—1941),字忠甫、中父,通用中孚,自号梅西钓徒(简称梅溪),南阳市卧龙区白庄人。清末,受变法维新思想影响,他着力于创办新式学堂,发扬民族文化传统。曾任光绪年间内阁中书,但他反对帝制,拥护共和,赞助孙中山领导的民主革命。中华民国第一届国会成立时,他被选为众议院议员。(参见南阳市地方史志编纂委员会.南阳市志[M].郑州:河南人民出版社,1989:896-898.)
② 陈洪远.张中孚先生事略[M]//中国人民政治协商会议河南省开封市委员会文史资料研究委员会.开封文史资料:第9辑,1989:86.
③ 任唯贤.为河南教育文化事业做出巨大贡献的张嘉谋[J].河南大学学报(社会科学版),1984(3):104-108.
④ 赵长海.河南辛亥革命人物传略[M].郑州:大象出版社,2012:331.
⑤ 任白涛.序[M]//应用新闻学.杭州:中国新闻学社,1922:1.
⑥ 任白涛.从监牢式的私塾跳入学堂[J].青年界,1935(1):42.

(一) 为医治眼病而求医上海

在任白涛就读于学堂的时期,他就患上了一种严重的"眼病"。据任白涛自己描述:"在高等小学的时候,忽然觉得眼睛有看不见黑板的样子,没有注意,只知道前移坐位,凑近黑板,但终于即坐到第一排,也看不清楚了。"①鉴于此种情况,任白涛不得已只能暂时休学以医治眼病。在其问诊当地中医后,被告知是肾亏,然而吃了多副"补药",却并不见效。于是,他又来到省会的一家著名的教会医院,西医诊断任白涛患上了严重的神经衰弱,会面临永久休学的命运。而这种诊断结果对于嗜学如命的任白涛来说,不啻是一种极大的精神打击。不得已,任白涛来到上海找到一位具备"医学士"资格的日本眼科医生,经诊断为"眼球突出症"。但他在服用这位医生所配的药后,不但病情没有得到缓解,反而出现了眼睛红肿现象,遂弃医。然而,眼病"仍非医治不可,同时,求知的欲念,似乎比治眼的观念还要强烈"的缘故,任白涛又找到一位眼光专家,最终检查该病乃是散光,于是"即时配了两付眼镜———一付看书用,一付看远用"。② 就这样,困扰任白涛多年的眼病便"不治自愈"了。后来,任白涛曾为此事而编译了《神经衰弱与眼》《神经衰弱症》《养心术》等医学丛书,以资当时青年镜鉴。

(二) 力排众议选读体育学校

到上海医治眼病的时候,任白涛已经十七岁。由于先前身体上遭受种种磨难,此时的任白涛尤其注重身体素质的加强和锻炼。因此,他此时在上海选择就读的学校都属于体校一类,"纵然受了家长的反对和朋友的轻视,我仍然不变更改造身体的宗旨"③。出于改造病弱身体的原因,任白涛进入了上海的一所体育学校修习,并时常阅读丁福保、华文祺两位先生的医学译著。此后,任白涛又从体育学校转入精武体育会(第一期),并注重阅读中国第一所体操学校创办者之一的徐傅霖先生的体育译著。任白涛的这段求医和求学经历,反映了他处事坚忍不拔的性格特征,他孜孜不倦的求学精神尤为令人感佩。

---

① 一碧.译序[M]//[日]前田珍男子.神经衰弱与眼.任一碧,译.上海:商务印书馆,1951:1.

② 一碧.译序[M]//[日]前田珍男子.神经衰弱与眼.任一碧,译.上海:商务印书馆,1951:2.

③ 任白涛.爱读切合身心和生活的书[J].青年界,1935(1):54.

第二节　涉足报界到东渡日本

任白涛在上海中途废学之后，步入了新闻界。在日本五年的留学经历让他不仅涵养了学识，更拓宽了人际关系网，这可视为他从事新闻学术研究的真正开端。

一、初入新闻界

上海求学时期，由于任白涛的学业选择与家长亲友的理念相去甚远，于是其家人便切断了他的经济来源。废学以后，任白涛只得只身前往省城谋求生计。任白涛少时便对新闻事业怀有浓厚的兴趣，思想上对自由进步十分向往，新闻事业对他来说就成为最完美且易于接近的职业选择。

对于进入报界的契机，任白涛说是以"偶然的机会"[1]而先进入上海《民立报》，后来又经于右任等介绍而同时成为《民立报》《神州日报》《时报》《新闻报》四家报纸的驻汴特约通讯记者。[2] 自此，任白涛便开启了他的记者生涯。任通讯记者时期，任白涛异常勤奋，平均每月发出十七八封长信，且都蒙编辑肯定而登在"国内要闻"栏。在新闻事业中的小小成功令任白涛十分兴奋，于是乎"失学的痛苦就完全忘记了"[3]，可见他对新闻事业的热爱程度绝非一般。这段记者生活尽管短暂，却让任白涛对中国的报界现状有了较为深刻的体认，并对他今后的新闻人道路走向产生一定的修正作用。

二、东渡日本留学

如果说成为新闻记者是任白涛新闻人道路上的第一次转折，那么，留学日本则是第二次转折。因为，在此期间他确立了以新闻学术研究作为其终身事业。

---

[1] 任白涛.爱读切合身心和生活的书[J].青年界，1935(1):55.
[2] 上海市政协文史资料工作委员会，中国社会科学院近代史研究所中华民国史研究室.中华民国史资料丛稿人物传记：第10辑[M].北京：中华书局，1981:59.
[3] 任白涛.爱读切合身心和生活的书[J].青年界，1935(1):55.

（一）清末民初的留日风潮

甲午战争失败后,中国国内逐渐掀起留学日本的风潮。1896年,13名中国学生来到日本,成为中国前往日本的首批留学生。两千年来,中国作为先进文化的代表一直是日本学习的对象,而自此这一状况发生了逆转。张之洞的《劝学篇》更不啻为留学日本的宣言书,其文有谓:

> 至游学之国,西洋不如东洋:一、路近省费,可多遣;一、去华近,易考察;一、东文近于中文,易通晓;一、西书甚繁,凡西学不切要者,东人已删节而酌改之。中东情势风俗相近,易仿行。事半功倍,无过于此。①

> 至各种西学书之要者,日本皆已译之,我取径于东洋,力省效速,则东文之用多。……若学东洋文,译东洋书,则速而又速者也。是故从洋师不如通洋文,译西书不如译东书。②

清末新政的教育制度改革中就有设置文武学堂、改革科举制度和鼓励留学海外的具体政策。海外留学工作的重中之重就是向日本派遣留学生。由于历任直隶总督对派遣留日学生的重视,有关留日学生派遣、管理、奖罚、任用等政策出台较多,直隶省也成为北方留日学生的派出大省。由此,在朝廷政策的鼓励下和救国之心的驱使下,大批青年知识分子希冀从近代化获得成功的东邻那里寻得挽救国族的真经。据日本实藤惠秀博士统计,自甲午之后,中国留学生人数逐渐增加,至1906年留日学生实数为8 000名左右。③及至民国初年,留日热潮依然不减,袁世凯登上大总统之位后,很多对革命有功人士的子弟被派遣到日本留学。光是黄兴部下的留学生一度就有600名之多。④又据松本龟次郎在《中华留学生教育小史》中所考:"1913年至1914年间,留学生人数颇多,最少也有五六千人,仅次于日俄战争前后的最

---

① 张之洞.游学第二[M]//罗炳良.劝学篇.北京:华夏出版社,2002:88.
② 张之洞.广译第五[M]//罗炳良.劝学篇.北京:华夏出版社,2002:101-102.
③ [日]实藤惠秀.中国人留学日本史[M].谭汝谦,林启彦,译.北京:生活·读书·新知三联书店,1983:1.
④ [日]实藤惠秀.中国人留学日本史[M].谭汝谦,林启彦,译.北京:生活·读书·新知三联书店,1983:87.

盛时期。"[1]在此期间,中国留学生赴日留学形式既有公费也有自费。日本方面也与清政府订有代培中国留学生的协定,当时为中国学生开设的预科教育机构有弘文学院、东京同文书院、成城学校等,结业以后即可申请第一高等学校、早稻田大学清国留学生部、东京高等师范学校、东京帝国大学等。[2] 据此而观,从晚清至民初,中国青年知识分子留学日本的活动已然蔚然成风。

(二)日本留学,事出有因

1916年,在当时的留学风气之下,任白涛东渡日本。他先到东京东亚高等预备学校补习日文,随后考入早稻田大学政治经济科学习。从上海多家报纸的通讯记者到日本留学生,任白涛为何放弃自己一向热爱的新闻事业而远赴重洋求学,这种人生决定的背后暗含了任白涛怎样的追求与心境?

许纪霖认为在"五四"一代出生的中国知识分子,为安身立命多具有一种文化(价值)关怀,利用在东洋或欧美习得的知识文化,特别重视对中国社会和民众的文化启蒙工作。[3] 应当说,这是在大时代中,中国知识分子为挽救民族危亡、国家支离所具有的普遍人生关怀。尽管这种对国家民族命运的关切在任白涛身上也有体现,但并不独他所有,亦不是他此时留学日本的主要动因。

任白涛东渡日本主要是由其深层的个人原因所决定。这主要体现在两个方面:其一,家庭的变故。对于这件事情的具体所指,任白涛在很多文字中都表现得语焉不详,只是以"家庭的变故""家庭环境的改变"这样的话语来模糊描述。从任白涛的出身来看,其父亲早逝,留下任白涛跟随伯父任学椿生活。因此,笔者在这里大胆推测任白涛口中的"家庭的变故"极有可能是其母的故去。这种处境下,任白涛回乡和伯父闹分家,最后将刚分到名下的200亩田卖了,拿着这笔钱去了东京。[4] 如此,任白涛与家长任学椿之间的关系也彻底走向决裂。这种紧张的家庭关系让任白涛产生一种挣脱和出走的强烈意愿,外出留学此时就显得顺理成章了。这是任白涛留学日本的第一个原因。其

---

[1] 转引自[日]实藤惠秀.中国人留学日本史[M].谭汝谦,林启彦,译.北京:生活·读书·新知三联书店,1983:88.
[2] 萨日娜.东西方数学文明的碰撞与交融[M].上海:上海交通大学出版社,2016:271.
[3] 许纪霖.中国知识分子十论(修订版)[M].上海:复旦大学出版社,2015:85.
[4] 陈正卿.任白涛:追随共产党的辛亥名记者[J].上海滩,2006(1):5.

二，自身对新闻学的追求。在做新闻通讯记者时期，任白涛便开始酝酿新闻学的研究活动。然而自身学养的匮乏，时常让任白涛觉得举步维艰。他曾直言："自己感觉着这样的年纪，必须要用一番学问上的修养功夫，尤其感觉着新闻学和外国文等的必须修习，否则做一个单纯的新闻记者，纵然蒙编辑者肯把所作记事署名发表，也终于免不了肚皮的空虚。因此，我便东渡三岛去。"[①]从任白涛的这番自白中我们能够看出，在彼时尚未有"学"的新闻学对他有某种强烈的牵引，并促使他产生由"记者"向"学者"身份转变的想法，而这种想法无形地推动了他的"出走"。这是任白涛东渡日本的第二个动因。在个人处境与人生理想的驱使下，一位新闻人开始了他的异乡之旅。

三、与周恩来成为莫逆之交

任白涛在日本留学时期与周恩来的相识相知是他人生中一段极为重要的经历。周恩来的个人魅力与理想信念对任白涛的思想产生了很大影响，并直接影响到了他后续人生道路的走向。

1917年9月，周恩来东渡日本，开始其旅日生活。那时日本政府与清政府订立的代培中国留学生协定尚未期满。因此，凡是中国自费留日学生，能考入指定的日本大专院校之一的，就由中国政府给予官费生待遇，直至其学成返国为止。"日本政府为达到控制中国的目的，在倍敦友谊、代培人才的幌子下，对中国向日本派遣留学生持欢迎态度，为留日教育的进一步发展起到推波助澜的作用。"[②]中国政府倡导也好，日本国民欢迎也罢，留日的根源在于中国人期望向在近代化过程中成绩卓著的邻居寻找富国强民的"秘方"。东渡之前，周恩来曾作诗以自勉：

大江歌罢掉头东，邃密群科济世穷。
面壁十年图破壁，难酬蹈海亦英雄。[③]

周恩来来到日本以后，时常与一些有着热爱祖国、追求真理的共同愿望的

---

① 任白涛.我的一段记者生活的实录[J].青年界，1936(3)：84.
② 黄新宪.中国留学教育的历史反思[M].成都：四川教育出版社，1991：69.
③ 中共中央文献研究室，南开大学.周恩来早期文集：1912.10—1924.6（上）[M].北京：中央文献出版社，1996：300.

进步留日学生相聚在中国青年会会馆,畅谈形势,议论国家大事和祖国前途。正是在这里,任白涛与周恩来相遇并缔交。① 两人由于志趣相近,故而私交甚笃。

在周恩来留学日本的这一年多时间里,他与任白涛有着密切且频繁的交往。周恩来从1918年1月1日起开始记写"旅日日记",至同年7月31日抵达国内为止。

在周恩来的日记中,我们可以多次看到"送友人,与伯涛同归""早起至青年会,见伯涛,与谈之久,出与就食于某北京饭店""晚访伯涛,偕来吾寓,谈久之""访伯涛,见着谈至午间方别"②这样的记述。据这段日记记载,周恩来主动拜访任白涛的次数为12次,当然这里不包括他们在青年会会馆等地方的偶然见面次数。

又据任白涛的妻子邓涧云回忆,周恩来比任白涛年轻八岁,但头脑灵敏,善于谈论交际,很有主见,朋友们对他十分钦佩。周恩来在留日学生中组织的爱国运动,任白涛都热心支持;周恩来在经济上窘迫时,任白涛也帮助过他。所以,周恩来尊称他为"白涛兄"③。考察任白涛与周恩来的交往过程,我们可以得出两点结论:第一,任白涛与周恩来建立了一种深厚的私交关系,这种深厚的情谊促使了周恩来在抗战紧张时期、在国共关系急剧恶化之际多次对任白涛夫妇给予援助,帮助他们解决生活与工作上的棘手问题。第二,任白涛与周恩来的密切交往反映出他们在价值观上的相合和政治立场上的一致,这可以从后来任白涛在抗战中几次听从周恩来指示投身抗战事业当中得到证实。譬如,1938年4月1日,国民政府军事委员会政治部三厅正式成立,任白涛听从周恩来的安排进入由郭沫若任厅长的三厅从事对敌宣传工作。这层关系也促使了任白涛在抗战立场及行动上紧靠中共。

---

① 关于任白涛和周恩来的相识地点,此前有学者认为是在王拱璧寓处,例如任嘉尧就持此观点。(参见上海市政协文史资料工作委员会,中国社会科学院近代史研究所中华民国史研究室.中华民国史资料丛稿人物传记:第10辑[M].北京:中华书局,1981:59.)但经笔者考证,周恩来是在1917年夏留日,而王拱璧则迟至1917年冬才赴日本东京留学,在此之前任白涛可能就已经与周恩来相识。此外,从周恩来留日时期的人际交往来看,没有直接证据显示他与王拱璧建立过联系。而中国青年会则是当时留日学生的经常聚集地,故任白涛与周恩来在这里相遇的可能性极大。

② 中共中央文献研究室,南开大学.周恩来早期文集:1912.10—1924.6(上)[M].北京:中央文献出版社,1996:365、367、371、385.

③ 陈正卿.任白涛:追随共产党的辛亥名记者[J].上海滩,2006(1):6.

四、参与留日学生运动

到了五四运动前夕,中国在日留学生已经有了相当数量和规模,并成为一股不可忽视的"中国力量"。留日学生以青年为主体,思想活跃,进取心强,对国家命运和前途充满关怀。这些留日学生目睹日本在明治维新后一跃成为亚洲强国,深感祖国命运的危殆,因此如饥似渴地接受新知、探寻救国真理。他们当中的不少人在中国民主进程中扮演重要的角色。正如毛泽东所指出的:"在'五四'时期,英勇地出现于运动先头的则有数十万的学生。这是五四运动比较辛亥革命进了一步的地方。"[1]一战爆发后,日本以支持袁世凯称帝为交换条件,于1915年向袁世凯秘密提出旨在灭亡中国的"二十一条",5月7日为日本帝国主义给袁世凯的最后通牒日期,故国人将这天称为"五七国耻"[2]纪念日。1918年春季,当时的段祺瑞政府与日本帝国主义勾结出卖国家领土主权的消息已在民众中广泛流传。中国留日学生以东京神田区中国青年会会馆为据点,频繁举行集会讨论,准备组织发起排日救国运动。

1918年"五七国耻"纪念日前夕,中国留日学生因《中日共同出兵之协定》的签订严重有害国家主权,遂组织学生救国团干部在东京神田区"维新号"中国饭馆秘密集会,商讨回国挽救国族之事。不料消息走漏,在场集会的四十六名中国留日学生被日警逮捕,遭到野蛮殴打、审讯和凌辱。[3] 这一事件在留日学生中间产生极大影响,他们主动组织商讨集体归国事宜,准备向政府当局请愿。作为留日学生的一员,任白涛也涉身于这次留日学生运动中,并与积极参与此次运动的同乡王拱璧往来密切。王拱璧当时是河南留日学生会会长,同时也是中国留日学生总会干事,他目睹了日本警察押送中国留日学生的场面,后受总会派遣回国支援抵制日货运动。日本帝国主义者的侵略野心和北洋政府的丧权辱国行径,激发了中国留日学生的强烈义愤,他们不惜放弃学业为国呐喊、奔走。著名新闻学者戈公振对留日学生的爱国行为极表同情:"钦夫使中央而开诚布公,一切宣示大众,则不致启国人之疑虑,或使今日而国会存在,

---

[1] 毛泽东.五四运动[M]//毛泽东选集:第二卷.北京:人民出版社,1991:558.
[2] 1915年5月7日是日本以武力威胁中国,逼迫袁世凯承认"二十一条"的最后通牒日期,国人把这天称为"五七国耻"纪念日。5月9日为袁世凯承认并接受"二十一条"中的部分条款的日期,故又称"五九国耻"纪念日。
[3] 王拱璧.七年五七之前夕[N].天津益世报,1920-05-07.

则代表有人,又何劳留日学生之辍业。"①他希望政府当局能够早日醒悟,对此次事件加以重视。

然而运动的声浪并未就此平息,终于在1919年爆发了更大规模的学生运动。在1919年的"五七",留日学生得悉日本将是年"五月七日"定为庆祝太子冠礼之日,将"五月九日"定为庆祝奠都纪念之日,"当我全国同胞骇汗挥泪奔走号啕之时,正三岛全国君臣上下宴乐欢腾之时"②。中国留日学生为反对日本当局于我"五七国耻"之日举行庆典,及反对巴黎和会关于中国青岛问题的解决方案,召集全体在日学生游行示威。任白涛对日本新闻事业及对华新闻政策素有研究,于是他主动参与进来,自1919年夏始便与知友王拱璧停止课业,专门对日本新闻宣传政策进行调查研究,共同发誓:"不和日本帝国主义新闻政策斗争到底,决不罢休!"③

留日学潮的爆发是当时中国特殊社会环境催生下的产物。作为留日学生的一分子,任白涛也逃脱不了要置身其间的命运。对于当时的知识分子来说,谁也不能远离时代环境而纯粹为学。从对学潮的热情和参与程度情况来看,任白涛与同乡王拱璧颇为积极主动,这反映出了普通学子在国家危难之时没有置身事外,而是努力做出力所能及的贡献。

第三节 在杭州与上海间辗转

从1921年回国到1937年全面抗战爆发前夕,这一时期的任白涛是以新闻学者和文艺人士的双重姿态活跃在中国文化界。他的两部主要新闻学著作——《应用新闻学》和《综合新闻学》,前者是在这个时期顺利出版,后者是于这一期间完成初稿。从1922年《应用新闻学》第一版的问世到1937年第六版的出版,新闻学术研究工作是贯穿任白涛这段人生的主线。尽管这时任白涛在新闻学研究上曾出现一段"消沉期",并涉猎了其他领域的研究,然而在他看来,"我对于新闻学,可以说无时无刻不在研究中,不过我不愿轻易地,草率地,

---

① 公振.留日学生回国[N].时报,1918-05-13.
② 王拱璧.八年五七之巷战[N].天津益世报,1920-05-07.
③ 窦克武.王拱璧传略[M]//窦克武.王拱璧文集.开封:河南大学出版社,1991:7.

发表未成熟的关于个人研究的东西就是了"①。在此期间,任白涛在新闻学研究上取得了一定的成果,这也使自己的名声在当时中国的新闻学术界传播开来,并直接或间接地影响到了一些后起的新闻学者。

一、置身版权纠纷

任白涛在1921年从日本回国之后,曾将《应用新闻学》一书的书稿委托商务印书馆出版,但未被接受。1922年,任白涛于杭州寺庙中创设了"中国新闻学社",自费出版了该书。关于《应用新闻学》初版印刷数量有持"二百本"②之说,但在1928年三版封里所附印数信息显示,初版《应用新闻学》实际上印有1000册。此外,又据任白涛自己称,初版《应用新闻学》是"自筹些款子,使用七十磅道林纸,托商务的承印部印了千部"③。通过以上举证,我们认为初版《应用新闻学》由商务印书馆代为印刷,出版1000册的说法应当是符合事实的。

未得商务印书馆的青睐,实际上已让任白涛对其心有不平。然而就在1925年1月,商务印书馆却刊行了"留美学者"伍超的《新闻学大纲》一书。由此引发了中国新闻学术史上的一桩"抄袭公案"。伍超的《新闻学大纲》由商务印书馆出版不久,李民治在1925年5月30日第一卷第二十五期的《现代评论》上发表《出版界的怪事》一文,揭发商务印书馆所出伍超的《新闻学大纲》对任白涛的《应用新闻学》有抄袭之嫌。该文中,李民治说:"最初买了一本任白涛编述的《应用新闻学》(商务印书馆代售)来看,觉得还差不多。最近又看了一本伍超著的《新闻学大纲》(商务印书馆出版),看下去觉得不对,好像是温旧课,不是看新书。啊!翻一对,任编的与伍著的是一样,未免说过火了,至少十分之七相同。"接着李民治进一步分析了伍著与任著雷同的四种可能:其一,"任伍两君同以外国书为底本,同的地方是译的";其二,"任伍两君同以中国书为底本,同的地方是抄的";其三,"任君抄伍君的";其四,"伍君抄任君的"。经过逐一考证,李民治最后判定,"照逻辑定理,第四个推测,我可以不证而断为

---

① 任白涛.三版的话[M]//应用新闻学.上海:亚东图书馆,1937:4.
② 如胡延益在《新闻界名士任白涛》一文中就持此说。(参见中国人民政治协商会议河南省南阳市委员会文史资料研究委员会.南阳文史资料:第3辑[M].1987:101.)
③ 任白涛."综合新闻学"搁浅记[J].春秋(上海1943),1949(2):36.

是事实",①由此而将《新闻学大纲》对《应用新闻学》的抄袭事实判为定论。此事期间,任白涛与李民治互相通信并结为好友。

  此事一经报道,便引起新闻界尤其是新闻学术界一片哗然。当时有媒体曾调侃称"伍超应易名伍抄"②。任白涛核对之下,发现伍超的《新闻学大纲》有70%以上是直接抄袭《应用新闻学》,当即致函商务印书馆进行交涉,但商务印书馆未予理会。

  1925年,胡适来杭州西湖游览,碰巧与寄寓杭州西湖大佛寺的任白涛相遇。于是任白涛得与胡适及其表妹曹珮声三人结识并相约于西湖南高峰一同欣赏日出。③ 晤谈之下,原来胡适早已从《现代评论》上得悉出版界的这桩"怪事"。任白涛又借机将《应用新闻学》先交商务印书馆出版被拒一事的经过述说一番。爱打抱不平的胡适得知此事之后,颇为愤慨,随即致函王云五,并得王云五回信。④ 有胡适的这层关系,商务印书馆当然高度重视此事。最终经过胡适出面斡旋,商务印书馆做出"停止重印,销毁纸版"的承诺,并同意将任白涛在《教育杂志》上发表的文章辑成《改造中的欧美教育》一书,由商务印书馆出版发行,以版税作为补偿。但在此事处理的过程中,商务印书馆从未与当事人任白涛有过直接对话,也未在报端发表任何道歉性质的只言片语。商务印书馆能做出如此"让步",可以说主要是看在胡适的面子上,而任白涛及其《应用新闻学》却始终未得到应有的尊重。此番境遇也让任白涛感叹:"正在发育成长时期的中国新闻学界生出的一个小瘤,算割去了!"⑤从任白涛的话中,我们不难体味他的无奈与无助的心情。在胡适的调解下,任白涛最终选择了妥协,中国新闻学史上的一桩"版权纠纷案"就此告终。对于胡适的帮助,任白涛自然感念在心,在此期间他们二人也维系起了一段颇为牢固的友谊,他甚至亲切地称胡适为其著作的"爱人"。

  为了宣示自己的版权地位,任白涛曾特别将商务印书馆致其的道歉信的一段加在了1937年版《应用新闻学》的序言之前。这段信件内容是:

---

  ① 李民治.出版界的怪事[J].现代评论,1925(25):15-16.
  ② KK.三日报告一[N].晶报,1926-02-18.
  ③ 胡适.南高峰看日出[M]//胡适.尝试后集.合肥:安徽教育出版社,2006:98.
  ④ 1906年秋胡适入中国公学读书,王云五时任英文教员。1921年胡适向商务印书馆编辑主任高梦旦推荐王云五到商务印书馆主持编译所工作,因有师友之谊。(参见罗尔纲.师门五年记　胡适琐记[M].北京:生活・读书・新知三联书店,2014:113-114.)
  ⑤ 任白涛.再版的话[M]//应用新闻学.上海:亚东图书馆,1937:7.

当个新加的卷头言
——一段商务当局者的来信

敝馆前收外稿《新闻学大纲》一书,因有与大作雷同之处;嗣经发觉,即已停止发行;以后亦断断不再发行!

白涛特录。

可以想象,任白涛将商务印书馆的致歉信公布在著作之中,一方面是宣示自己作为作者的版权地位,另一方面有在公众面前为自己维权的意味。在当时知识分子版权意识和学术规范意识薄弱的情况下,任白涛的此种做法似乎不失为一种明智之举。如今看来,任白涛身陷的这桩"侵权公案"对当时的新闻学术界有怎样的影响?有学者认为,这个公案为早期的中国新闻学者上了一堂生动的学术规范课,无论任白涛是有意还是无意,他都成为中国新闻学术规范的最早倡导者,①当非妄言。此番境遇反映了任白涛在个人处境和时代环境双重挤压下的无奈与妥协,这或许也是与任白涛同时代的其他民间新闻学人的生存现状。

二、投身左翼文化运动

在轰轰烈烈的大革命即将走向高潮之际,国民党政府渐渐露出了其反动的面目。任白涛在继续从事新闻学著述工作的同时开始涉足文艺领域,并与当时的进步文化界人士站在一起。

(一)离上海又返上海

前文说过任白涛自日本归国后曾在上海短暂寄居,后因"上海杂冗,不适吾居"而迁居杭州西湖。到了1926年,任白涛却又返回上海,并一直生活到抗战爆发前夕。任白涛为何既离上海又返上海?笔者分析其中缘由可能有如下两点:第一,1925年,胡适出面斡旋,替任白涛化解了他与商务印书馆之间的"版权纠纷"。事后,胡适又介绍任白涛与上海亚东图书馆负责人汪孟邹等人认识,筹划《应用新闻学》的再版事宜。因此,任白涛此时返沪有可能是出于方便与亚东方面接洽再版著作的考虑。第二,任白涛自回国以后,他一方面继续忙于新闻学的研究活动,另一方面开始尝试做一些文化事业方面的工作,比如

---

① 李秀云.中国新闻学术史(1834—1949)[M].北京:新华出版社,2004:358.

对东西方文学大家著作做译介。这方面的成果有1928年辑译的《给志在文艺者》,由上海亚东图书馆出版发行;1933年翻译的《有岛武郎论文集》,由神州国光社刊行等。而他从事文艺工作的一个重要旨趣乃是"挲自己需要的东西,公诸世上的同好"①。这一时期,任白涛将大量精力投入包括文学、艺术、教育等在内的文化事业上,当时很多学术期刊上都刊登他的文章,他也成为这类期刊的特约撰稿人。所以,任白涛再回上海还有可能是为了利于自己从事文艺工作。

(二) 投身文化运动洪流

国共两党分裂以后,中国共产党在进行武装斗争的同时,还在国统区领导了一支"文化的军队",从事民众的宣传启蒙工作。② 20世纪30年代,以左联、社联为核心的左翼文化团体,以上海为中心,兴起了一场声势浩大的左翼文化运动,与国民党政府的"文化围剿"展开搏斗。

任白涛重返上海以后,不久便在这里结交了蒋光慈、柯仲平、高长虹、汪馥泉、袁殊、黄天鹏等文化革命人士,投身于左翼文化运动。20世纪30年代,任白涛曾是左联下属的文艺新闻社社员,后来又加入了左翼新闻工作者联盟(应为左翼新闻记者联盟)。③ 一时间,任白涛与一大批新闻学者和文艺界人士走得很近,他们怀揣救国救民的共同理想,勇敢地与反动势力做斗争。

在上海期间,任白涛还遇见了自己的终身伴侣邓涧云女士。关于邓涧云女士的信息,我们知之甚少。从任白涛和邓涧云两人零散的记述中,我们可以知道邓涧云是广东新会人,大约生于1904年,成长和受教育于南洋的一个侨工家庭。1921年邓涧云回国,在广州某学校继续求学,同时以"梅友"为笔名开始为当地报纸副刊写寄小说一类的文章。1924年秋,邓涧云在广州某日报正式从事新闻记者工作。1927年邓涧云来到上海,成为南华通讯社的一名通讯记者,靠微薄工资艰难度日。此后,邓涧云便结识了任白涛,从此不离不弃,协助任白涛的生活和工作。④

任白涛早年时期便患上了被称为中国知识分子"死症"的肺结核,但此时他的病稍见好转。任白涛随后介绍邓涧云到中华艺术大学读书。邓涧云又与

---

① 任白涛.卷头的三章[M]//给志在文艺者.上海:亚东图书馆,1928:2.
② 韦冬.中国共产党思想道德建设史(上)[M].济南:山东人民出版社,2015:168.
③ 陈正卿.任白涛:追随共产党的辛亥名记者[J].上海滩,2006(1):4.
④ 任白涛.综合新闻学[M].上海:上海书店,1991:518.

蒋光慈的恋人吴似鸿结为好友,并成为由吴似鸿牵头包括鲁白沙、刘克非等人在内的左翼青年小团体中的一员。婚后的任白涛夫妇在左翼文化运动中更为活跃。任白涛翻译了日本共产党编著的《集纳主义讲座》,在左翼新闻记者联盟机关刊物《集纳批判》上连载。恰巧此时,文艺工作者柯仲平不幸被捕。任白涛夫妇曾冒险去龙华监狱探视,送去日用品并多方设法营救。柯仲平出狱后,将自己的诗集《凤火山》亲笔题词之后赠予任白涛夫妇。任白涛当时还和李民治保持着往来,李民治把秘密出版的党刊《红旗日报》借给任白涛,并请他译稿。由此,任白涛与这些文化界的斗士们在白色恐怖中结下了不寻常的友谊。

第四节 因抗战而逐流

1937年7月7日,日本帝国主义者制造了震惊中外的卢沟桥事变,抗日战争全面爆发。1937年8月13日,战火烧至上海,上海军民上下齐心进行了英勇顽强的抵抗。上海沦陷以后,政府当局及各界人士只得向大后方迁移。任白涛开始主动追随共产党的步伐,投入抗日运动之中。

一、赴重庆寻找党组织

上海沦陷之后,任白涛尽管病情复发,但决心赴大后方寻找共产党。因为他知道自己的同窗好友周恩来就在重庆。1938年春天,任白涛夫妇历尽艰险抵达广州。在广州,任白涛遇见了《新华日报》广州办事处的主任张尔华和生活书店经理李仁哉,便表示希望能和周恩来取得联系,为抗战出力。张尔华劝任白涛不要心急,建议他先给周恩来写封信。于是,任白涛拟信一封,托张尔华转交。后来,任白涛果然收到一封重庆发来的快信,这是周恩来秘书谌志笃写来的。信中请他赶快到柳州仍找张尔华,搭乘商务印书馆运机器的车到重庆来。①

1939年春,任白涛几经周折来到重庆后,随即去中共代表团驻渝办事处找周恩来。适值周恩来去第三战区视察,任白涛只见到周恩来的夫人

---

① 陈正卿.任白涛:追随共产党的辛亥名记者[J].上海滩,2006(1):7.

邓颖超女士,于是任白涛留下地址(白象街商务印书馆近邻川鄂旅馆)后辞别而去。历经千辛万苦才抵达重庆,没有在第一时间见到老朋友,任白涛颇感失望。为了在举目无亲的重庆落脚,任白涛去找邵力子。邵力子随即在生活上为他做了安排,并邀请张申府等友人来聚晤。

两三个月后,周恩来从第三战区视察回来,便派人到任白涛留的地址去找他。但由于重庆在5月3日、4日遭到日军飞机的连番轰炸,商务馆址已成一片瓦砾。周恩来在情急之下,便在《新蜀报》上登了一则寻人启事:"任白涛兄:弟已回渝,仍寓曾家岩渔村。兄现寓何处?请告。翔宇启。"[①]任白涛一见署名为"翔宇"的广告,便立刻知道周恩来已经回到重庆,"翔宇"乃是周恩来在留日时的常用笔名。于是,任白涛立刻赶往曾家岩周公馆,老友重逢,分外欢欣。任白涛向周恩来叙述了这二十多年来的生活和工作,并表示毕生以研究新闻学为夙愿,请求周恩来这次一定要把他送到延安去,他打算为抗战期间的新闻宣传略尽绵薄之力。但是,由于国民党反动派对抗日根据地的严密封锁,安排进步人士进入延安成为一件难事。与此同时,周恩来考虑到任白涛的身体状况,于是宽慰他在哪里都能为革命奋斗,任白涛因而留在了重庆。

二、从事战时宣传工作

抗日战争全面爆发以后,任白涛的思想发生了很大转变,主动要求向党组织靠拢。他乐观积极地投入抗日宣传工作之中。

(一)以新闻著述助力抗战宣传

在南下寻找党组织的过程中,任白涛思考要为抗日宣传出点力。由于自身就是从事新闻学研究的专家,并且在日本留学多年,对日本的外交方针、新闻学研究以及新闻事业发展都有比较直观而深刻的认识,因此任白涛能够从新闻学的视角对日本的新闻宣传活动做出比较透彻的分析。

这一时期,任白涛集中撰写了几部关于抗战的新闻学著作。1937年,淞

---

① 郑惠.中南海轶事:红墙内的领袖们·第3卷[M].北京:中央文献出版社,1998:1392.关于周恩来在《新蜀报》上发出的这条寻人启事,笔者查阅"抗日战争与近代中日关系文献数据平台"所提供的这版《新蜀报》,因其残缺不全,尤其1939年5月至7月间的报纸缺损严重,故暂未可知该寻人启事具体登在该报的哪一天。据悉该广告剪报原件现藏于上海图书馆保存的任白涛文物中。

沪战役后不久,任白涛便在上海写出了《抗战期间的新闻宣传》一书,由商务印书馆在 1938 年 5 月出版,以应战时新闻宣传的需要。该书曾与任毕明的《战时新闻学》一起被祝秀侠介绍在当时的期刊之上,祝秀侠对两书的抗战宣传功用给予很高评价:"这两本小册子意见正确、举例周翔,实在是关于抗战新闻宣传问题的好书。"①1938 年,任白涛在广州写成《国际通讯的机构及其作用》一书,由商务印书馆于 1939 年 7 月刊行。1939 年初,任白涛在广西贵县居住三个多月,其间又写成《日本对华的宣传政策》一书,于 1940 年 1 月由商务印书馆发行。这些著作是任白涛在抗日战争全面爆发期间以应战时宣传需要而写就的,揭露了以日本为主的帝国主义新闻机构在军国主义政策支配下粉饰侵略的丑恶行径,有助于人们识破日本对华宣传的欺骗性。这些书稿曾被送到李仁哉那里,经过生活书店出版发行并送至抗日军民手中。

图 1-2 任白涛正在书案前写作

(二) 国民党体制内的短暂公职经历

抵达重庆之后,任白涛原想赴延安从事抗日宣传工作,但因交通封锁,未能成行。不久,在周恩来的介绍之下,任白涛被安排到郭沫若主持的国民党军事委员会政治部三厅②担任中校设计委员,从事对敌宣传工作。任白涛通晓日文,又熟悉新闻工作,进入政治部三厅确实是个合适的选择。当时的三厅设

---

① 祝秀侠.介绍两本抗战新闻学[J].新战线,1938(1):39.
② 抗战全面爆发以后,国共两党之间实现了第二次合作。国民政府军事委员会决定恢复政治部,任命陈诚为部长,周恩来、黄琪翔分任副部长。政治部下设四厅,除总务厅之外另设一、二、三厅,一厅管军中党务,二厅管民众组织,三厅管宣传。在周恩来提议下,陈诚电邀郭沫若加入政治部三厅,任厅长。1938 年 1 月 6 日,郭沫若由广州赴武汉,同年 4 月 1 日,国民政府军事委员会政治部三厅正式成立。(参见郭沫若.郭沫若自传(第四卷):洪波曲[M].贵阳:贵州教育出版社,2012:17.)

在武昌城内西北隅的昙华林,对面是教会学校文华大学。办公地点虽然简陋,但进出的都是一些有声望的"国士",譬如杜国庠、阳翰笙、田汉、洪深、冯乃超、胡愈之、李可染等。任白涛在参加三厅对日宣传工作的同时,重新修订了原在上海撰写的《抗战期间的新闻宣传》书稿,以备再版。

1940年9月,国民党顽固派掀起了第二次反共逆流,蒋介石突然下令免去郭沫若三厅厅长的职务。随后,新任厅长贺衷寒勒令全体成员必须加入国民党,惹起三厅中进步人士的群起抵制。任白涛与他们共同进退,一起离开了三厅。

此后,任白涛再次萌生去延安的想法。这时邵力子邀请他出任《新湖北日报》的总编辑一职,并告知其这是一份设在湖北恩施的抗战报纸。任白涛于是向周恩来请教,并接受周恩来的建议①去《新湖北日报》出任第一任总编辑,继续抗战宣传工作。其后,任白涛还历任第六战区中校参谋、湖北省政府参议等职,但这些工作多为架空的闲职,对抗战宣传没有多少实际的帮助。可见,在紧张的抗战年代,任白涛与周恩来及以共产党为代表的进步力量是紧紧联系在一起的。然而对于任白涛这样一位与共产党保持密切关系的新闻人来说,他为何没有加入共产党?他是否曾经向周恩来等党的领导人申请过加入党组织?依据目前的史料研判,答案是否定的。个中缘由,笔者认为任白涛以党外人士身份从事抗战宣传工作在那个风雨如晦的年代或许也是他的一种选择。

在奔腾的革命洪流中,任白涛夫妇是红岩村八路军办事处的常客,一度还住在神仙洞《新华日报》职工宿舍,与《新华日报》编辑部的同志们联系密切。周恩来还介绍任白涛认识了董必武、叶剑英、王若飞、秦邦宪等党内重要人士。这里团结融洽又紧张严肃的氛围,深深地感染着任白涛。据任白涛妻子邓涧云回忆,任白涛曾激动地说:"这是我一生最有意义的日子。"②

三、抗战胜利后的学术研究与文化工作

抗战胜利后,任白涛夫妇在党组织的帮助下重返上海。国共两党关系再度破裂后,时局异常紧张,很多党内人士都无法在上海公开活动。尽管处境十

---

① 上海市政协文史资料工作委员会,中国社会科学院近代史研究所中华民国史研究室.中华民国史资料丛稿人物传记:第10辑[M].北京:中华书局,1981:61.

② 上海市政协文史资料工作委员会,中国社会科学院近代史研究所中华民国史研究室.中华民国史资料丛稿人物传记:第10辑[M].北京:中华书局,1981:61.

分艰险,但在周恩来的关照下,党组织还是为任白涛的生活提供了很大帮助。最后在陈家康等人的安排下,任白涛夫妇住进了徐家汇的出租屋内,得以在上海安顿下来。

回到战后的上海,任白涛继续从事新闻学术研究和出版文化工作,一方面是为了维持生计,另一方面也是为了实现自己的理想追求。这一时期的任白涛对马克思主义著作和毛泽东重要论述进行了大量的阅读。这可以从他这一时期在文化领域的研究取向和在相关著作的具体论述中略见一斑。

1948年,任白涛为三联书店翻译了《〈资本论〉图解》第一册,该书成为研究马克思主义的辅导读物。1950年,任白涛又为北新书局翻译了苏联共产主义学院文学部研究员A.G.蔡特林著的《文艺学方法论》一书,内容涵盖马克思主义文艺学方法论和文艺学中的阶级斗争等问题,他在序言中告诫读者要想真正理解该书,需要"遵守毛主席的指示:先学习马列主义,如果搞不通马列主义,那是万难认真得到理解的"①。任白涛对马克思经典著作和苏联文艺理论的译介,说明了他在思想上对马克思主义观点的认同。但是,任白涛对马克思主义理论的引介停留在文艺领域,且是以译著形式,并未深入系统地进行个人研究,同时也未能将无产阶级的学说、观点纳入新闻学研究。

新中国成立以后,任白涛继续活跃于文化领域,出席了第一次全国文代会。与此同时,《综合新闻学》的修订工作再次被提上日程。《综合新闻学》先前因任白涛与商务印书馆终止合约而未能出版,此时任白涛期望这部著作能够完整出版,于是又孜孜不倦地投入到新闻学的研究当中。任白涛的研究和著述工作得到了党的认可,周恩来曾评价他的所撰文稿资料"是人民的财产"②。

---

① 任白涛.译者序言[M]//[苏]蔡特林.文艺学方法论.任白涛,译.上海:北新书局,1950:22.

② 肖玉.周恩来(领袖交往实录系列)[M].成都:四川人民出版社,1992:398.

第二章 任白涛的新闻实践研究

任白涛投身新闻事业,可以说主要是受到了个人兴趣和社会环境的双重驱使。在早年求学时代,任白涛就对报纸产生了浓厚的兴趣,并且"嗜报纸成癖",这种兴趣导向直接影响了他对人生第一份职业的选择。与此同时,清王朝在辛亥革命的枪声中覆灭之后,中国传统知识分子"学优则仕"的道路被完全切断,而近代报业的出现正好为知识分子们提供了一条既能养家糊口又能在一定程度上践行自己人生理想的捷径。故而,这种门槛较低的新型职业成为清季民初许多知识人的职业选择。任白涛从封建社会中走出,在资产阶级新政权里生长,在新旧社会的时代交替之下,任白涛在思想上追求民主、自由、进步,这种思想观念在他短暂而断续的新闻实践活动中多有体现。综观任白涛的一生,他的新闻实践历程主要分为两个时期,即在《民立报》时期的新闻实践和在《新湖北日报》时期的新闻实践。

第一节 在《民立报》时期的新闻实践

辛亥革命前夕,任白涛由于家庭不再资助其学费而无奈退学,从此结束了他在国内的求学生涯。1910年,任白涛只身前往河南开封谋求生计,准备做一名新闻记者。由于少年时期与革命党派进步报纸的接触,深为其倾覆清廷、创建民国思想所影响,任白涛遂跻身革命派报纸,开启通讯记者生涯。

一、辛亥革命时期的上海新闻界

20世纪初期,中国知识分子在政治思想上发生了较大变化。戊戌变法的失败、八国联军进入北京以及《辛丑条约》的签订,这些挫折使得国人意识到革命是拯救民族危亡的唯一途径。于是,有识之士纷纷摒弃改良学说,走向了革命的道路。伴随资产阶级革命运动的蓬勃发展,资产阶级革命派的报刊也迅速发展起来。1905年11月,中国同盟会机关报《民报》的创刊,标志着中国近代新闻事业进入一个新阶段。在这个新阶段中,资产阶级革命派成为报刊活动的主角,报刊的党派色彩愈加浓厚,报刊成为政党论战的工具,从而引发了革命派报刊与改良派报刊之间的大论战。随着革命运动与立宪运动的发展,国内各种势力创办的各类报刊又重新活跃起来,形成了国人办报的第二次高潮。①

上海作为当时中国文化出版事业的中心,又是水陆交通的枢纽,国外革命党人与国内联系都要通过上海。因此,同盟会和光复会的一些重要机关都常驻在这里,上海就自然成为革命党人在长江中下游地区的活动基地和报刊宣传工作的重心。上海地区的革命报刊几乎都在租界内出版,租界当局尽管不会袒护革命刊物的宣传活动,但却在一定程度上为躲避清政府的查封提供屏障。自1905年至1911年,革命派先后在上海出版了十几家报刊。革命派在掌握了《苏报》后,将其发展成为宣传革命的激进报纸。继《苏报》之后,又出现了《国民日日报》《警钟日报》《中国白话报》《中国女报》《竞业旬报》《中国公报》《民生丛报》《克复学报》《锐进学报》《越报》和英文《大陆报》等革命报刊。其中影响较大的是于右任等人创办的《神州日报》《民呼日报》《民吁日报》《民立报》,它们是同盟会在东南八省进行革命宣传的重要言论机关。这些革命报刊对辛亥革命的成功起到了重要的推动作用。而以康有为、梁启超为首的改良派在上海创办的鼓吹立宪的报刊主要为《政论》《国风报》等,相比革命报刊,立宪报刊的声音逐渐衰微。

二、任白涛《民立报》记者经历考证

1910年辛亥革命前夕,刚逾弱冠之年的任白涛在上海辍学,此时他来到河南开封谋求生计。他与上海几家报社缔结特别通信之约,置身于中国新闻界。这是任白涛新闻实践活动的开端。

关于任白涛早期新闻记者的从业经历,考察学界现有的文献,存在两种说法。其中主流的说法是任白涛在辛亥革命前后担任上海《民立报》《神州日报》《时报》《新闻报》驻汴特约通讯记者,譬如《中华民国史资料丛稿人物传记:第10辑》(上海市政协文史资料工作委员会、中国社会科学院近代史研究所中华民国史研究室合编,中华书局,1981年)、《中国新闻界人物》(尹韵公主编,中国人事出版社,2002年)、《河南辛亥革命人物传略》(赵长海主编,大象出版社,2012年)

---

① 方汉奇.中国新闻事业通史:第1卷[M].北京:中国人民大学出版社,1992:814.

等著作持此观点。但在梳理任白涛新闻实践经历时,我们发现有少数文献将任白涛在《民立报》的记者经历记载为在《民主报》,例如《南阳历代名人》(南阳市社会科学联合会编著,中州古籍出版社,1998年)、《南阳文史资料:第3辑》(中国人民政治协商会议河南省南阳市委员会、文史资料研究委员会编辑出版,1987年)等著述持此说。因此,对于任白涛最初走入新闻界是作为《民立报》通讯记者还是《民主报》通讯记者这一问题,亟须厘清。

关于《民主报》,在中国新闻史上曾出现多份同名报纸。其中为学界关注较多的一份《民主报》,是由中国民主同盟于1946年2月1日在重庆创办,是中国民主同盟的机关报。该报每天出版4开4版一张,发行人是张澜,社长是罗隆基,总编辑是马哲民,编辑部由叶丁易主持,社论委员会由郭沫若、章伯钧、张东荪、梁漱溟、张申府、陶行知、马寅初、邓初民等人组成。[①] 抗战胜利后,《民主报》继续坚持民主宣传,反对国民党独裁统治,因此遭到国民党当局的仇视和恫吓,1947年该报为国民党特务捣毁。

除此之外,1916年的广州曾经也出版过一份《民主报》,创办人为陈耿夫。陈耿夫,南海陈氏人士(冯自由认为他是广东顺德人),原名友亭,家住西郊山麓。"少孤贫,只身游海外"[②],为革命事业积极奔走。1910年回国后,陈耿夫曾与友人一起组织创办过《人权报》,进行民主革命宣传。袁世凯暴毙而亡后,陈耿夫于是在广州创办了《民主报》,[③]该报竭诚拥护孙中山总理及护法军政府,对粤桂军阀极尽抨击能事,锋芒毕露,以敢言著称。

分析以上两报,从时间来看,民盟机关报《民主报》的创办时间已经处于抗战结束之后,显然不符合任白涛早年的新闻记者经历。而陈耿夫的《民主报》在创办之时,任白涛已经赴日本留学,他在国内的记者生涯已告结束,显然也不符合。从创办地点上来看,民盟机关报《民主报》是在重庆,陈耿夫的《民主报》是在广州,而任白涛明确表示过他是为沪上几家报社担任的特约通讯记者。因此,综合以上两点分析可知,这两份《民主报》与任白涛毫无关系。

在辛亥革命期间,中国新闻界还曾出版过一份《民主报》,该报立场进步,对辛亥革命和以孙中山为代表的中华民国临时政府持积极赞助态度。从时间上来看,这份报纸的存在时间恰与任白涛早期新闻记者经历相吻合。那么,任白涛是否为这份《民主报》担任过特约通讯记者?目前学界关于该报的介绍文

---

① 蔡斐.重庆近代新闻传播史稿(1897—1949)[M].重庆:重庆出版社,2017:357.
② 哲甫.陈耿夫死事补[J].大风(香港),1939(52):1635.
③ 冯自由.粤记者陈耿夫被害始末:附民十一参议院散花记[J].大风(香港),1939(50):1579.

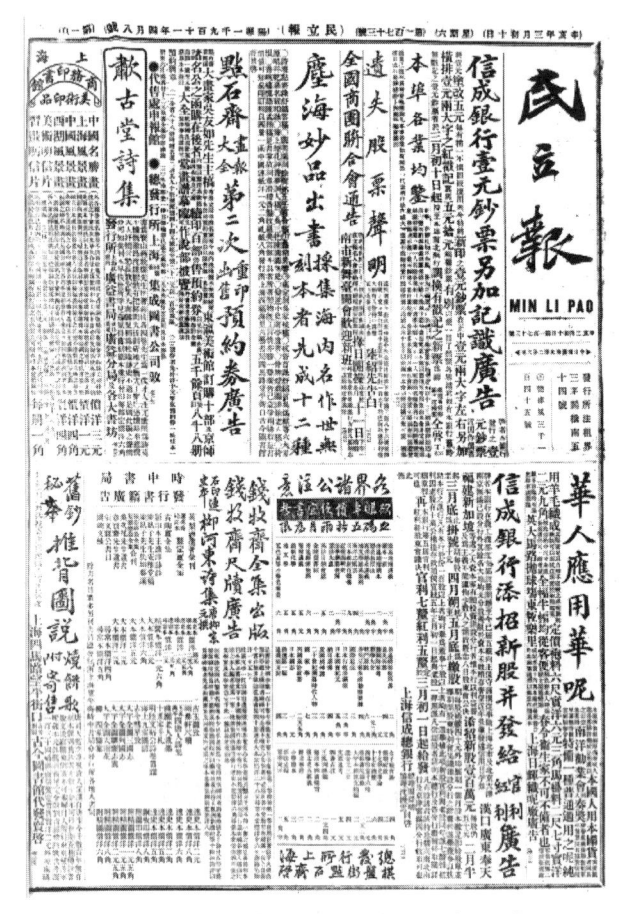

图 2-1　1911 年 4 月 8 日的《民立报》头版

字较少,方汉奇主编的《中国新闻事业编年史(上)》中对此有简要介绍,称该报于 1912 年 6 月 20 日在北京创办,社址设在北京顺治门外椿树二条胡同,"以发挥民主立宪精神,巩固共和建国基础为宗旨"①。另据朱经农在《在我记忆中的熊秉三先生》一文中称:"后来同盟会的朋友邀我上北京去办民主报……我在北京任民主报编辑,后来兼亚东新闻总编辑,报馆同事有景太昭(耀月)、雷铁厓(昭信)、金葆光(体乾)诸先生。"②我们依据朱经农的忆述可知该报的部分编辑人员构成,同时明确该报社址所在地是北京。那么,事实是否与以上

---

① 方汉奇.中国新闻事业编年史(上)[M].福州:福建人民出版社,2000:642.
② 朱经农.在我记忆中的熊秉三先生[J].东方杂志,1948(1):33.

诸说相符？据笔者在国家图书馆所查该报显示，该报日出一号，每号对开3张12页。报馆人事设置为总经理仇冥鸿，总编辑景太昭，发行人熊启疆，印刷人郝桂林，编辑人员有刘君曼、朱经农、骆迈南、金葆光、彭侠公、王出岫、邹达父、金袛一等人。报纸内容设有"社论""时论""译论""要件""专件""来件""小说""命令""本社专电""商情""广告""译电""路透电""大事纪闻""铁路信息""各省新闻""文艺""杂俎"等多个版块。发行所和印刷所都设在椿树二条胡同。由此可见，朱经农关于《民主报》的记述是与事实相一致的，可以肯定的是该报为一份同盟会系统报纸。

综上可知，1912年由仇冥鸿等人组织创办的这份《民主报》是一份北京报纸，这一关键性信息就否定了任白涛为该报担任特约通讯记者的可能性。因为任白涛的早期新闻从业经历是始于"与海上二三报社缔特别通信之约、而遂置吾身于新闻界"①，未与北京报界发生关系。

排除了任白涛为《民主报》通讯记者的可能，实际上也就肯定了他作为《民立报》特约通讯记者的事实。关于在《民立报》担任通讯记者的经历，任白涛在文章中做过间接的说明："我最初同S埠（笔者按：即上海）的一家著名的报纸——为辛亥革命得过'旌状'的报纸——通信约定为驻H省（笔者按：即河南省）特约通信员。我因为初出茅庐，走入社会，并且做的是自己所爱做的工作，所以十分用劲，几乎每天要发信，而且都是快信；都蒙登在'要闻'一栏，而且有时登在第一条——压住'北京特约通信'；那时并没有一个人同我竞争，我算是一个省分的唯一无二的通信员了。"②虽然任白涛没有明确指出"一家著名的报纸"即为《民立报》，但从"为辛亥革命得过'旌状'的报纸"③，"都蒙登在'要闻'一栏，而且有时登在第一条——压住'北京特约通信'"等描述来看，该报当为《民立报》无疑。至此可知，前者有文献称任白涛曾为《民主报》担任特约通讯记者当为《民立报》所误。

---

① 任白涛.序[M]//应用新闻学.上海：亚东图书馆，1937：1.
② 任白涛.我的一段记者生活的实录[J].青年界，1936(3)：82.
③ 1911年7月同盟会中部总会成立以后，《民立报》公开支持各地反专制的民主爱国运动，在揭露清廷预备立宪骗局、报道各地革命斗争方面做了大量工作，成为辛亥革命前夕国内最有影响的革命报刊，报社则成为革命党人在上海的重要联络机关。孙中山尚在国外时就把自己对国内革命工作的指导意见，用电报直接拍发给《民立报》收转。孙中山还数次密电嘉奖该报的出色工作。1911年12月25日，孙中山在国内党人的拥戴声中回到祖国，临时政府成立后，他曾来到民立报馆表示亲切慰问，颁发旌义状。他还为民立报馆亲笔手书中英文题词："勠力同心 民立报同志属书""To Minlipao：'Unity' is our watch word."（参见朱凯.于右任传[M].西安：陕西人民出版社，2015：73.）

三、《民立报》上的"河南通信"

前文提及辛亥革命时期任白涛曾"与海上二三报社缔特别通信之约"。实际上在任白涛初入新闻界时,他只是《民立报》一家报纸的特约通讯记者,后来由于报馆拖欠薪金,任白涛生活不支,于是他萌生抛弃这种职业到北京读书的念头。任白涛遂将此种想法写信告知于右任,于右任当即为其介绍了另外三家报馆,使他同时充当四家报纸的驻开封特约通讯员,以此增加稿费,保障生活。另外三家报纸便是《神州日报》《新闻报》《时报》。当时任白涛与四家报馆负责人议定条件是:"每月十函;每家十五元,但 S 埠只能限定这四家,别处可以自由订约。"[①]在此番交涉之下,任白涛重返开封继续其新闻记者生活。但不到一个月,《新闻报》以任白涛的通讯内容与报纸立场不符为理由而与其解约。

由此可见,这一时期任白涛的新闻实践主要是为《民立报》撰写"通信"[②]。对任白涛来说,《民立报》是他新闻实践活动的开端。从辛亥革命前夕至留日之前,任白涛一直为该报写寄关于河南地区的新闻通讯而未曾中断。因此,后人可以在存续三年多时间的《民立报》上较为完整地看到任白涛所写的"河南通信"。这里特别说明,当时《民立报》上所登各地通讯文章皆未署名,但都在文章之前冠以"某省某地通信"字样,又据任白涛所言他是该报驻河南开封"唯一无二的通信员",且那时并没有一个人同他竞争。因此,我们可以断定《民立报》上所载"河南通信""开封通信"当是出自任白涛之手。现将任白涛这一阶段在《民立报》上发表的通讯整理成下表。

表 2-1 《民立报》(1910.10.11—1913.9.4)所载任白涛新闻通讯一览

日期	栏目	版次	文章
1910 年 10 月 12 日	新闻二	第三页	《铁路已通》《河伯为灾》
1910 年 10 月 16 日	新闻二	第三页	《创设面粉公司》

---

① 任白涛.我的一段记者生活的实录[J].青年界,1936(3):83.
② 1910 年,任白涛成为上海《民立报》驻汴特约通讯记者,他撰写的通讯稿件以信件的形式经邮局传递至民立报馆,报纸常设"新闻二"专栏登载各地通讯记者寄来的稿件,故称之为"通信",实际上属于新闻通讯的性质,驻各地记者或为报馆特派通讯记者或为特约通讯记者,任白涛属于后者。

续 表

日期	栏目	版次	文章
1910年10月27日	新闻二	第三页	《动地惊天之国会热》
1911年1月21日	新闻二	第四页	《段芝贵沿路打人》
1911年2月2日	新闻二	第五页	《路局之新桃换旧》《中原之歌舞竞争》
1911年2月3日	新闻二	第四页	《重整残棋之路股》
1911年2月4日	新闻二	第四页	《知县杀人灭学记》
1911年2月5日	新闻二	第四页	《铁路学堂成立记》
1911年2月8日	新闻二	第四页	《宝抚干儿没饭碗》
1911年4月1日	新闻二	第四页	《中原之第一商场》
1911年4月6日	新闻二	第四页	《苏浙借款移开海》
1911年4月8日	新闻二	第四页	《呜呼中原之健儿》《呜呼中原之警务》
1911年4月17日	新闻二	第四页	《河南大计揭晓》
1911年4月20日	新闻二	第四页	《小菊仙大闹中原案》
1911年4月21日	新闻二	第四页	《小菊仙大闹中原案》
1911年4月24日	新闻二	第四页	《假总办现了原形》《袁大化大破财》
1911年4月27日	新闻二	第四页	《回子蠢蠢欲动》《洛潼工程记》
1911年4月30日	新闻二	第四页	《哀鸿做强盗》《要犯自由行动》
1911年5月2日	新闻二	第四页	《火车遇险记》《抚藩冲突记》
1911年5月19日	新闻二	第四页	《交通银行脱险记》《彰德中学风潮记》《狂风狂雨愁煞人》《洛潼股东大会记》
1911年5月23日	新闻二	第四页	《洛潼股东大会记(二)》
1911年5月24日	新闻二	第四页	《洛潼股东大会记(三)》
1911年5月25日	新闻二	第四页	《洛潼股东大会记(四)》
1911年5月26日	新闻二	第四页	《洛潼股东大会记(五)》
1911年6月9日	新闻二	第四页	《中原果有干净土》
1911年6月24日	新闻二	第四页	《黔藩暂不赴任》《劝业道注意蚕丝》
1911年6月25日	新闻二	第四页	《彰德栈房罢市》
1911年6月28日	新闻二	第四页	《中原商场风云会》

续 表

日期	栏目	版次	文章
1911年6月30日	新闻二	第四页	《中原铁路之风云》
1911年7月4日	新闻二	第四页	《撇了西来又攫东》
1911年7月7日	新闻二	第四页	《宝中丞与义善源》
1911年7月10日	新闻二	第四页	《中原盗贼之风云》
1911年7月13日	新闻二	第四页	《汴秦铁路之风云》
1911年7月19日	新闻二	第四页	《官银号大吃一惊》《如此河山真可乐》
1911年7月23日	新闻二	第四页	《河南巡抚真高兴》
1911年7月30日	新闻二	第四页	《中原蚕丝之风云》《汴洛路工又崩坏》《审判厅出了参(应为惨)案》
1911年8月1日	新闻二	第四页	《劝业道提倡橡蚕》《风雨空山之老袁》
1911年8月4日	新闻二	第四页	《铁路学堂风潮记(二)》
1911年8月5日	新闻二	第四页	《光州选举现形记》《官界提倡刍言报》《麦上教员之趣话》
1911年8月9日	新闻二	第四页	《中原走龙蛇》
1911年8月12日	新闻二	第四页	《革命党闹中原记》
1911年8月13日	新闻二	第四页	《中原遍地走龙蛇(一)》
1911年8月14日	新闻二	第四页	《中原遍地走龙蛇(二)》
1911年8月16日	新闻二	第四页	《革命党就擒记(四)》
1911年8月17日	新闻二	第四页	《考城县被围记》
1911年8月19日	新闻二	第四页	《楚歌中之袁世凯》《无法无天之恶霸》
1911年8月20日	新闻二	第四页	《中原实业片片录》《不怕鬼神怕革党》
1911年9月8日	新闻二	第四页	《洛潼路事片片录》
1911年9月9日	新闻二	第四页	《王天纵大闹中原(一)》
1911年9月10日	新闻二	第四页	《王天纵大闹中原(二)》
1911年9月11日	新闻二	第四页	《千金宝剑吐寒光》《中原实业片片录》
1911年9月16日	新闻二	第四页	《中原之金风铁雨》
1911年9月17日	新闻二	第四页	《开封罢市始末记》

续 表

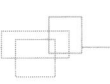

日期	栏目	版次	文章
1911年9月18日	新闻二	第四页	《中原之金风铁雨》
1911年9月23日	新闻二	第四页	《新张飞之盗德史》
1911年9月27日	新闻二	第四页	《黄河铁路出乱子》《豫绅心中之豫矿》
1911年10月2日	新闻二	第四页	《中原大盗演秋操》
1911年10月6日	新闻二	第四页	《好贵的鸡蛋糕》《一塌糊涂之新军》
1911年10月10日	新闻二	第四页	《国有银行片片录》
1911年11月1日	新闻二	第四页	《革命声中之宝芬》《革命声中之驻防》《革命声中之市面》
1911年11月2日	新闻二	第四页	《革命声中之火车》《革命声中王天纵》《革命声中火药局》《革命声中之学生》《革命声中之天象》
1911年11月10日	新闻二	第四页	《国库之空虚》
1911年11月30日	新闻二	第四页	《中原何时始澄清》
1911年12月5日	新闻二	第四页	《中州现形记》
1911年12月7日	新闻二	第四页	《陆防两军之冲突》
1912年1月13日	新闻二	第五页	《防营全无人理》
1912年2月7日	新闻二	第五页	《中州之恶消息》
1912年2月15日	新闻二	第八页	《官兵之盗贼行为》
1912年2月27日	新闻二	第八页	《军人大闹典当记》《省垣经济之惶恐》
1912年3月3日	新闻二	第八页	《军人之不法行为》
1912年3月11日	新闻二	第八页	《巡防巡警大冲突》
1912年3月13日	新闻二	第八页	《光怪陆离之汴梁》
1912年3月16日	新闻二	第八页	《负固不服之升允》
1912年4月1日	新闻三	第八页	《省议会之先声》《汴梁各界之现象》
1912年4月6日	新闻三	第八页	《健儿勇于私斗》
1912年4月23日	新闻三	第八页	《汴梁省议会成立》
1912年7月13日	新闻三	第八页	《汝州兵匪记》《彰德匪乱记》

续　表

日期	栏目	版次	文章
1912年7月18日	新闻三	第八页	《汴梁之风鹤》
1912年7月22日	新闻三	第八页	《西平洪河决口记》《兵变后之洛阳》
1912年7月24日	新闻三	第八页	《南阳大水记》
1912年7月28日	新闻三	第八页	《中州水患调查记》
1912年7月31日	新闻三	第八页	《南阳将成水国》
1912年8月3日	新闻三	第八页	《灵宝知事作民贼》
1912年8月4日	新闻三	第八页	《睢州人民之愚顽》
1912年8月6日	新闻三	第八页	《剧场中之大恐慌》
1912年8月7日	新闻三	第八页	《豫东土匪猖獗记》
1912年8月8日	新闻三	第八页	《奴隶头衔臭也香》
1912年8月12日	新闻三	第八页	《协统大庆凯旋》
1912年8月19日	新闻三	第八页	《豫东匪势之蔓延》《洛乱损失之调查》
1912年8月21日	新闻三	第八页	《滑濬又出拳匪》
1912年8月22日	新闻三	第八页	《汴绸之改良谭》
1912年8月27日	新闻三	第八页	《一言而战争起》
1912年8月29日	新闻三	第八页	《满目荆棘之豫州》
1912年8月30日	新闻三	第八页	《新军旧军那个好》
1912年8月31日	新闻三	第八页	《陕州不易行》《火车何故出轨》
1912年9月1日	新闻三	第八页	《火车遇险之详情》《差役大闹议事会》
1912年9月4日	新闻三	第八页	《剃发匠亦讲强观》
1912年9月7日	新闻三	第八页	《屠户宰杀议员》
1912年9月10日	新闻三	第八页	《冗员大革命》
1912年9月22日	新闻三	第八页	《黄河铁桥之危险》
1912年9月23日	新闻三	第八页	《洛阳不易行》
1912年9月24日	新闻三	第八页	《知事杖毙议员》
1912年10月4日	新闻三	第八页	《六百万之借款》

续 表

日期	栏目	版次	文章
1912年10月5日	新闻三	第八页	《洛潼铁路伤心史》
1912年10月12日	新闻三	第八页	《东西两路之荆棘》
1912年10月22日	新闻三	第八页	《鸡公山之大交涉》
1912年10月26日	新闻三	第八页	《豫民不聊生矣》
1912年11月2日	新闻三	第八页	《沈佩贞之欢迎会》
1912年11月14日	新闻三	第八页	《自由报又不自由》
1912年11月20日	新闻三	第八页	《河南道上之悲观》
1912年12月8日	新闻三	第八页	《鼓鼙声里听讴歌》
1912年12月29日	新闻三	第八页	《河洛健儿真报国》
1912年12月30日	新闻三	第八页	《风声鹤唳之河南府》
1913年1月6日	新闻三	第八页	《开徐铁路大会议》
1913年1月9日	新闻三	第八页	《轰击省会案初讯纪》
1913年1月18日	新闻三	第八页	《第一区省会复选揭晓》
1913年1月20日	新闻三	第八页	《第四区省会复选揭晓》
1913年1月24日	新闻三	第八页	《机器局改组兵工厂》
1913年1月27日	新闻三	第八页	《镇嵩军擒斩伪天王纪》《汴人不知保存古物》
1913年2月17日	新闻三	第八页	《贾英被捕案续闻》
1913年2月28日	新闻三	第十页	《法庭对贾英案之黑暗》
1913年3月4日	新闻三	第十页	《河南参议员姓名全录》
1913年3月7日	新闻三	第八页	《四个道台改名目》《硝磺公司将成立》
1913年3月12日	新闻三	第八页	《自由报之劫灰》
1913年4月9日	新闻三	第十页	《第一中学冲突记》
1913年4月12日	新闻三	第十页	《豫省旱灾之区域》
1913年4月23日	新闻三	第八页	《贪官竟夺饥民食》
1913年4月25日	新闻三	第十页	《行政公署修门面》《法政学校之悲观》
1913年4月26日	新闻三	第十页	《巡缉队野蛮手段》《张镇芳收买报馆》

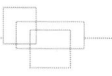

续 表

日期	栏目	版次	文章
1913年4月27日	新闻三	第八页	《曹匪踩蹦归德府》
1913年4月28日	新闻三	第十页	《新新戏社之组织》
1913年4月30日	新闻三	第十页	《灵宝民变之详志》
1913年5月1日	新闻三	第八页	《榷运局之新组织》《豫人喜得甘霖》
1913年5月4日	新闻三	第八页	《邮政发达之气象》
1913年5月28日	新闻三	第八页	《西华人民之哭声》《财政入不敷出》
1913年5月31日	新闻三	第八页	《土匪白狼之猖獗》《盗卖石幢之交涉》
1913年6月2日	新闻三	第八页	《哀哀伏莽遍中原》
1913年6月3日	新闻三	第八页	《划分国税四问题》
1913年6月4日	新闻三	第十页	《兴办工商之巨款》
1913年6月6日	新闻三	第八页	《临颍居民何辜》《河务今日始整顿》
1913年6月12日	新闻三	第十页	《白狼占据唐县》
1913年6月22日	新闻三	第八页	《洛阳全城罢市》《霸充地方议员》
1913年6月25日	新闻三	第十页	《禹县失守记》
1913年6月28日	新闻三	第十页	《县知事袒匪殃民》
1913年7月3日	新闻三	第八页	《狭路相逢知县死》
1913年7月4日	新闻三	第十页	《永宁居民之惨劫》《信阳何故驻大兵》
1913年8月17日	新闻三	第八页	《沁水决口之情势》
1913年8月25日	新闻三	第八页	《洛潼路收归国有》

经粗略统计,在《民立报》存世三年多的时间里,任白涛共为该报撰写通讯文章149篇。这些通讯文章都是关于河南地区的新闻事件,其中有相当一部分是开封当地的新闻通讯,也有对任白涛家乡南阳社会情况的报道,集中反映了辛亥革命时期河南社会各界的现实状况。从这些新闻通讯中,我们可以看出任白涛在客观地呈现事实的同时,也鲜明地融入了自己的立场和态度,为揭露现实、臧否人物而不遗余力。由于《民立报》报馆设在上海公共租界,任白涛很多明显反对北洋军阀统治的文章都能登载报端。即使如此,他仍要为躲避军阀视线而处处小心。这些通讯文章一定程度上反映了

任白涛这一时期的思想动态和政治立场,表明他对当时的中国社会现状有清晰而深刻的认识。

四、任白涛新闻通讯的主要内容

任白涛为《民立报》所写的新闻通讯是他踏入新闻界后的首批新闻作品。他凭借个人的新闻敏感尽其所能地搜集河南地区的新闻消息,将其供给报馆,践行自己的新闻理想。这些新闻通讯带有比较明显的地域色彩,同时在一定程度上反映了当时复杂的社会政治现状。任白涛新闻通讯的内容主要包括以下几个方面。

(一) 反映河南人民的艰苦生活

河南社会各界之现状及人民的生活是任白涛关注的重要方面。在他的文章当中,其中相当一部分是反映河南当地人民的生活疾苦。任白涛在《民立报》发表的第一篇通讯即关于民生方面的。这篇通讯包含"铁路已通"和"河伯为灾"两个标题,其文略谓:"西平境内铁路前因积水甚广,居民将铁轨挖通泄水,兹连日修筑,已于二十九日如常开车矣。"[1]紧接又称:"豫省滑县与直隶接界,日前长垣县境黄河浸溢波及滑县老岸镇,地方五十余村均被淹没,大吏闻警已派员往勘矣。"[2]这篇通讯中涉及的铁路交通和黄河水患均属事关国计民生的重大问题,任白涛择此进行报道,说明他对人民切身实际问题的关注。民国以来,中原水利工程常年失修,黄河泛滥之时河南地区几成"水国"。任白涛对河南水灾问题十分关注,自1912年7月22日至31日,他曾连发多篇文章报道西平、开封、洛阳、南阳等地的水灾情况,痛心地说道:"(南阳)县城三面受水,西关一带商户、居民尽为漂流。……人畜溺死无算,禾苗尽淹,房屋全没,惨苦之状不忍率述。南阳一带自今年正月遭兵燹后,至今元气未复,今又遭此奇灾,更是凋伤无余,南阳之民何苦痛如是耳。"[3]除此之外,任白涛还特别重视对河南地区匪患问题的报道。从1911年至1913年,任白涛几乎每年都在《民立报》上披露关于河南地区的匪患问题,而且很多是连续集中式的报道。譬如,他对中原大盗王天纵和土匪白狼劫村杀人事件的报道,文章在记述土匪

---

[1] 铁路已通[N].民立报,1910-10-12.
[2] 河伯为灾[N].民立报,1910-10-12.
[3] 南阳将成水国[N].民立报,1912-07-31.

人物事迹和劫掠行径的同时,还揭载政府当局对此事的处理行为或向当局者吁请出兵剿匪以安民众情绪。对于中原地区土匪横行的社会现象,任白涛将责任归诸统治阶级的不作为,他大胆在文中对地方官吏的黑暗统治予以痛斥:"永宁县知事连某贪婪成性,受贿枉法,积案滥押,怨声载道。地方人士畏如蛇蝎,无不称为活阎罗。近因该邑南村悍匪杜元倡乱,盘踞乡间各村,率乌合之众日夜抢掠,居民不堪其扰,赴县报案,连某如木雕泥塑,置若罔闻。"①这些通讯文章反映了任白涛对当地民众愁苦生活的关心,揭示了民国以后军阀治下的腐败社会。

(二) 揭露政府当局的黑暗统治

自清朝末期至民国初建这段历史时期,社会政治风云变幻,官场贪腐严重。任白涛的许多通讯涉及政治问题,矛头直指河南当地政要的丑陋行为。1911年4月8日,任白涛著文抨击清政府苦心培养的新式军队是外强中干、败絮其中,直言"河南陆军形式已有可观,然其内容程度犹卑污不堪,言状种种不法行为笔不胜纪",他更在该文按语中指出军队违纪蛮横现象并非河南独有,认为中国陆军皆如是,痛陈国家"岁縻巨款养此骄兵,非以卫国适以殃民"②。1911年7月22日,任白涛在通讯中披露"河南近年水火盗贼灾异频仍,民不堪命",而当地官员"宝抚方于署内传班演戏,阖家男女大开音樽"③,暗讽政府官员的腐败行为。1912年1月13日,任白涛又在通讯中揭露"前赴潼关防堵之防营并未与民军开仗,不过抢掠淫杀而已,现已陆续回省,各兵俱满载而归,据该营中人自言潼民实受害不浅云"④,并在文中条举该营官兵对潼关人民的种种野蛮劫掠行径。1913年4月23日,任白涛再次撰文披露河南总督张镇芳表弟开封县知事高鸿善滥用职权,大发国难财。他在文中详述了高鸿善如何利用心腹之人侵吞赈款,如何哄抬米价、投机倒卖的事实经过,以致"连日省中各街饥民囤集不下千余",而"高竟置之不理",任白涛直言"高鸿善者真可谓官场败类也"。⑤ 任白涛对官场政界的揭载在他的新闻通讯中占有很大比例。从其态度立场上来看,对待河南政界的正面新闻他多持一种

---

① 县知事袒匪殃民[N].民立报,1913-06-28.
② 呜呼中原之健儿[N].民立报,1911-04-08.
③ 河南巡抚真高兴[N].民立报,1911-07-23.
④ 防营全无人理[N].民立报,1912-01-13.
⑤ 贪官竟夺饥民食[N].民立报,1913-04-23.

客观公正态度,少有溢美之词,而对当政者腐败行为他则常常予以大加揭斥,这反映出了任白涛忧国忧民的理想抱负和疾恶如仇的性格特征。

(三) 对辛亥革命运动的报道

任白涛为《民立报》担任特约通讯记者时期,正值辛亥革命风起云涌之际,全国各地狂热地掀起反清排满的革命热浪。因此,任白涛这一时期的新闻通讯中也有一部分是对革命党人及其革命活动的记述。1911年8月12日,任白涛报道了开封府衙日前抓获革命党人数人并加以严厉审讯,但革命人士皆宁死不供,"惟自认革命不讳",而督抚"宝芬自此案发现后,异常恐惧……连日均未敢见客",①言语中透露出对清廷官吏的戏谑嘲讽。8月16日,任白涛又报道河南革命军第三营王化成、赵汉友、李心意、刘乃成等人私运大批军火到省城以备起事而被截获的事件。20日,任白涛又发文披露河南督抚宝芬因畏惧革命党人而不敢出门见客,甚至将中元节出巡城隍的惯例临时取消。武昌起义爆发以后,一个月内,湖南、陕西、江西等十三省相继宣布独立,辛亥革命取得胜利。11月,任白涛继续撰文报道河南当政者宝芬在革命声中的惊惧之状:"自鄂乱以来,寝食俱废,已暗将家眷送回北京。抚署左右加兵守卫,宅内四围均网以铁丝,缀以铜铃,盖恐革党之越屋缘墙也。……盖其胆已破而魂将离壳也,可笑亦可怜矣。"②这些通讯生动地刻画了清廷当局在革命力量面前的溃败状态,这对革命气势起到了一定的鼓舞作用。此外,任白涛还对革命过程中河南工商学其他各界的情况进行了报道,这些革命通讯尽管限于本地且对革命运动没有直接的推动作用,却是当地民众急欲了解的重要新闻。

(四) 关注河南报界的生存现状

站在新闻从业者立场,任白涛对河南新闻界的一举一动都相当重视。辛亥革命之前,他就在《民立报》上揭载了河南官界倡议当地各学堂购阅北京《刍言报》一事。辛亥革命推翻清朝统治,清末各种报刊陆续停刊,任白涛撰文介绍此时河南报界情形,记叙自《河南官报》和《中州日报》相继停刊后,彼时全省竟然没有一份报刊存在,称此现象为"真各省绝无之事也"③。民国肇建以后,革命党人的活动由秘密转向公开,各政党及私营报纸先后在开封创刊。1912

---

① 革命党闹中原记[N].民立报,1911-08-12.
② 革命声中之宝芬[N].民立报,1911-11-01.
③ 汴梁各界之现象[N].民立报,1912-04-01.

年6月30日,《自由报》在开封创刊,由陈芷屏任总经理、贾英任总编辑,是警务促进会的机关报。该报一创刊便与袁世凯的封建复辟势力发生激烈的对抗,以"监督政治之改良,增进国民之知识,发挥自由之真髓"为其宗旨。《自由报》以《中华民国临时约法》为武器,不断指名道姓地抨击袁世凯及其亲信豫督张镇芳的倒行逆施,言辞十分激烈。譬如,1912年11月8日该报发表《痛斥张镇芳之荒谬绝伦》一文,指责张"违背约法,压抑民权,肆行专制,反对共和,仇视舆论,罪大恶极"[①]。因此,张镇芳对该报恨之入骨,随后借口报纸"诋毁政府",悍然派军队将总编辑贾英逮捕并封禁报馆。任白涛对《自由报》相当关注。1912年11月14日,他撰写长篇通讯详述张镇芳查封该报经过,称"《自由报》又不自由,只有张镇芳一人自由"。对于《自由报》总编辑贾英被捕案,任白涛随后又发表《贾英被捕案续闻》《法庭对贾英案之黑暗》等多篇通讯,及时跟进报道,力图将事实呈现于读者面前。任白涛对统治当局肆意捕人封报的行为极为痛恨,他在《自由报之劫灰》一文中,指责"豫督张镇芳违法逮捕《自由报》记者贾英",抨击"河南司法黑暗已达极点,不惟不能独立,而且甘心为行政官吏走狗,置约法刑律于不顾",称张镇芳为"一般民贼"[②]。

第二节　在《新湖北日报》时期的新闻实践

任白涛在《民立报》时期的新闻实践经历结束以后,此后相当长的时间里,他一直未以新闻从业者的身份活跃于新闻界。直至抗战全面爆发,他才再次投身新闻业界,执掌报纸编辑之权。任白涛在抗战期间的新闻实践活动从1941年1月开始约至同年9月结束,为时不及一年。1940年10月,国民党当局一手炮制了震惊中外的皖南事变,国共合作再度破裂。任白涛原本在政治部三厅的职务也被裁撤。此时湖北省政府迁到恩施,创办了省政府机关报《新湖北日报》,任白涛受邀成为该报第一任总编辑。这一时期的任白涛完成了从"新闻学者"到"新闻战士"的身份转变,在国难当头、民族存亡的关键时刻,展现出了一位爱国报人在艰难处境下的斗争精神。

---

① 陈承铮.河南新闻事业简史[M].郑州:河南人民出版社,1994:11.
② 自由报之劫灰[N].民立报,1913-03-12.

一、《新湖北日报》的创刊背景及过程

1938年10月武汉沦陷后，日本侵略军集中优势兵力先后发动了随枣、枣宜、沙宜会战。当时重庆统帅部急派军委会政治部长陈诚赶赴宜昌，临时兼任第五战区右翼兵团司令，指挥作战。1940年6月宜昌又陷入敌手，经重庆统帅部决定将设于湘西的第六战区改组，将长官部移至鄂西恩施，委任陈诚为司令长官。因此，为崇山峻岭所环绕的山城恩施遂成为湖北省的战时省会，并作为第六战区的长官司令部驻地，进而形成护卫国民党战时陪都重庆的重要门户。一时间大批爱国人士云集恩施，参加抗日救亡活动，山城恩施成了湖北战时的军事、政治、经济、教育、文化重心。

1940年秋，陈诚来到恩施担任第六战区司令长官，同时将湖北省政府主席（此前该职位由严立三代理）的权位揽入手中，亲自主持省政。陈诚总揽大权之后，准备把作为陪都屏障的湖北建设成抗战建国的基地，于是在恩施推行囊括政治、经济、军事、文化教育和社会生活等各方面内容的"新湖北建设计划"。[①] 为了便于各项事业的进行，陈诚考虑创办一份能为其随时调用的报纸，以为他助威。当时在恩施的《武汉日报》乃为国民党中宣部所掌握，陈诚不便指使，[②]这更加坚定了他创办报纸的决心。于是1941年元月一日，《新湖北日报》在恩施创刊，社址设在恩施滚子坪，成为湖北省政府机关报。

《新湖北日报》由董冰如、徐硕俊受命筹备创建，其后担任社长职务的依次有谢然之、石信嘉、刘荣焌等。其中以谢然之的任期最长，《新湖北日报》在恩施出版近五年时间中，他任期三年半。总编辑先后为任白涛、张常惺、夏晨中、石玉圭、喻守一等，而夏晨中的任期最久。总经理先后为杨宁生、朱全性、梅黄馥等人。《新湖北日报》的印刷工作起初是由湖北印刷所承担，半年后报馆从湖北印刷所调拨来部分印刷机器，又将谭家坝第二监狱和湖北联中职业学校印刷设备运来，遂组建起自己的印刷厂。该报印刷用纸先是采购土报纸，后来资助利川毛坝、来凤高洞河纸厂以扩大生产，从而获得了印刷纸张的稳定供

---

① 何钦圣.我所知道的湖北医学院[M]//中国人民政治协商会议湖北省委员会文史资料研究委员会.湖北文史资料·1986年第2辑（总第十五辑）：纪念抗日战争胜利四十周年专辑（之五）——抗战时期的湖北省会恩施.武汉：湖北人民出版社，1986：119.

② 李继先，吴自强.抗日期间创刊的《新湖北日报》[M]//中国人民政治协商会议湖北省委员会文史资料委员会.湖北文史集粹.武汉：湖北人民出版社，1999：127.

应,这为报社度过极度困难的抗战时期提供了坚定的物质基础。

图 2-2　1941 年 1 月 1 日《新湖北日报》的创刊号头版

二、《新湖北日报》的编务人员与栏目设置

《新湖北日报》是抗日战争时期恩施的两家大报之一(另一个为《武汉日报》),它能够在战争前线坚持出版多年,离不开它完备的人事组织和合理的版面安排。

(一)《新湖北日报》的编辑人员构成及关系

恩施《新湖北日报》作为湖北省政府的机关报,决定了它为国民党政府及

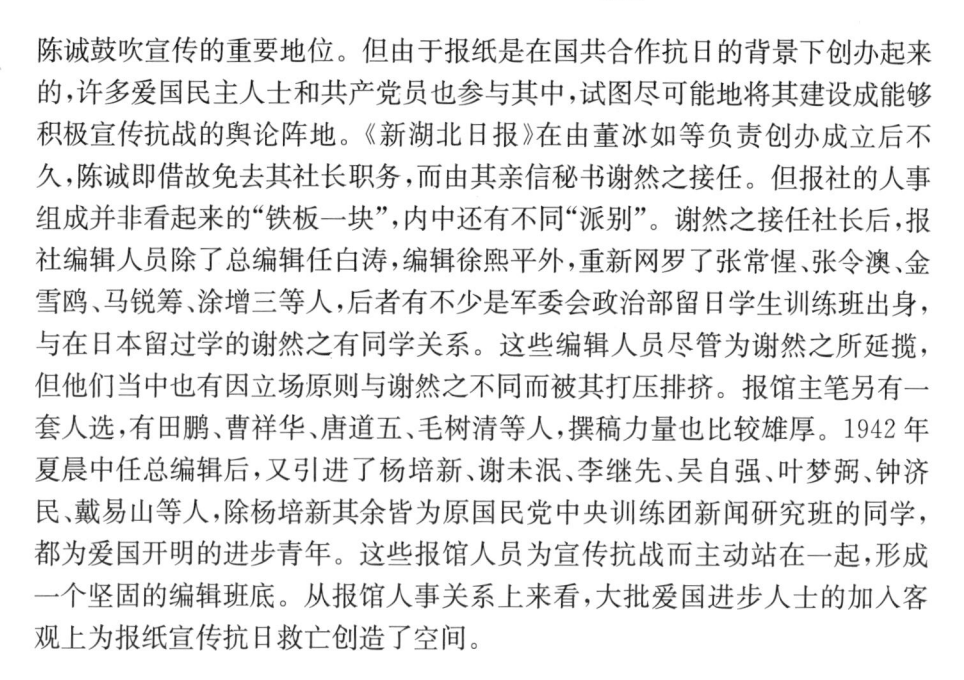

陈诚鼓吹宣传的重要地位。但由于报纸是在国共合作抗日的背景下创办起来的，许多爱国民主人士和共产党员也参与其中，试图尽可能地将其建设成能够积极宣传抗战的舆论阵地。《新湖北日报》在由董冰如等负责创办成立后不久，陈诚即借故免去其社长职务，而由其亲信秘书谢然之接任。但报社的人事组成并非看起来的"铁板一块"，内中还有不同"派别"。谢然之接任社长后，报社编辑人员除了总编辑任白涛，编辑徐熙平外，重新网罗了张常惺、张令澳、金雪鸥、马锐筹、涂增三等人，后者有不少是军委会政治部留日学生训练班出身，与在日本留过学的谢然之有同学关系。这些编辑人员尽管为谢然之所延揽，但他们当中也有因立场原则与谢然之不同而被其打压排挤。报馆主笔另有一套人选，有田鹏、曹祥华、唐道五、毛树清等人，撰稿力量也比较雄厚。1942年夏晨中任总编辑后，又引进了杨培新、谢未泯、李继先、吴自强、叶梦弱、钟济民、戴易山等人，除杨培新其余皆为原国民党中央训练团新闻研究班的同学，都为爱国开明的进步青年。这些报馆人员为宣传抗战而主动站在一起，形成一个坚固的编辑班底。从报馆人事关系上来看，大批爱国进步人士的加入客观上为报纸宣传抗日救亡创造了空间。

（二）《新湖北日报》的栏目设置

初创时期的《新湖北日报》为对开四版一大张。第一版刊登社论和国内、国际抗战要闻。以该报创刊号为例，头版便载有社论《本报之使命》和国内外要闻《蒋委员长书告军民》《倭寇到处碰壁》《泰越仍僵持中》等。第二版为国内重要电讯新闻。以1月3日报纸为例，载有《鄂省府重视教育》《西安党员检阅》《教部造就国语师资》《张群抵渝》等国内新闻。第三版上半部刊载国际重要电讯新闻，下半部则为省、市重要新闻；该版上部刊登有《美舰集中夏威夷》《阿境意军反受挫》《德法关系恶化》《英德海战总清算》等，在版面下部则登有少量本市杂讯和短评等。由此可见，《新湖北日报》的要闻主要集中在第一版、第二版和第三版的上半部。当时报社在省外并没有派驻外勤记者或通讯记者，这些国内外电讯新闻多由中央通讯社供稿。省、市新闻有些是经本报记者采访而来，有些则取自省政府各部门提供的材料，也有来自中央通讯社恩施分社发出的稿件。第四版则为副刊和广告。值得一提的是，在报纸不大的版面上竟然专门辟有《长江》《青年生活》《动员》《反侵略》《建设》等多种文艺副刊，主要刊登杂文、诗歌、小说、歌曲等，以文学形式针砭时弊，讨伐日伪汉奸，揭露国民党顽固派的消极抗日、积极反共的卑劣行径。在1942年由中共地下党员杨培新、杜巴主编后，副刊愈发成为爱国进步人士宣传抗战的重要园地。

三、任白涛任主编期间的《新湖北日报》言论分析

《新湖北日报》作为国民党系统的报纸,决定了其为国民党政府及军队宣传服务的性质。但在国共合作与日本侵略者进行浴血苦战的时代环境下,它和其他报刊媒体一样,也不得不把抗日救国作为其宣传报道的主要内容。同时我们也应看出,尽管该报被置于陈诚的严格掌控之下,但由于实际编务人员成分庞杂,尤其是许多爱国民主进步人士和中共地下党员的加入,更加使得报纸言论在向有利于团结抗战的一方倾斜。作为该报的首任总编辑,任白涛在报纸新闻稿件的选取、审阅和编发等具体工作中掌握一定的话语权。因此,该报纸言论所表现出的进步倾向是与任白涛有着密切关系的。与此同时,我们也更应该看到他的这种"权力"是相当脆弱和受限制的,仅能在有限的空间里开展进步新闻活动。

(一) 报道湖北建设情况,宣传与鼓吹陈诚"新政"

陈诚创办《新湖北日报》的目的原本就是方便宣传他在湖北的施政纲领和功劳,同时在抗战时期掌握一个舆论工具对他领导第六战区更是有益无害。在这种背景下创办起来的《新湖北日报》,自然要为陈诚的治鄂"新政"进行宣传与歌颂。即使编辑大权为进步分子所掌握,该报也依然无法避免要为陈诚"新湖北建设计划"进行宣传的事实。报社之中的进步力量本较微弱,同时还要争取一定的抗战救国言论空间,因而不得不做出相应妥协。

在1941年1月1日的创刊号上,陈诚亲撰发刊词,阐述了他的新湖北建设纲要。从这篇文章我们可以看出,陈诚有意将《新湖北日报》办成他治理湖北的辅助工具。由于该文属于首次完整披露,故笔者将全文辑录如下。

本报筦毂南北,在宅居中,形势极为重要,尤以抗战以来,湖北更成为全国军事、政治、经济之重点,总理在实业计划中亦特别指出湖北在建设"新中国"途径中之重要,故建设新湖北实为抗战建国期间之主要工作,亦即为吾人今日无可旁贷之职责。然建设事业为国家百年大计,固须遵照,总理遗教、总裁训示与中央既定之国策,以确定建设之方针,而□须缔查目前环境之要求及民众之所需,征集地方人士之意见,以为从事建设之张本。新湖北日报之发行,即系适应此种要求,以期宣达政令,□递民意,统一行动,集中力量,共同担负建设

新湖北之使命。

今日为中华民国三十年元旦日,又值本报发刊之始,爰将本省施政要旨列举数端,以为今后吾人努力之鹄的。

一、为政须顺乎自然之法则,适应世界之潮流;切合人群之需要,查本府自民国二十七改组以来,严张石诸公对于施政纲要,业已具有规模;今后精神仍属一贯,方针亦无庸变更,至于因地,因时,因人,因事,泛应曲当,则在负责同仁之善为制宜也。

二、当下社会人心,充分表现悲观,颓废,衰老,残破之现象,省府同仁移风易俗,立己立人,责无旁贷。全省同胞,救省,救国,救己,救人,咸应□起,见义勇为。

三、现在百废待兴,吾人处此,首当别其轻重缓急,始不至于忙乱寡要,顾小遗大。其各种事业,如确实需要,又为力所能及者,则须争取时间,迅速施行;如限于人力物力,则暂缓兴办;至当前不急之务,虽有余力,亦决不为。

四、全省政务,中央既经设厅分处,自足纵横综理,不应另设骈枝机关,误时□财,兹除暂别规定者外,应一律归并,或裁撤之。

五、全省东,西,南,北,中五区,与农,工,商,学,军,警各界,其需要各有不同,亟应分别研究,拟定计划,此第施行;而目前足为抗战建国之障碍者,如汉奸,伪军,贪官,污吏,土豪,劣绅,地痞,流氓,反动分子等,均须彻底铲除之。

六、财政为□民之本,量入为出,与量出为入,同属重要;今后一面应顾及财源民力,以为适当之支配;一面须注意事业之进展,以应时代之需要,与财源之开发。

七、本省对于财政,廉洁刻苦之风,已有基础,惟今后关于核发之手续;节余之缓□,预算之编造;报销之核实,均须依法改善,而□计政。

八、教育为培植人材,转移风气之枢机,亟应整饬学规,砥砺志节,深植革命之基础;尤应普及国民教育,与实施各种专门人材之训练,以为百年大计之造端。

九、改造农业,开发矿产,兴办水利,培植森林,创设水电,以及推广合作事业,与振兴轻工业等,均为本省建设之急务,应即□订计划,积极推行。

十、赈济灾黎,清理监犯,吾人务本"己饥己溺"之心,"疴□在抱"之情,切实施行,毋使延误。

　　以上所述,均为建设新湖北之基本要图,惟如何方能使其贯彻?则在吾人守法务严以律己,用法则勿拘泥,始可以符天理运行之必然,而适人情因时因地之变化,尤望全省同胞,各抒卓见,共策进行,使本报之发行,能成为营设新湖北之始基,则本省建设前途,实利赖之。①

在上文中,陈诚条举了他的十条施政要旨,内容涉及政务治理、财政改造、培植教育、改造农业、赈济灾黎、移风易俗等多个方面,他希望"全省同胞,各抒卓见,共策进行,使本报之发行,能成为营设新湖北之始基"②。既然陈诚如此重视《新湖北日报》的宣传作用,报纸自然要为其施政情况展开报道。因此,报纸省、市新闻版常常刊载关于湖北社会各界治理状况的文章。例如,在第二版的醒目位置刊登的《鄂省府重视教育》《鄂省府重视战时食粮调节》《鄂实行县公库制度》《鄂调整水陆警察》《鄂省政府一律改善》《鄂省政府轸念灾黎》《鄂省府严禁高利贷》等皆属此类。③ 此外,还有湖北当地政府要员、社会名流等为建设新湖北所撰写的建言献策类文章,譬如朱怀冰写的《怎样建设新湖北?》,百忍写的《湖北教育建设之刍议》,张公量写的《汎论公务员考绩问题》,朱代杰写的《新湖北必须从抗战中建设起来》等。④ 这些新闻与论说的大量刊载,说明报纸确实将陈诚的湖北建设活动当作报道的重要内容。不管陈诚的"壮举"是否具有某种政治企图,他的一系列政策客观上是有利于安定后方、支援抗战的。因此,编辑部对其施政内容进行选择、报道也在情理之中。

---

　　① 陈诚.发刊词[N].新湖北日报,1941-01-01.本文录自国家图书馆所藏《新湖北日报》缩微胶卷,凡报纸上模糊难辨之字,均以"□"标示,下同。
　　② 陈诚.发刊词[N].新湖北日报,1941-01-01.
　　③ 鄂省府重视教育[N].新湖北日报,1941-01-03;鄂省府重视战时食粮调节[N].新湖北日报,1941-01-03;鄂实行县公库制度[N].新湖北日报,1941-01-08;鄂调整水陆警察[N].新湖北日报,1941-01-09;鄂省政府一律改善[N].新湖北日报,1941-01-10;鄂省政府轸念灾黎[N].新湖北日报,1941-01-20;鄂省府严禁高利贷[N].新湖北日报,1941-01-04.
　　④ 朱怀冰.怎样建设新湖北?[N].新湖北日报,1941-01-01;百忍.湖北教育建设之刍议[N].新湖北日报,1941-01-03;张公量.汎论公务员考绩问题[N].新湖北日报,1941-01-06;朱代杰.新湖北必须从抗战中建设起来[N].新湖北日报,1941-01-09.

（二）重视中日战况消息，正面报道中国军民的抗战业绩

在全国人民艰苦抗战的时代背景下，宣传抗日是所有新闻工作的基本主题。无论是国民党报纸、共产党报纸还是民间报纸无一不重视战事消息，及时报道战争状况，激起民众对日作战的同仇敌忾之心。因此，积极宣传抗日也就成为《新湖北日报》的总体基调，这自然符合总编辑任白涛带领的编辑团队的初衷。在该报创刊号社论《本报之使命》一文中，我们可以清晰地看出报纸将抗日救国当作其宗旨与使命。现将该文全部内容摘录如下：

> 湖北之形势，目前为抗战之前卫，将来为反攻之根据。湖北之民性，则革命之热血方腾，民族之精神振奋，湖北之资源，则矿产之蕴藏裕饶，山泽之利薮广袤。有如此优越之条件，自应运用与开发，以促成"新湖北"之实现，以奠胜利之基础，而树建国之宏规。本报之以"新湖北"名者，其意义实在于此。兹当发刊之始，爰抒数点以为努力之目标：
>
> 第一，为阐扬国父遗教、总裁言论，以端正思想，加强心理建设。国父遗教博大精深，三民主义尤渊源于中国固有的政治、伦理、哲学之正统思想，撷取欧美社会科学之精华，并加以国父独见创造之真理而成，远非其他狭隘空泛之主义所能比拟。临代会所通过之抗战建国纲领，确定为一般抗战行动及建国之最高准绳。而总裁躬负领导抗战建国之重责，其言论同应为国人所服膺遵守。本报必竭其全力，为之阐扬，以期为发扬光大，盖思想端正，则意志集中，信仰既坚，则力量自大。纳群情于轨物，定百家于一尊。此本报所负之使命一也。
>
> 其次，为宣扬抗战国策，传达抗战消息，以坚必胜之信念。抗战发生，至今三年有半。在军事上，敌人已陷于泥淖，我方渐取得主动；在政治上，敌阁几数度瓦解，我国则中枢稳固；在经济上，敌国已罗掘俱穷，我国正猛力建设；在外交上，敌国更孤立无援，我国则得道多助。在抗战三年有半之今日，益是证明"长期抗战"、"全面抗战"国策之正确。至于前方将士，浴血苦战，百折不挠。战区人民，敌忾同仇，万死不悔，勇敢壮烈之事实，皆足以惊天地而泣鬼神。本报将以继续不断之纪载，使我后方同胞了然于敌我之形势，与抗战之真象，坚定其必胜之信念，而为更大之努力。此本报所负之使命二也。
>
> 再次，为宣达政令与民众疾苦，养成良善风气，造成清明政治。

昔贤论治,有谓:上下之气相通则治,不通则否。如政府之法令不能贯彻于下,民众之疾苦不能宣达于上,则清明政治,何由产生?今省政府正在励精图治之际,力求上下声气之相通,进而求官民情感之交流,而本报实愿为其枢纽。至若整饬风气,使三千万民众,□□□□□,整饬日常生活,革除不良习惯,培养其朝气,增进其幸福,俾明年今日,可见政治之告成与风气之丕变,本报之忻慰,尚何如耶!此本报所负之使命三也。

复次,为促进新湖北之建设,开发农村经济,以裕民生,夫开发资源,增加生产,为战时必要之措施,尤为将来繁荣之途径,湖北地区广阔,山林川泽之利,无处无之,如大冶之煤铁,应城之膏盐,鄂东之米粮,鄂南之茶叶,鄂西之纸业,鄂中之棉花,皆著称于世,而从事农工之民众,则啼饥号寒,度其穷困之生活。盖以敌寇之侵略,而和粜于人,或受时局之影响,而货藏于地,人民生机,遂终不能充裕。今应于艰难抗战之时,□力于资源之开发,生产之增加,以强化经济作战之力量,其沦陷于敌手者,亦必预为计划,为将来开发之张本。是则抗战胜利之日,即为经济建设成功之时,亦即全省人民出水火而登□席之时。而本报尤愿大声疾呼,促其步步实现,合理发展,此本报所负之使命四也。

夫执戈卫国,无事毛锥,而振聩启聋,端资棒喝,本报所负之使命,既如此其重大,顾同人之能力,又深感薄弱。惟有本其使命,不断努力,以日新又新之精神,促使'新湖北'之早日实现,同人之所以自,与其所以昭告于世者,如是而已。①

《新湖北日报》上刊登的中日战况消息有一个鲜明的特点,即以正面态度来处理战争新闻,以歌颂中国军民伟大的抗战业绩为主旋律。经笔者粗略统计,该报1941年1月至10月要闻版的304篇头条新闻大多是对我军战况的正面、乐观报道。例如1月5日的要闻题为《鲁晋我斩获甚众,宜昌敌窜扰受挫》、1月6日的要闻则为《沁阳袭敌斩获甚众》、1月8日的要闻为《鄂南敌蠢动遭痛击》等。在文字的编排上,编辑部常用一、二号大字和多行标题,并将重要字眼予以加粗处理,以示醒目。在标题的制作上,编辑们匠心独运地以我军为主格来拟定标题,凸显我军在战场上牢牢掌握主动地位。这类标题诸如1

---

① 本报之使命[N].新湖北日报,1941-01-01.

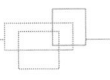

月4日的《晋南我军杀敌过年》、1月6日的《沁阳袭敌斩获甚众》、1月7日的《太行山我毙敌数千》、2月1日的《豫南我展开歼灭战（主题）敌处处受打击死伤极重（副题）》、2月3日的《豫南我军继续锐进》、2月8日的《豫南击敌势如破竹》、2月10日的《豫南我向信阳挺进》等等。这些激动人心的标题对于鼓舞军民作战士气、坚定抗战胜利信念具有极为重要的作用。而任白涛作为总编辑，报纸的此种新闻编排应当说是有他的一份努力在内。

（三）以副刊为阵地，坚持报纸的抗日救亡色彩

由于陈诚的大力支持，《新湖北日报》人力、财力相当雄厚，成为中部地区一份比较有影响力的报纸。在国共合作的背景下，报纸因而成为各方人士意欲争取的一块舆论阵地。其人事构成就可体现该报内部权力关系的极端复杂性。编辑部尽管掌握编辑大权，但是并不能完全把控报纸言论。事实上，《新湖北日报》的社论不归总编辑管理，而是由社长另外安排的人员撰写。因此，社长谢然之领导下的《新湖北日报》，当涉及国共两党等敏感问题时，其言论出发点必然是站在国民党立场上的。

譬如，1941年皖南事变爆发后，周恩来在1月18日的重庆《新华日报》上为死难者同胞撰写挽诗"千古奇冤，江南一叶；同室操戈，相煎何急?!"以示哀悼和愤慨。《新湖北日报》在翌日的报纸上也刊发社论《从韩复渠石友三到叶挺项英》，指责"国民革命军新编第四军，抗命谋叛，袭击国军"[①]。从此种言论立场上来看，《新湖北日报》为国民党代言宣传的性质是一目了然的。

在这种情况下，报社内的爱国进步人士要想利用报纸宣传坚持抗战、反对投降，坚持团结、反对分裂，就必须在副刊上做文章。为了适应抗战需要，《新湖北日报》在第四版副刊页上办有《长江》《敌情研究》《反侵略》《伤兵之友》《文新青年》《青年生活》《经济研究》《教育专刊》《国际专页》《动员》《建设》《卫生》《文萃》《妇女问题专刊》等多种副刊。这些副刊都以抗日救亡为中心主题，从不同角度对中国军民的抗战事业加以动员和歌颂。与新闻消息的严肃、冷静面孔相比，这些副刊的上文章大多出自报社和社会的进步青年及文化界人士之手，所以"笔锋常带感情"，表现出作者对国族命运迫切关注的炽热之心。副刊《长江》是报纸宣传抗日的主要阵地之一，与当时《武汉日报》的副刊《鹦鹉洲》相互竞争。该刊对民众的抗战活动和情绪宣传颇为用劲，譬如对抗战戏剧《台儿庄在利川》进行公演宣传，刊登颂扬抗战的诗歌《歌战士》《满江红》，连载

---

① 从韩复渠石友三到叶挺项英[N].新湖北日报,1941-01-19.

长篇战地通讯《两千里征程》等。《敌情研究》于3月7日在报纸上出版第一期,重视日本对华政治、军事、外交的最新动态,揭露日本民众在战争下的悲惨生活现状。《文新青年》则强调以文学的力量来服务抗战,号召青年创作能够积极反映抗战的文学作品,同腐朽、封建、落后、反动的旧文学划清界限。《反侵略》正如其刊名专以刊载社会各界的反侵略义举,发表对当前我国抗战活动的看法,歌颂全国军民的抗战热忱为职志。科龙在该刊第五号上曾发表过《中国抗战与国际反侵略运动》一文,盛赞:"中国对日抗战是国际反侵略运动的主流,没有中国三年半的对日坚决抗战,国际侵略势力必因日本帝国主义的未被消耗而更扩张其太平洋的烽火,必早已燃烧到了顶点。因此我们中国人在今天很可以毫不惭愧的说:中国是国际反侵略的急先锋!"[1]在报纸创刊短短几个月的时间里便兴办了如此众多的副刊,足以体现总编辑任白涛对副刊阵地的重视。报纸重视副刊的传统由此而奠定,其后尽管社长屡次更换,但副刊的抗日救亡色彩一直未有改变。

四、毅然离开《新湖北日报》

当任白涛在《新湖北日报》担任总编辑时,报社社长是陈诚亲信谢然之。关于谢然之,郭沫若在《洪波曲》中有这样一段记述,在一次军委会政治部部务会议上,"另外还有一位陈诚的私人秘书谢然之,这天也列席了。他曾担任过瑞金《红旗报》(笔者按:应为《红色中华》)的编辑,被俘后投降,由陈诚资送他到日本去住过一个时期。他也是心腹集团的一个人,所有陈诚的应酬文字或讲演稿等,大抵是由这位小人物(人的确是矮小)在代庖"[2]。

谢然之接任社长之后,任白涛却对这位"叛变"的社长相当不屑,甚至有时与其产生直接摩擦。当时新四军李先念部也在这一带征战,任白涛因不同意报纸刊发不利于该部队的战时消息而与谢然之相抵牾。谢然之为此指责任白涛"立场有误",任白涛反唇相讥:"辛亥我就追随中山先生,虽然不会不党,而立场至今未变。敢问你的立场变没变呢?"[3]他当场将谢然之嘲讽得无地自容。

由于任白涛为人正直,并且还是新闻界的老报人,因而很得报馆同事的敬重。也正因为如此,谢然之对其更加痛恨,处处想方设法予以排挤。后来任白

---

[1] 科龙.中国抗战与国际反侵略运动[N].新湖北日报,1941-03-11.
[2] 郭沫若.郭沫若自传(第四卷):洪波曲[M].贵阳:贵州教育出版社,2012:53.
[3] 陈正卿.任白涛:追随共产党的辛亥名记者[J].上海滩,2006(1):8.

涛夫妇因把报社平价分配的苞谷以多换少，兑换大米，谢然之便指使某些报社人员污化任白涛"不艰苦""贵族化"。任白涛不堪其扰，愤而离去。陈诚还为此事从中斡旋，邀请任白涛到省政府担任高级参议，任白涛并没有接受。

第三节　任白涛新闻实践的主要特征

任白涛的新闻实践活动主要集中在辛亥革命时期和抗日战争时期。从时间上来看，他的新闻实践活动呈现断续状态。这两段历史时期，前者处在中国革命人士为推翻封建帝制而发动的民主革命阶段，后者处于全国军民抵御日本侵略者的民族解放阶段。这两个时期的中国新闻界都因战争的影响而艰难发展。在这一时代背景下，任何社会个体的生存发展都与时代大环境密切交织在一起，个人的事业追求往往浸染着时代环境赋予的底色，而这对于报人而言更甚。这些外部的环境变化反映在任白涛的新闻实践之中，则具有如下几个比较明显的特征。

一、以兴趣支持事业

任白涛早年时期便对新闻事业产生极为浓厚的兴趣，对报纸的接触使他渴望成为一名新闻记者，实现个人志趣与人生目标的结合。由于对新闻事业特别钟爱，任白涛一生基本上没有离开过新闻界。即便他后来脱离新闻记者和编辑岗位，而从事新闻学和文艺学研究，也还是活跃在新闻界之中，新闻界中的很多人士都习惯敬重地称呼他一声"老前辈"。

做一名职业新闻人看似风光无限，然而事实远非想象中的那般美好，内中心酸只有身处其中之人才能体会。任白涛的早期新闻记者生涯也是备尝艰辛，他在回忆为《民立报》担任特约通讯记者的经历时称："但是这样干了好几个月，花费全是起初从家里带出的川资，乃至向同乡友人的借贷。一再地去信索薪，那报总是置之不理。后来生活真到山穷水尽的时候了，我只得下决心准备离开那个省分，抛弃这种职业，到北京去读书。"[①]尽管顶着如此巨大的生存压力，在与报馆负责人协商之后，任白涛还是坚持了下来，而支撑他走下去的

---

① 任白涛.我的一段记者生活的实录[J].青年界，1936(3):82.

原动力则是他对新闻记者职业的喜爱。

在任白涛看来,做新闻记者乃是一门苦差事,若没有足够的兴趣支撑则难以长久地坚持下去。他常常劝慰有志于从事新闻事业的青年,要对新闻记者这一职业具有充分的认识,要具有吃苦耐劳的拼搏精神。他曾这样对青年记者说:"我总觉得当新闻记者。并不是十分容易的事。至少、他的意志、思想、身体、一切都得健全。……而且我还得告诉你。新闻记者并不像你们理想的那么'写意'。他得每天奔走。采访新闻。晚上总得到一两点钟才能休息。"① 一个人如果能将个人兴趣爱好与自己的理想追求结合在一起,以兴趣为职业,那自然是一件再美好不过的事情。不止是任白涛,"痛并快乐着"或许正是许多新闻记者对新闻职业的最大认同和感受,也是促使他们选择以新闻为志业的动力源泉。

二、将新闻用作武器

"百年以降,中国报刊的主要角色是救亡图存,其三部曲是启蒙、革命与追求国家现代化。这些角色结合了中国士大夫传统及现代知识分子精神,形成一种鲜明的'文人论政'风格。"②在中国近代岌岌可危的国内局势面前,许多转入新闻界的知识分子有意无意地以报纸为突破口转换身份,试图重新进入舆论政治中心,或者至少是希望能对社会现实有所影响。

中国人爱议政,中国文人更爱议政。在儒家文化的熏陶下,中国文人历来具有一种深沉的历史使命感,中国文坛历来洋溢着一种"为天地立心,为生民立命"的宏大气象。强烈的政治意识是中国知识分子区别于西方知识分子的一种价值取向,并形成了一种中国式的传统。不同时代的文人论政有不同的形式,在近现代,文人论政最有效、最成功的形式就是报刊论政。③ 近代知识分子以报刊媒体为平台论政救国,不仅带动报业的兴盛,也对国家前途有所助益。

任白涛自然也不例外,他同样也希望能借助报刊来揭露恶政现实、促进社会进步。在他早期撰写的新闻通讯当中,绝大部分是关于社会、政治等方面的

---

① 殷麟.任白涛先生访问记——谈新闻学及业余记者[N].新闻报本埠附刊,1935-05-23.

② 李金铨.序言[M]//文人论政:知识分子与报刊.桂林:广西师范大学出版社,2008:1.

③ 吴廷俊.新记《大公报》史稿[M].武汉:武汉出版社,2002:14.

严肃性题材。他以新闻为"标枪"对军阀治下的混乱社会现状予以直接攻击。他的文章语言措辞激烈,不避权贵,不畏强暴,对军阀恶政、贪官污吏揭斥得淋漓尽致。这一点我们从他所写文章标题上就可窥见,例如《西华人民之哭声》《财政入不敷出》《哀哀伏莽遍中原》《县知事祖匪殃民》《狭路相逢知县死》《永宁居民之惨劫》《信阳何故驻大兵》等。① 当然我们也应指出,也是由于《民立报》的敢于刊载,这些文章才得以问世。任白涛的新闻实践表达了他对现实的不满,具有明显的抗争精神。

三、为言论自由大声疾呼

袁世凯上台以后,便开始对新闻界进行把控。一方面,运用新闻出版法律钳制新闻出版事业的发展,镇压进步的新闻宣传活动;另一方面,采取收买和打压的手段将民间报刊转变成政党逐利的工具。中国社会报界的自由程度甚至不及清末。如任白涛这般的"五四"一代②知识分子,他们大多具有放洋日本或留学欧美的经历,对西方文化具有比较完整和直接的认知。在他们所接触的西方文化和价值观念中,一个重要的内容就是言论自由和新闻自由。这对于思想上刚刚接受启蒙,并在主观上渴望警醒"他者"的先进知识分子而言,其影响可谓是相当深刻的。作为一个职业新闻人,任白涛对新闻言论自由颇为看重。

任白涛对言论自由的声援,其中一点体现在他对报人命运的关怀上。前文说《自由报》总编辑贾英因撰文阐发民主革命思想,指斥张镇芳的专制暴行,公开批评袁世凯的复辟帝制野心而被捕入狱。在 1913 年 1 月贾英被张镇芳逮捕之后,任白涛随即在 2 月 17 日撰文《贾英被捕案续闻》,揭载张镇芳派"军队将贾英逮捕,交警务公所拘禁",随后又"以命令强迫巡警道申保亨将贾英送交地方检察厅",③指责张镇芳不尊司法,滥用职权。2 月 28 日任白涛又撰写《法庭对贾英案之黑暗》一文,详细揭露法庭对贾英案的丑陋审理经过,文章措

---

① 详见表 2-1。
② 许纪霖认为整个 20 世纪中国,总共有六代知识分子。其中出生于 1880—1895 年之间的为"五四"一代,是中国第一代现代意义上的知识分子。(参见许纪霖.中国知识分子十论(修订版)[M].上海:复旦大学出版社,2015:82.)
③ 贾英被捕案续闻[N].民立报,1913-02-17.

辞采用"张都督擅捕自由报贾英""专制恶魔之官厅"①以示抗议。从任白涛对"贾英案"的报道态度上来看,可见他对北洋军阀摧残报界、践踏舆论行为的痛恨。

四、为民族解放坚守阵地

抗战爆发以后,抗日救亡的现实需要使任白涛如大多数民国时期的新闻人一样收敛起个人追求,而以国家前途命运和民族解放事业为重。在浴血抗战的年代,任白涛在国民党军事委员会政治部三厅与志愿抗日救国的文化工作者一道,"夜以继日地筹谋着对敌宣传的事情"②。这一时期的任白涛充满斗争热情,全心投身民族解放事业。任白涛在第二次成为职业新闻人之前,原本想赴延安解放区做一些于抗战有益的工作。后来周恩来告诉他党需要更多的爱国进步人士在新闻界活动,为团结抗战争取舆论支持。在这种情况下,任白涛欣然接受《新湖北日报》总编辑一职。否则以其刚正不阿的性格,很难与谢然之之辈共事。在主持《新湖北日报》期间,任白涛积极团结党内外进步人士和爱国青年,组成一支颇为有力的革命宣传编辑班底,他们以新闻、副刊等为阵地巧妙地为抗战进行宣传报道。

在整个抗战时期,任白涛的新闻实践活动充满了强烈的爱国主义情感,为实现民族解放是他坚持奋斗的强大精神动力。抗战之初,任白涛曾在报纸上向政府当局发出严禁各地报纸刊载日电的请求:"南京中央政委会邵力子先生,日本利用宣传策略破我国家组织,十数年来收效极宏,涛已在《应用新闻学》上痛切述说。近日沪报又大登入寇倭军恐吓文告,此潮不除,国将不国,报将不报。请严令各地报纸永绝日电,以杜未来无穷隐患。任白涛上告。"③在中华民族存亡的生死关头,承担民族解放使命是许多爱国报人新闻实践的题中应有之义。任白涛在抗战时期的新闻实践活动尽管并不那么轰动,但他始终没有忘记一个报人应肩负的责任和使命,总是力所能及地去为抗战服务。任白涛身上所体现的是与他相类的无数爱国知识分子心怀家国的精神品质,而这也是我们民族战胜外侮的宝贵精神财富。

---

① 法庭对贾英案之黑暗[N].民立报,1913-02-28.
② 任白涛.活像菜馆伙计的臧克家[J].青年界,1948,新6(2):22.
③ 任白涛.国将不国,报将不报:任白涛请严令各地报纸永绝日电[N].文艺新闻,1931-10-05.

第三章 任白涛的新闻学研究

从事新闻学研究可以说是任白涛人生之中最重要和最具成就感的事情,也是让后人铭记他的首要因素。研究新闻学是贯穿任白涛一生的工作,他也坚定地以新闻学者而自称。任白涛的主要新闻学著作是《应用新闻学》与《综合新闻学》,其中《应用新闻学》被认为是第一本国人撰述的实用新闻学著作,在中国新闻学术史上具有开创性的意义。任白涛的新闻学术研究范围相当广泛,其内容涵盖应用新闻学、理论新闻学以及欧美新闻事业史,其中有不少观点和知识在当时的中国新闻界应属首次提及。

第一节 任白涛从事新闻学研究的背景

任白涛的新闻学研究活动始于20世纪20年代前后,这一时期的我国新闻学正处于草创时期,新闻学研究、新闻学教育以及大学新闻学科的创设等也都处在刚刚起步、逐渐建立的阶段,中国近代新闻学作为一门"新兴科学"而渐被嵌入社会结构与时人心中。与此同时,政治环境的迭变、各类思潮的涌现也对当时的中国社会文化氛围产生广泛影响,客观上对我国新闻学术研究产生推动作用。任白涛正是在这样一个不稳定的外部环境下对新闻学术展开研究与探索。

一、五四运动前后的中国社会政治文化环境

1916年6月6日,北洋军阀头目袁世凯病死,"洪宪"闹剧在中国历史舞台上匆匆收场。袁世凯暴亡后,黎元洪以副总统的身份继任总统职位,共和重

张,法统复归,民国政治状似恢复正轨。① 黎元洪上台以后宣布恢复《中华民国临时约法》与国会,对袁世凯统治时期用以钳制言论自由的部分禁令和被查封的部分报刊进行废止和解禁。譬如,袁世凯政府在1914年4月2日颁行的《报纸条例》此时得以废除,新闻事业的发展前途在上层制度上似乎在一定程度上呈现出乐观局面。

1915年,陈独秀在其主编的《新青年》(原名《青年杂志》,从1916年9月出版第二卷时易名《新青年》)杂志上刊登文章,提倡民主与科学,反对封建文化,揭开了新文化运动的序幕。在陈独秀、李大钊、鲁迅、胡适、蔡元培、钱玄同等一些受过西方教育(当时称为新式教育)的人的带领下,广大青年以民主与科学作为衡量一切的价值标尺,向封建主义的思想文化发动猛烈攻击,对旧礼教、旧伦理、旧制度、旧文学等予以无情揭露和鞭挞。新文化运动是中国近代史上一次空前的思想解放运动,它向当时中国社会注入的新思想、新文化,对于传播知识、开发民智具有重要意义。长期以来,历代统治者、封建文人利用文学作为宣传封建主义思想的工具。② 新文化运动倡导者高举民主和科学的旗帜,发起"文学革命",尤其对封建思想文化形成猛烈冲击,从文化战线上动摇了封建专制制度。《新青年》积极提倡白话文运动,把白话文视为启发民智、宣扬民主科学的有力工具,恰以文化的手段来反对封建专制主义。

1919年5月4日,由北京青年学生发起的五四运动,将新文化运动推向了新的阶段,新闻界为五四运动推波助澜,发挥了强有力的社会舆论先导作用。五四运动是一场中国人民发起的彻底的反对帝国主义、封建主义的群众爱国运动,它促进了这一时期社会民主自由风气的空前高涨。就新闻出版界情况来看,五四运动前后呈现出如下几个特点:政治思想评论和学术自由讨论普遍开展,报刊上呈现出百家争鸣的民主气息,报纸副刊突破先前的消闲性质,白话文和新式标点符号在报刊上广泛使用,报纸编辑进一步改进,新闻学研究和新闻教育初步发展,③以及像商务印书馆这样新出版重地涌现。五四运动从整个社会背景、社会发展来说,它的影响已经波及中国思想文化、政治发展方向、社会潮流、教育事业等多个领域。总之,五四运动前后的一系列社会变革造就了较为宽松的社会政治文化氛围,使得新闻学如同其他新兴学科一样在客观上获得了一定的生存空间和发展契机。

---

① 李晓兰.审视与批判:《晨钟报》视域中的民初社会[M].贵阳:贵州人民出版社,2014:3.
② 马光仁.上海新闻史(1850—1949)[M].上海:复旦大学出版社,2014:470.
③ 方汉奇.中国新闻事业通史:第2卷[M].北京:中国人民大学出版社,1996:2.

二、20世纪20年代前后中国新闻学研究的快速发展

任白涛从事新闻学研究的时间是在20世纪20年代前后。如对新闻事业一样,任白涛对新闻学术研究也怀有一种特别的热情和兴趣。作为"五四"一代的知识分子,任白涛是中国早期新闻学的系统研究者之一。任白涛的新闻学术研究活动开端相当之早,据他自述早在辛亥革命时期担任通讯记者时他便开始新闻学的研究活动,故"若于新闻杂志中见有涉及新闻纸及新闻记者之事,无论残简零篇,更悉珍重收藏。私愿于他日为一书,初未知有所谓'新闻学'也"[①]。由此观之,任白涛可以说是中国新闻史上较早具有新闻学术研究意识的新闻人。

彼时的中国新闻学研究与时代历程一道,也正在走向"近代化",完成了一些开创性的工作,中国新闻学研究正在走向蓬勃发展的局面。新闻学创立的一个重要标志,就是新闻学作为一门独立的学科在高等教育殿堂里占据一席之地。1918年,蔡元培执掌北京大学,首设北京大学新闻学研究会并添设了新闻学一门作为选修课,延聘留美归来的徐宝璜主持其事,"启我国新闻教育之端"[②]。在此之后,不仅越来越多的国人知道新闻有"学",而且越来越多的人开始学习新闻学,新闻教育机构得以不断涌现。

五四运动以后,各大学计划中的新闻学系先后开办。1920年,卜威廉(W. A. S. Pott)教授在教务会议中提议上海圣约翰大学设立报学系,其附属于普通文科,聘请《密勒氏评论报》金融编辑帕脱逊(Don. D. Patterson)主任其事。1920年,全国报界联合会议决定设立新闻大学,以造就新闻专门人才,促进全国新闻事业的发展,可惜该议案并未能最终实施。1921年,厦门大学成立,将报学列作学校八门学科之一。1922年,北京平民大学创办新闻学系,聘请徐宝璜担任系主任,北京新闻通讯社社长吴天生和北京《京报》社长邵飘萍担任教授。1923年,上海大夏大学新闻学系建立。1924年,燕京大学在美国密苏里大学的帮助之下也创设了新闻学系,美籍教授白瑞登(R. S. Britton)任系主任,密苏里大学新闻学院教授聂士芬(Vernon Nash)曾在此任教。1925年,南方大学报学系及报学专修科宣告成立,延请《申报》协理汪英宾为系主任。1925年,国民大学开设报学系,延请《时报》编辑戈公振讲中国报学史,请

---

① 任白涛.序[M]//应用新闻学.杭州:中国新闻学社,1922:1.
② 黄天鹏.黄天鹏序[M]//徐宝璜.新闻学纲要.上海:上海书店出版社,2011:1.

《商报》编辑潘公展讲授编辑法,《时事新报》总编辑潘公弼讲报馆管理,《商报》总编辑陈布雷讲社论编写。由此,"中国新闻教育至是已有相当基础,而新闻学理论之建立,也渐告完成"①。

在新闻学教育不断兴起的时候,新闻学著述亦不断问世。这一时期的我国新闻学术界开始出现由国人撰写的新闻学专著。其中,1919年,徐宝璜的《新闻学》由北京大学新闻学研究会出版;1923年,邵飘萍的《实际应用新闻学》由北京京报馆出版;1924年,邵飘萍的另一本新闻学专著《新闻学总论》也由北京京报馆出版;1924年,徐宝璜与胡愈之合著的《新闻事业》由商务印书馆出版;1925年,伍超的《新闻学大纲》由商务印书馆出版;1925年,戈公振编著的《新闻学撮要》亦交由商务印书馆出版;1927年,上海世界书局出版了蒋国珍的《中国新闻发达史》;在新闻史学著述方面,1927年,更具影响力的戈公振的《中国报学史》由上海商务印书馆出版问世。就在此时,任白涛于1922年以杭州中国新闻学社的名义出版了《应用新闻学》,该书成为国人撰写的第一部应用新闻学著作。至此,在新闻学著作方面,从理论到应用再至史学已经全部包含在内,形成一个比较完备的新闻学术研究范畴。从新闻学术研究团体和新闻教育机构的兴办到一批新闻学者和新闻学专著的问世,我国新闻学的学科体系逐渐创立,新闻学在中国开始成为一门真正的科学。而这一时期的我国新闻学研究也就构成了任白涛从事新闻学研究的历史背景。

第二节 任白涛在日本的新闻学研究

20世纪20年代,中国的新闻学术研究活动方兴未艾。作为中国早期新闻学人之一,新闻学研究是贯穿任白涛一生的事业。总体来看,任白涛的新闻学研究活动主要分布在两个时期,即在留学日本时期和在国内时期。留学日本是任白涛正式进行新闻学研究的开端。在此期间,任白涛接受了较为系统的新闻学教育,理论素养不断精进和提升,并以学术专著的形式将自己的学习心得和研究成果呈现出来。

---

① 黄天鹏.四十年来中国新闻学之演进[J].中国新闻学会年刊,1942(1):33-36.

一、参加"大日本新闻学会"

虽然任白涛在早稻田大学修习的专业是政治经济学,但他的兴趣实际上是新闻学,同时这也是他出国留学的初衷。然而令任白涛没有想到的是,新闻学在这时候的日本也只能算是萌芽时期。直至1920年,日本的大学里才出现了一个三田新闻学会,并举办一些新闻讲座。而正式的大学教育机构晚至1929年才产生,即由小野秀雄在东京帝国大学文学部内创立了新闻研究室(现东京大学新闻研究所前身),在开展研究的同时,以招收进修生的形式实施教育。[1]

因此,在任白涛赴日的1916年,日本还没有一个大学能为留学生提供新闻课程教育。1905年早稻田大学清国留学生部专为中国留学生开设的学科,也证明了日本当时新闻教育的缺位。

尽管当时日本的大学新闻教育尚未开启,但日本国内的新闻学研究已经开始,且有新闻学著作问世。比如,日本人松本君平著的《新闻学》(又名《欧美新闻事业》)已于1899年在日本国内出版。于是,任白涛在"课余,于坊肆遍搜新闻学一类之典籍,旁稽各种新闻杂志"[2],正式展开新闻学术研究活动。又在1915年,日本新闻界同人在东京成立了一个名为"大日本新闻学会"新闻学研究机构。该会由东京的一部分新闻记者和新闻学研究者发起组织,就新闻事业的理论、技术、历史、经营等各方面编写了一套数量可观的讲义,对当时社会的新闻从业者和有志于从事新闻事业的青年进行函授教育。在这种情况下,任白涛便果断抓住机会,成为该会的首届会员。在此期间,任白涛对小野秀雄、杉村广太郎、小山荣三等日本知名新闻学者的学术著作有所接触,这丰富了他对近代西方新闻理论和日本报业状况的认知。自此,任白涛的新闻学研究和修习生活便逐渐走上了正轨。

二、著述《应用新闻学》

在日本留学的这段时期,任白涛将更多精力投入新闻学的研习上。旅日五载,任白涛不仅新闻学知识上有所精进,同时还创作出中国新闻学史上一部

---

[1] 张国良.谈谈日本的新闻教育[J].新闻大学(上海),1982(3):66.
[2] 任白涛.序[M]//应用新闻学.杭州:中国新闻学社,1922:1.

重要的学术成果,即《应用新闻学》。

任白涛早在国内从事新闻记者工作的时候,就开始萌发研究新闻学的想法。为借鉴前人研究,他曾在回忆中如是称:"所以我这时候最需要一本新闻学书。但是我这个愿望终于失望。"①实际上,上海商务印书馆曾在1903年刊行过一本由日本人松本君平所著《新闻学》的中译本。但从任白涛上述的话来推测,他当时并没有接触到这本译著。既然未能寻得前人成果,那就只有自己动手收集整理史料。在这种情况下,任白涛在工作之余,"若于新闻杂志中见有涉及新闻纸及新闻记者之事,无论残简零篇,更悉珍重收藏。私愿于他日为一书,初未知有所谓'新闻学'也"②。由于同为《时报》的特约撰稿人,任白涛对名记者黄远生的新闻通讯可以说是相当熟悉。在任白涛看来,"远生的北京通信,实在可以取法"③,故黄远生发表于《时报》上的"北京通信"是任白涛剪贴、整理的主要对象。这项工作为他后来撰写《应用新闻学》提供了助益。

到日不久,任白涛便参加了"大日本新闻学会",成为该会首届会员。课余,他于日本各类大小书肆遍搜新闻学史料,为撰写《应用新闻学》做准备工作。是年冬,任白涛开始着手撰写《应用新闻学》,历时一年半,于1918年夏在东京告竣。从酝酿于国内到写成于东京,这部书稿历经六七寒暑,"千呼万唤始出来"。在教育家王拱璧的心中,同乡知友任白涛的这部新闻学专著地位甚高,认为它是"中国新闻学的头生儿"④。当王拱璧于1917年赴日留学之际,见好友白涛正埋首于《应用新闻学》的撰写工作,积稿盈千,故有上述感慨。任白涛的这部《应用新闻学》也就成了中国第一部实用新闻学著作。⑤

三、《应用新闻学》的出版经历

1915年5月7日,日本帝国主义最后武力通牒威逼袁世凯政府承认丧权辱国的"二十一条",自此中国而有"五七国耻"纪念日。1918年,"五七国耻"纪念日前夕,中国留日学生因《中日共同出兵之协定》的签订严重损害到了中

---

① 任白涛.爱读切合身心和生活的书[J].青年界,1935(1):55.
② 任白涛.序[M]//应用新闻学.杭州:中国新闻学社,1922:1.
③ 任白涛.爱读切合身心和生活的书[J].青年界,1935(1):55.
④ 王拱璧.写在任著新闻学的上头[M]//任白涛.应用新闻学.上海:亚东图书馆,1937:1.
⑤ 方汉奇,李矗.中国新闻学之最[M].北京:新华出版社,2005:353.

国主权,于是组织学生救国团干部在东京神田区"维新号"中国饭馆秘密集会,商讨回国事宜。但由于秘密集会消息被日本警察得知,随即派遣警察将在场集会的四十六名中国学生无理逮捕,并对其实施野蛮殴打。日本警察的残暴行为激起留日学生的强烈不满,学生救国运动愈演愈烈。当时国内媒体《新闻报》就此事发表了评论,声援留日学生"与其忍辱,毋宁废学",指责我国政府当局对我留日学生被侮之举"不闻有一言之交涉","人(笔者按:指日警)有政府,吾无政府"。① 此时正在日本潜心撰写新闻学著述的任白涛也被卷入这次留日学生运动中,并与直接参与此次运动的同乡王拱璧时常往来。艰难处境下,任白涛在这年夏将书稿草就后,便毅然返国,向北京、上海、河南开封等地各界人士揭露日本帝国主义对华侵略行径。受此次事件的影响,《应用新闻学》书稿尽管已经完成,却未能提上印刷出版日程。

  1918年,大批留日学生集体返国,遭到政府当局严令斥责,连颁布告敦促归国学生"一律离京,克期东渡"②。无奈之下,留日学生只得忍辱重行东渡,"据此数日中。学生之抵神户者。达三百余人云"③。任白涛在国内奔波数月后,同样再次返回日本。尽管置身"学潮",任白涛仍然心念《应用新闻学》的出版事宜。此番重行日本他就有正式出版该书的想法:"一度返国之后,更番东渡,欲刊此书于江户。"④从行程上推算,任白涛第二次赴日的时间应为1919年春季。当五四爱国运动在北京爆发之时,留日学生间盛传巴黎和会关于青岛问题的解决方案,群情震骇。恰巧此时又逢"五七国耻"纪念日前夕,留日学生得悉日本当局将是年"五月七日"定为庆祝太子冠礼之日,将"五月九日"定为庆祝奠都纪念之日,引起留日学生的强烈不满和激烈抵制。"五七"这天,三千余名留日学生在东京举行游行示威,整队向各国驻日大使馆呈递宣言书,申明反对将青岛转交给日本。在国家领土主权遭到侵犯之时,大批留日学生主动将个人前途和国家命运联结起来,投身于反日运动。1919年夏天,在日本修习新闻学的任白涛果断停止学业,着手研究日本对华新闻宣传政策。他在这一时期的研究成果后来在他回国后以论文和专著的形式陆续出版,成为抗战时期新闻宣传的重要文献材料。结果,《应用新闻学》的出版计划再遭搁浅。

  这场"五七"学生运动对任白涛《应用新闻学》的问世造成直接影响,也成为

---

① 记者.留日学生回国[N].新闻报,1923-04-21.
② 教育部布告第七号[N].政府公报,1918-05-30.
③ 留日学生纷纷返校[N].时报,1920-09-23.
④ 任白涛.序[M]//应用新闻学.上海:亚东图书馆,1937:2.

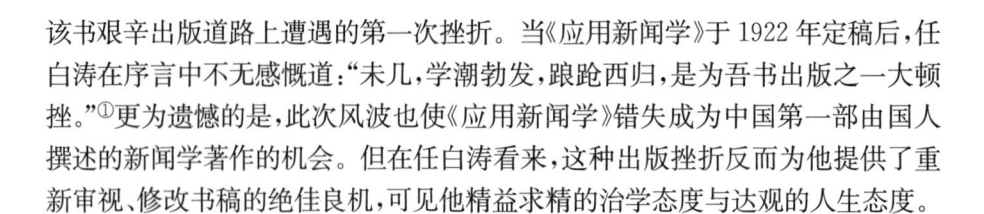

该书艰辛出版道路上遭遇的第一次挫折。当《应用新闻学》于1922年定稿后,任白涛在序言中不无感慨道:"未几,学潮勃发,踉跄西归,是为吾书出版之一大顿挫。"①更为遗憾的是,此次风波也使《应用新闻学》错失成为中国第一部由国人撰述的新闻学著作的机会。但在任白涛看来,这种出版挫折反而为他提供了重新审视、修改书稿的绝佳良机,可见他精益求精的治学态度与达观的人生态度。

第三节 任白涛在国内的新闻学研究

自日本返国以后,任白涛继续以新闻学者的姿态和立场活跃于中国新闻学术界。这一时期,他的新闻学术研究活动走向了更为深入的层次,他身体力行地创办了新闻学术研究团体,尝试对新闻学进行全面而系统的建构与规划。与此同时,与新闻学界同人的往来也在一方面拓展了他的学术视野,另一方面也对他的学术研究思路和初衷产生一定的影响。任白涛此时本着"纯粹为学"的精神从事新闻学术研究,在某些领域还是做出了一些开创性的贡献,成为当时中国新闻学术界颇具影响力的人物。

一、创办中国新闻学社

自19世纪40年代开埠以后,上海逐渐成为近代中国内外贸易和工商业中心。伴随资本主义经济的成长,上海发展成为近现代中国新闻业最发达的城市,它理所当然地成为无数新闻学子心向往之的乐土。

1921年,任白涛从日本学成归国,他的首站也是选择了上海。但在上海寄居一段时间之后,他就发现上海的城市环境并不适合自己从事学术研究。在任白涛看来,"上海杂冗,不适吾居,乃卜迁西子湖畔山幽林邃之处,整理吾书"②,继而寄寓杭州灵隐寺继续从事新闻学研究工作。1921年9月10日,任白涛在《东方杂志》第18卷第17期上发表了《地方报之编辑》一文,这是他最早在报刊上发表的新闻学文章。

在杭州旅居期间,任白涛创办了中国新闻学社,这是一个个人研究所性质

---

① 任白涛.序[M]//应用新闻学.上海:亚东图书馆,1937:2.
② 任白涛.序[M]//应用新闻学.杭州:中国新闻学社,1922:2.

的学术机构,但他真正的目的其实是出版《应用新闻学》。因此,在1922年初版《应用新闻学》的版权页上,我们可以清楚地看到它的发行者为"杭州外西湖二十八号中国新闻学社"。关于该学社的性质,任白涛在1926年《再版的话》中称:

> 学社的性质,虽是个人研究所,但绝没有不欢迎同志加入之理;不过欢迎的是真正的同志就是了。对于加入学社的同志,我以纯粹的友谊待遇之;除了彼此之间,随时研究讨论关于新闻学的事情,或是他有书交我社发刊——此项另订简则——之外,并无什么别种权利义务的藩篱。——在这种唯物的世界,办一种事业,自然要相当的代价;但为维持学问的独立起见,绝对不承受任何方面的唯物的援助。——为培养性灵的源泉,排除党伐的积习起见,绝对不参加任何党派。——对于上述的旨趣,怀有疑念,或是想藉新闻学做某种工具的人,我是不欢迎他入社的。①

从任白涛这段类似社规性质的阐述中,我们可以看出他为中国新闻学社所定的四项旨趣:第一是"开放的",任白涛开门见山地指出"学社的性质,虽是个人研究所,但绝没有不欢迎同志加入之理",这表明任白涛的学术心态是开放的,中国新闻学社为有志于从事新闻学研究的学者们提供一个学术交流的场所。第二是"学术的",从"随时研究讨论关于新闻学的事情"的话语中,我们可以看出任白涛从事新闻学研究的强烈意愿。同时,他也把中国新闻学社当作各种社会著作的发行代理机构。第三是"独立的",任白涛明确表示"但为维持学问的独立起见,绝对不承受任何方面的唯物的援助",这说明

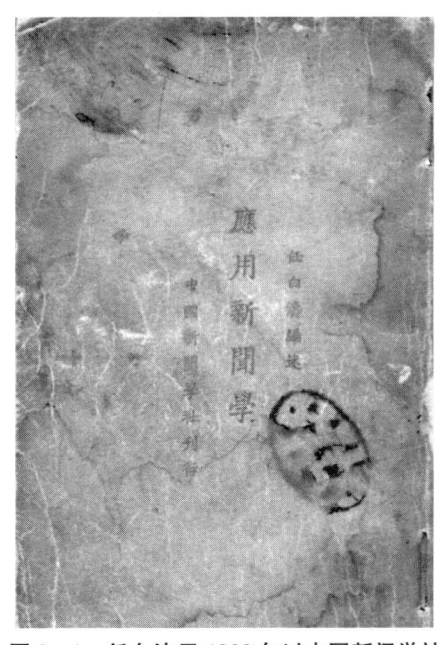

图3-1 任白涛于1922年以中国新闻学社名义自费出版的《应用新闻学》封面

---

① 任白涛.再版的话[M]//应用新闻学.上海:亚东图书馆,1937:4-5.

任白涛为自己以及中国新闻学社确定了独立学术的思想准绳。第四是"正义的",任白涛所说的"排除党伐的积习起见",反映出他对社会政治有所思考,即希望学术研究不受政治之影响。这种"排除党伐的积习"的表述实际上是对国民党的软抵抗,因为任白涛当时所处的环境是在国民党统治地区。由此可见,任白涛实际上是为中国新闻学社制定了一套比较完整的操作标准,也体现出他严谨与纯粹的治学态度。在这一段历史时期,任白涛广积各种新闻学珍稀史料,与各地有志从事新闻学的研究者共同探讨新闻学术问题。

二、《综合新闻学》的诞生

从事新闻学的研究和撰述工作始终是任白涛人生历程中的一项重要活动。即使在战火纷飞的年代,他仍不忘著书立说,将新闻学研究当作一项重要的事业来做。在个人兴趣和时代环境的驱使下,任白涛对新闻学研究表现出一种坚持不懈的态度。对新闻学研究的长年坚守,也塑造了任白涛严谨、踏实、坚韧、明敏的个人性格特征。

1935年6月间,任白涛开始着手撰写《综合新闻学》,并与商务印书馆约定将其作为"大学丛书"来出版。到1938年春天,书稿全部完成,在最后一批稿子寄往香港(此时商务印书馆总管理处已迁往香港)之后,任白涛也开始南下。当时日军侵略步伐开始从沿海向内地步步紧逼,形势万分危急,任白涛在如此紧张的环境中仍操心《综合新闻学》的出版事宜。

任白涛在南下重庆的路上曾于广州做过短暂逗留,其间他"一面写作,一面准备就近招呼这部书(笔者按:指《综合新闻学》)的排校等事"[①]。1938年10月21日,广州弃守后,任白涛到达香港,得知此书排成遥遥无期。抗战胜利以后,任白涛在复员途中路经重庆时,得知该书于1941年7月在香港出版了前两册,剩余两册尚未付印。由于太平洋战争爆发,香港沦陷,此书的成书、纸型、图版与商务印书馆一起全部毁于战火之中。

然而,在返沪之后,任白涛意外得知商务印书馆在上海还存有一副纸型。欣喜之余,任白涛立即与商务印书馆方面接触,商讨《综合新闻学》的再版事宜。在任白涛又花费一年有余的时间将书稿修改完毕后,商务印书馆方面却以报馆在战事中经济损失巨大且已有四千种书等候重版为说辞,不

---

① 任白涛."综合新闻学"搁浅记[J].春秋(上海1943),1949(2):33.

能立即接受其请求。最后,商务印书馆以"成本太钜,行销无把握"[①]为理由而终止了出版契约。至此,虽然历经战火的洗礼,《综合新闻学》仍未能以完整的面目出现于世。对于该书的出版"搁浅",任白涛尽管十分悲痛但又无可奈何。

任白涛的这部《综合新闻学》可以说是中国第一部融入了传播学视角的新闻学著作。[②]譬如任白涛在"原始的公告形态与通信方法"一卷中指出"交通"之于新闻事业发展的必要性,进而对于交通设施的变迁进行了研究,并着重关注了原始社会交通手段以及在原始交通手段上进行新闻报道的局限性。《综合新闻学》的第三卷第七章还专门探讨了"现代的高速度通信机关",分别介绍了电报、电话、摄影技术、无线电广播、电视、飞机的由来和历史及发展现状。另外,在第一卷"总论"的第五章"新闻事业心理"和第六章"报纸与读者"中,任白涛也用专门篇幅分析了"传达方法"与"传播效果"的关系问题。这种从古至今对人类信息传播现象的演化过程的探讨,实际上已经深入"传播技术"层面。这些有着浓厚传播学痕迹的新闻观点早已超出了当时传统新闻学研究的范畴,而带有比较明显的传播学的影子。

三、与学术界同人的交往

1927年至1937年是国民党政府执政相对平稳的一个阶段。这一时期中国社会的现代化进程得到了一定程度的发展,文化事业也获得了一个短暂的喘息机会。在此背景之下,任白涛在中国新闻学术圈中的活动也不断频繁起来。

任白涛在新闻学研究上不懈钻研,为他在当时的中国新闻学术界赢得了良好的声誉。在此期间,他往来于上海和杭州两地,结识了一批新闻学术界的新朋友。许多年轻的新闻学者对这位新闻学界的前辈敬重有加,常常向其请教。

(一) 为戈公振《中国报学史》提供资料

民国时期著名记者戈公振在撰写《中国报学史》时,鉴于手头资料积累不够,曾特意赶到杭州灵隐寺拜访任白涛,向其请益。任白涛乃将历年珍藏的报

---

① 任白涛."综合新闻学"搁浅记[J].春秋(上海1943),1949(2):36.
② 李秀云.任白涛的两个"第一"[J].新闻爱好者,2005(1):34-35.

刊资料慨然借予戈公振选用。关于这段历史,任白涛曾做过详细记述:"一九二六年二月,戈公振君到西湖问我借材料,并把此书的油印底稿交我阅看。我匆忙地看了半天半夜,即将大体上的应行修正或增补之处,分条写出,夹入稿中。次日送到他的旅寓,付给茶房而去。他匆忙地返沪之后,来信说:'……归后检书,得指示若干条,当逐条修正……'。出版之后,果照他信所说。只是那时我看得太匆忙了,所以忘记同他说'中国报学史'应改为'中国报业史'的事情;因此书内容,纯以中国报业为对象之故。但除书名不妥当和少有说明报业形成之社会的背景,以及书中所叙——堆积——的事项还多缺漏之外,此书在贫乏的中国出版界,实不失为一部可读的书。盖著者为此书实费去不少功夫,决非'率尔操觚'之作。"①从任白涛的这段忆述来看,尽管他认为戈公振的这部著作存在"少有说明报业形成之社会的背景"和"还多缺漏",但总体上还是给予了肯定的评价。更为重要的是,任白涛认为戈公振应将书名《中国报学史》改为《中国报业史》,"因为此书内容,纯以中国报业为对象之故",只是这项建议由于匆忙而未及告知戈公振。从戈公振对任白涛建议的"逐条修正"的态度来看,他是有可能采纳任白涛的意见的。或许,中国第一部系统研究新闻史的著作——《中国报学史》②将易名为《中国报业史》。

1932年,在戈公振第二次出国之前,任白涛还曾赴其寓所,与他一起谈论关于国际宣传的事情。可见,任白涛与戈公振之间存在一种长期且稳定的交谊。此外,由于戈公振具有上海新闻记者联合会会长的身份,我们可以推测,在戈公振的介绍下,任白涛与联合会中的其他新闻界同人或许也存在一定的交集。

(二) 为袁殊《学校新闻讲话》写作序文

1926年,在《应用新闻学》因胡适的引荐而为亚东图书馆再版之后,任白涛便再次移居上海。伴随任白涛声名在新闻学界的渐渐打开,他也时常出现于新闻界人士组织的各类活动之中。袁殊与任白涛的交往则是源于一次偶然的聚会。

袁殊,本名袁学易,笔名君匡、碧泉等,湖北圻春县人士,生于1911年。父亲袁晓岚是中国同盟会会员,曾参加过孙中山领导的民主革命运动。1919年,袁晓岚去浙江谋职,袁殊便随母来沪,就读于立达学园。因受到在此执教

---

① 任白涛.综合新闻学[M].上海:上海书店,1991:66.
② 方汉奇,李矗.中国新闻学之最[M].北京:新华出版社,2005:357.

的夏丏尊、丰子恺等人的影响,思想上追求自由平等和个性解放。据恽逸群侄子顾雪雍所描述,袁殊从 1925 年开始向报纸投稿,其间其稿件不断被采纳,尤其是在看了新闻学家任白涛的《应用新闻学》后,袁殊对新闻事业产生浓厚的兴趣。1929 年初夏,一次在"狂飙社"①的集会上,袁殊遇见了任白涛,就向这位老专家请教,并倾诉自己对上海报纸的不满,认为这些报纸是买办阶级的工具,不为人民说话,决心将来自己办一张站在人民立场上的报纸,用舆论来改造社会,得到任白涛的赞许和鼓励。② 与任白涛同行的黄天鹏、陈望道、汪馥泉等人也对袁殊的办报设想给予了积极的支持和赞助。在会场之上,袁殊还特意找机会向任白涛专门请教新闻学研究的问题。在这种场合下,任白涛便认识了这位新闻界的后进。后来,袁殊果然于 1931 年创办了一份报纸,名叫《文艺新闻》,并为当时国内进步文化人士所重。

袁殊在办报的同时,同时在从事着他爱好的新闻学理论的研究活动。他写下了不少新闻学成果,如《现代新闻学》《学校新闻讲话》《新闻法制论》等,后来经恽逸群编辑而成《记者道》一书出版问世。在袁殊的新闻学处女作——《学校新闻讲话》准备出版之际,他请任白涛为其作序。在序言中,任白涛也记叙了他初次见到袁殊时的场景:"不久我来到 S 埠,在一个艺术的集团中遇着一位短小精壮,年纪不过二十上下毫不认识的青年,他得悉我的姓名之后,居然向我问关于新闻学的事。我万想不到在这么一个艺术的集团中竟有对 Journalism 深感兴趣的人!"③对于袁殊的突然请教,任白涛也是颇为惊喜,在袁殊身上他看到了自己从事工作的价值。此后,袁殊便常常向任白涛请教一些新闻学术问题,即使在留日期间还与任白涛通信讨论新闻学。任白涛则倾

---

① "狂飙社"是 20 世纪 20 年代的一个重要文学社团,1924 年 11 月成立于北京,因进步刊物《狂飙》而得名,领导人为高长虹。1925 年 4 月,高长虹等人参加鲁迅提议组织的"莽原社",后因《莽原》内部的矛盾,高长虹于 1926 年秋赴上海恢复《狂飙周刊》。1928 年在上海成立狂飙演剧部,组织机关报《狂飙小剧场》,参加者有柯仲平、丁月秋、马彦祥、吴似鸿等人,从事"小剧场运动"。该社文学主张致力于"反抗",做时代的"强者",以介入现实、搏击人生,呼唤着"打倒障碍或者被障碍打倒"的口号出现于文坛。(参见马学新,曹均伟等.上海文化源流辞典[M].上海:上海社会科学院出版社,1992:360-361.)任白涛能够参加该社组织的演剧活动,至少说明他对该社的宗旨和文学主张是持肯定态度的。

② 顾雪雍.我所知道的"五面特工"袁殊的传奇生涯[M]//顾国华.文坛杂忆全编六.上海:上海书店,2015:250.

③ 任白涛.写在袁著《学校新闻讲话》的白页上[M]//袁殊.学校新闻讲话.上海:湖风书局,1932:1.

囊相授,在新闻学术研究上给予袁殊以极大帮助,二人之间逐渐建立起一种亦师亦友的关系。

因此,当袁殊向任白涛提出为《学校新闻讲话》作序的请求后,任白涛当然乐为其成。对于任白涛这位新闻学界的前辈,袁殊是敬重和赞誉有加,在该书后记中他直言:"在中国研究新闻学的人,我相识的很少;在一般的表现上,我认为最有见地而且有真实精神的只有白涛。"①

对待同龄(笔者按:戈公振出生于1890年11月27日,正好与任白涛同龄)的友人,任白涛慷慨解囊、坦诚交流;对待后进的青年学者,任白涛关爱有加、奖掖扶助。这可以说是他从事新闻学术研究的心态,也是他在新闻界中安身立命的人格标准。

四、进行体系化的新闻学研究与构建

在任白涛的新闻学术研究理念中,他始终具有一种"系统化、体系化"的研究思维。在他看来,中国的新闻学术研究还停留在"断片"的阶段,而他理想中的新闻学应当是一种有组织、有系统的模样。因此,对新闻学进行体系化的研究和建构就成了任白涛思虑已久的学术抱负。

(一)计划编撰综合性的新闻学丛书

20世纪30年代是中国新闻学研究蓬勃发展的时期,许多新闻学者著书立说,将自己对新闻学的观点与认识以专著的形式呈现于世。任白涛此时则希望能够编著一本综合性的新闻学著作。他的这种综合性思维,有可能来源于他在日本时期接受的新闻教育,也有可能出自他对中国当时新闻学术界研究现状的观察和思考,但无论如何这种意识在他当时的文字和后来的新闻学实践中是显然存在的。

1932年,任白涛在为袁殊的《学校新闻讲话》所写的序言中,透露他曾与袁殊一同策划撰写一部综合性的新闻学丛书的设想。他说:"单说一件别人不大知道的事,就是他(笔者按:指袁殊)曾约我共同地给中国新闻学界做个综合的介绍工作——编一部新闻学丛书——的事;这事终于在落了时代的伍其实根本没有进入时代的伍——的出版界,觅不到接受之人;同时我也因为已经开始了一种丛书的编译工作,而他的精力也一大半集注到'文新'上,所以这个重

---

① 袁殊.学校新闻讲话[M].上海:湖风书局,1932:221.

要的介绍工作,只好化整为零地随便地做了。"①正是因为这项工作被"随便地做了",这部计划中的丛书只好"胎死腹中"了。但从任白涛的描述来看,这项工作的搁浅并非因为力有不及,而更多的是受制于客观条件。在这篇文章中,任白涛并没有详细地给出这部新闻学丛书的编制计划,也没有对所谓"综合性"进行解释和说明,但从他此时的设想中却能够看出他后来将编著的《综合新闻学》的影子。虽然计划"给中国新闻学界"做的这部新闻学丛书最终没能面世,但任白涛对新闻学研究和发展所做出的这种系统设想是难能可贵的。

(二) 开展新闻学的体系化构建

任白涛对新闻学的体系化研究有着执着的态度,他反对将简单的资料堆积作为新闻学研究的常态,他理想中的新闻学研究应该是将知识进行"体系化"构建。同时,在任白涛看来,新闻学的体系化研究也是有理可循的,因为报纸本身就具有复杂的特质,对于报纸的研究"不可单从表面或侧面去考察它,必须研究在它内面的经济的、技术的诸力之相互作用"②,报纸的总括性决定了新闻学研究的综合性,这样所取得的研究成果才可谓是体系化的新闻学。

尽管先前与袁殊一起编著综合性新闻学丛书的设想落空,但任白涛依旧没有放弃写作一部新闻学巨制的想法。此时他对新闻学的构建思路已经从单纯的"综合"走向了"体系",试图对新闻学展开一种"体系化"的建构。他的这种学术愿景集中体现于他的一部重要的新闻学专著——《综合新闻学》上。任白涛进行新闻学的系统研究,其原因在于他认为"那时斯学确实还多属于经营方法论或理论之断片的研究,还没有构成有组织的学术的体系"③。且不论当时中国新闻学的研究现状是否确如任白涛所说,任白涛的"体系化"新闻学术构想及实践成果是有目共睹且值得肯定的。

《综合新闻学》内容宏富、体量庞大,全书内容除导言外分为6卷35章,共计130余万字。其大体框架安排如下:

---

① 任白涛.写在袁著《学校新闻讲话》的白页上[M]//袁殊.学校新闻讲话.上海:湖风书局,1932:2-3.
② 任白涛.综合新闻学[M].上海:上海书店,1991:5.
③ 任白涛.综合新闻学[M].上海:上海书店,1991:1.

表 3-1 任白涛《综合新闻学》的内容安排

	一、新闻学在中国	二、新闻学的对象和研究方法	三、现代各国的新闻学研究机关				
导言							
第一卷 总论	第一章 报纸与现代社会	第二章 新闻事业道德	第三章 政治与报纸	第四章 外交与报纸	第五章 新闻事业心理	第六章 报纸与读者	
第二卷 原始的公告形态与通信方法	第一章 研究的范围与方法	第二章 新闻发达之交通的先行条件	第三章 新闻报道的主观性	第四章 原始的公告形态	第五章 原始时代的通信方法		第七章 现代的高速度通信机关及其作用
第三卷 采访技术和通信方法	第一章 新闻的搜集	第二章 误报	第三章 采访的要义和方法	第四章 特派记者	第五章 从军记者	第六章 女记者	
第四卷 编辑和撰述	第一章 编辑部的机能和构成	第二章 编辑和取材方针	第三章 材料的储藏	第四章 编辑和撰述的要项			
第五卷 经营和管理	第一章 现代报业的经营形态	第二章 一般的经营和管理方法	第三章 报纸工场的经营与印刷	第四章 报纸的生产与劳动	第五章 报纸上的广告	第六章 报纸的社会服务活动与副业	
第六卷 杂志	第一章 杂志的编辑和经营	第二章 杂志的体裁——卷头·封面·正文·插绘·插图	第三章 杂志的编辑	第四章 杂志的搜材	第五章 杂志的制稿	第六章 杂志的经营和宣传	第七章 杂志广告招揽法

— 80 —

由此可见,与《应用新闻学》相类似,《综合新闻学》的建构方式依然是将理论新闻学和应用新闻学融为一体,试图实现一种以理论来指导实践、以实践来反哺理论的学术构想。

何为"体系化"的新闻学?任白涛对此有所解释:

> 因为对于任何科学的研究,都不是单以搜集多量的资料——即知识的堆积——为目的,必须要企图知识的体系化;而对于报纸,尤其应认识它的组织和机能,以及它在社会意识中的职责或权力。即在新闻学上,关于报纸的实际知识,诚然很是需要,但仅单纯的事实,决不能令认真的研究家满足。因此,我们必得先行加以深切的注意,以搜集下的具体的资料做基础,更进而去发见实现于经验上的法则的妥当性,究明潜伏于社会的、经济的、技术的诸要素里面的意义。这样去研究,那有组织的体系的新闻学,才能建立起来。①

综上可知,任白涛主张的体系化新闻学包含两层含义。首先,体系化的新闻学是对新闻理论与新闻实务的综合化、系统化研究,包括对新闻学的对象、新闻学的定义、新闻学的研究方法以及新闻的采访、报纸的编辑、杂志的经营管理等内容的考察。其次,体系化的新闻学研究不应当是单纯"材料的搜集"和"知识的堆积",而应当是"企图知识的体系化"。任白涛对新闻学的体系化研究,不是单纯就新闻事业而言新闻事业,而是从社会、经济、政治、技术等多个层面去透视新闻现象,在广阔的背景下对新闻现象进行深层次的探索。这种新闻学建构理路与今天所说的"知识社会学"有共通之处。因此,任白涛倡导的体系化新闻学建构特点在于跳出只关注新闻学本体的圈子,"究明潜伏于社会的、经济的、技术的诸要素里面的意义"。

(三)任白涛的其他新闻学研究成果

从时间上来看,任白涛在国内时期的新闻学研究是其整个新闻学研究历程的主体部分。自1921年从日本回国至1949年,在近三十年的时间里,任白涛还撰写了不少新闻学的研究性文章。他撰写的研究性文章普遍存在于民国时期的各大报纸杂志之上,现仅就笔者所发现的任白涛的新闻学研究文章列举如下。

---

① 任白涛.综合新闻学[M].上海:上海书店,1991:5.

任白涛最早在报刊上发表的新闻学文章是 1921 年 9 月 10 日登载于第 18 卷第 17 期《东方杂志》上的《地方报之编辑》一文,该文共分概说和材料之搜集及编辑两大章,对当时我国地方报的缺陷、地方报的创办意义、地方报的内容构成、地方报的新闻来源等问题进行了全面系统的论述。从时间上来看,此文应是作于任白涛刚从日本回国后,且早于《应用新闻学》的出版问世,是任白涛的第一篇专论中国新闻事业的新闻学研究性文章。1922 年 12 月 31 日,任白涛在《申报星期增刊》上发表《东京朝日新闻之解剖》一文,由于该文篇幅过长,故分三期在 1922 年 12 月 31 日、1923 年 1 月 7 日、1923 年 1 月 14 日的《申报星期增刊》上进行连载。这是一篇介绍性质的文章,对东京《朝日新闻》社的新闻采写编辑、报纸印刷、内部组织机构、人事安排、资本构成、建筑机械硬件设施等不为人知的内部消息做了极为详尽的介绍和论述。该文对于国人了解日本新闻界状况具有重要意义,同时具有较高的新闻学和情报学价值。除此之外,1930 年 6 月,任白涛写有《轮转印刷机之发明及变迁》一文,发表于《艺光汇刊》的第 1 册之上;1937 年 5 月 15 日,任白涛写有《什么叫集纳主义》一文,发表于《自修大学》的第 1 卷第 9 期之上;1941 年 4 月 1 日,任白涛写有《新闻学的对象和研究方法》一文,发表于《中国青年》的第 4 卷第 4 期之上;1947 年 9 月,任白涛写有《新闻事业心理研究的重要性》一文,发表于《文汇丛刊·春天的信号》第 1 期第 1 辑之上。以上仅是据笔者不完全的搜集所得,任白涛的这些文章对于丰富"中国新闻学研究"具有十分珍贵的价值,不仅在当时新闻学界产生一定影响,今天观之,对于研究新闻学术史、抗日战争史等更是极其珍贵的资料。

第四节　任白涛新闻学研究的主要特征

任白涛新闻学研究活动的启动时间可谓相当之早。1910 年辛亥革命前夕,在任白涛为上海几家报纸担任特约通讯记者时便开始酝酿研究新闻学。他此时的新闻学研究重心在于搜集史料,以及进行一些初步的学术构想与记录。留学日本以后,是任白涛开始新闻学的系统研究时期。任白涛一生的研究兴趣广泛,文学、艺术、教育等许多领域都有涉猎,但他的新闻学研究之路却始终没有中断。任白涛将自身多年新闻实践与新闻学研究紧密结合,不断拓展自己研究范围。任白涛的《应用新闻学》与徐宝璜的《新闻学》、邵飘萍的《实

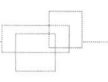

际应用新闻学》和《新闻学总论》、戈公振的《新闻学撮要》和《中国报学史》,这"四位中国新闻学的开创者和他们的六本书","在新闻学基本理念和研究框架方面,为后来的学科发展奠定了基础"。①

一、以改善我国新闻事业为目标

20 世纪以来的中国早期新闻事业虽有日益发展的趋势,但相较于欧美国家和日本,却仍处于幼稚状态。在当时的新闻学人看来,中国新闻事业的发展是极不平衡的,中国新闻从业者的职业水准也较为低下。对于中国新闻事业幼稚之表现,潘公展直言"即就上海而论,号为全国的舆论中心",但是"打开本埠新闻一看,还不是几家千篇一律",旋即又强调"中国现在的新闻记者,包括编辑和访员来说,还脱不了无聊文人的时代,他们中间以新闻事业为终身事业的,固然很少。而他们的作品,要求其合乎新闻原理,更是不可多得"。② 做了十二年新闻记者的张静庐更是坦陈自己如果按照"'新闻记者的条件'论,那么简直可以说是够不上资格"③。新闻业者缺乏基本的新闻学知识,是当时中国新闻界的一个普遍现象。邵飘萍也认为,中国报馆里的记者所掌握的新闻学知识很幼稚是中国新闻事业不发达的一个重要因素。④ 鉴于中国新闻事业的幼稚和不发达状态,中国早期新闻学人研究新闻学的初衷即是为改善中国新闻界的此种状况。于是,投身新闻界多年的任白涛对他撰写《应用新闻学》一书的理由交代得十分清楚,"这本书的最大目的,当然是在改善与我们休戚相关的中国的新闻事业"⑤。由此看来,任白涛设想将新闻事业的改进寄托于新闻学理的研究中。且不论这种"报学兴,则报业兴"的美好愿景能否实现,但却是早期新闻学人们治学的共同出发点。与任白涛有相同取向的徐宝璜,在其《新闻学》的自序中也直陈:"吾国之报纸,现多徘徊歧路,即已入迷途者,亦复不少。此书发刊之意,希望能导其正当之方向而行,为新闻界开一新生面。"⑥

---

① 陈力丹.新闻传播学科发展的文献保障与实践基础[J].新闻大学,2013(4):1-9.
② 潘公展.新闻概说[M]//黄天鹏.新闻学名论集.上海:上海联合书店,1929:6-7.
③ 张静庐.序[M]//中国的新闻记者.上海:光华书局,1928:3.此处的"新闻记者的条件"为张静庐在书中的相关界定及解释.
④ 邵飘萍.中国新闻学不发达之原因及其事业要点[M]//黄天鹏.新闻学名论集.上海:上海联合书店,1929:54.
⑤ 任白涛.再版的话[M]//应用新闻学.上海:亚东图书馆,1926:4.
⑥ 徐宝璜.自序[M]//新闻学.北京:中国人民大学出版社,1994:11.

对现实新闻事业的不满，并由此牵引而来的对影响国族兴衰的新闻事业的关心，可能是源于中国传统知识分子们所共有的济世情结。难怪，任白涛对中国新闻事业会寄予如此热切的期盼："我甚希望到了这书的三版或四，五，六……版的时候，中国的新闻事业已经不是照旧样地萎靡。"[1] 故从价值取向上来看，任白涛的新闻学研究是以改善我国新闻事业为目标。

二、以指导实践为主要目的

中国早期新闻学人身上大多具有一个显著的特点，即往往兼新闻实践和新闻研究于一身。任白涛自然也不例外，他在新闻实践和新闻研究两个领域都有颇为深厚的阅历和经验。在新闻界的常年摸爬滚打，让任白涛对中国新闻事业的发展现状有着极为深刻的体认。在他看来，中国新闻事业可谓问题重重：中国新闻事业本身的发展程度低下，中国新闻记者的职业素养普遍不高，中国新闻法制体系建设极端不完善，中国保障新闻事业良性发展的各项基础设施尚待建设。

既已在价值层面确定了为改善我国新闻事业的崇高目标，则需在具体研究路径上靠近实践。因此，任白涛将以实用为主要目的作为他从事新闻学术研究的路径选择。从他的新闻学研究内容上我们可以清晰看出，其研究重心在于新闻学实用知识的宣介，如关于新闻记者的能力培养、新闻采写编的实际运作技巧以及新闻社的组织和经营方法介绍等。他在1937年再版的《应用新闻学》中曾明确指出"本书乃以实用为目的"[2]。而关于《综合新闻学》的构建思路，他更是有如是之解释："就现时的中国情势来说，特别是就中国报纸的编辑和经营状况来说，建立目前的新闻学，仍不能不偏重技术方面的情事，即仍须注重实用，减少理论。所以本书的理论部分，仍照《应用新闻学》的内容，只约占全书五分之一。"[3] 沿着这样的学术路径，任白涛有意识地将新闻学看成"一种最名贵之应用科学"[4]。在他看来，"新闻学是理论的科学，同时是技术学；是纯粹科学，同时是应用科学；是处理最现实的问题的活的科学。从理论到实用、从实践到科学的不断的交流循环，支配着新闻学的血行。因此，在一

---

① 任白涛.再版的话[M]//应用新闻学.上海：亚东图书馆，1926：6-7.
② 任白涛.应用新闻学[M].上海：亚东图书馆，1937：113.
③ 任白涛."综合新闻学"搁浅记[J].春秋(上海1943)，1949(2)：34.
④ 任白涛.应用新闻学[M].上海：亚东图书馆，1937：4.

切科学中最实证的科学,便可以说是新闻学吧"①。在任白涛的新闻学研究中,新闻理论和新闻实务这两个方向始终是并行不悖、相辅相成的。

三、以构建体系化新闻学为追求

任白涛是一位有着相当学术"野心"的新闻学者。他不依托任何学术机构和教育平台,仅凭一己之力,试图建构一种体系化的新闻学。正如前文所述,中国当时新闻学的发展状况,在任白涛看来,"那时斯学确实还多属于经营方法论或理论之断片的研究,还没有构成有组织的学术的体系"②。基于此种认识基础和个人研究抱负,任白涛决心进行一种"体系化"的新闻学研究与建构,同时将这种研究构想放置到了《综合新闻学》一书的布局当中。这体现出了任白涛崇高的学术追求。

《综合新闻学》是任白涛的一部心血之作,该书内容丰富、体量庞大,除文字之外,还有数十幅插图,是当时中国新闻学界的一部重要著作。与《应用新闻学》相类似,《综合新闻学》的建构方式依然是将理论新闻学和应用新闻学融为一体,试图实现一种以理论来指导实践、以实践来反哺理论的学术构想。回归具体操作层面,任白涛主张体系化的新闻学研究"不是单以搜集多量的资料——即知识的堆积——为目的,必须要企图知识的体系化",同时还应深挖新闻事业"潜伏于社会的、经济的、技术的诸要素里面的意义",只有这样去研究新闻学,"那有组织的体系的新闻学,才能建立起来"③。在该书当中,我们可以发现任白涛专门辟出章节对"政治与报纸""外交与报纸""报纸与读者"等问题展开论述,研究视野俨然已经超越"就新闻学而论新闻学"的模式,而是将其放入具体的社会政治环境下进行审视。对于《综合新闻学》的写作旨趣,任白涛期望能够将其建构成"一部特别适合乎中国的,有组织的体系的综合的新闻学"④。

从任白涛的阐述中可知,他不赞成以简单知识介绍的方式去研究新闻学,而主张进行体系化的研究。任白涛所倡导的体系化新闻学一方面要求对"新闻学本体"做出详明而透辟的阐释,另一方面又强调不能囿于新闻学本身的

---

① 任白涛.综合新闻学[M].上海:上海书店,1991:11-12.
② 任白涛.综合新闻学[M].上海:上海书店,1991:1.
③ 任白涛.综合新闻学[M].上海:上海书店,1991:5.
④ 任白涛.综合新闻学[M].上海:上海书店,1991:52.

"自说自话",重视新闻学知识与社会、政治、经济、文化之间的联系及相互影响。这说明任白涛是在广阔的背景下对新闻现象进行的深层次探索,也体现他学术视野的开阔。

任白涛的体系化思想还体现于他对"新闻学研究对象"这一问题的认识。研究新闻学,他指出首先要弄清新闻学的研究对象这一重要问题。中国新闻学研究在走过一条曲折的发展历程之后,逐步确立起"新闻有学""新闻学是一门科学"的认识。在新闻学的研究过程中,我国新闻学者长期以报纸作为研究对象,因而习惯性地称新闻学为"新闻纸学"。这一现象在徐宝璜那里体现得淋漓尽致。他说:"此学名新闻学,亦名新闻纸学。既在发育时期,本难下定义,姑曰:'新闻学者,研究新闻纸之各问题而求得一正当解决之学也。'"①丁良的看法与徐宝璜如出一辙,他在《新闻学说》一文开头即说:"新闻学是研究新闻纸各方面的问题而求一个正当的总解决。"②陶良鹤也有类似说法:"对新闻纸上的对象,加以科学上的探讨,对新闻纸上的问题,求一适当的解决,就是我们所要研究的'新闻学'。"③而黄天鹏的说法则更为直接,他指出"新闻学的对象是新闻纸"④。

相比以上新闻学者,任白涛对新闻学研究对象的认知则更为宏观。他认为对新闻学研究对象的考察应当从狭义和广义两个层面去展开。在他看来,将报纸当作新闻学的研究对象来看待是一种狭义的认识。他曾在一篇名为《什么叫集纳主义》的文章中做出这样的阐释:

> Journalism 一语,中国的一般新闻学者多译为新闻学或报学;这些,因为都不能包括住现代的"新闻科学"应有的意义,所以 Journalism 的译法(即解释)是应该修正的,即以前的解释是狭义的,现今的解释应该是广义的。⑤

针对许多新闻学者将报纸当作新闻学的对象,任白涛则说:"新闻学之直接的对象,虽自然是报纸,但报纸常不是单纯的物质,而是一种极复杂的形态。

---

① 徐宝璜.新闻学[M].北京:中国人民大学出版社,1994:1.
② 丁良.新闻学说[M]//黄天鹏.新闻学名论集.上海:联合书店,1929:122.
③ 陶良鹤.最新应用新闻学[M].上海:复旦大学新闻学会,1930:2.
④ 黄天鹏.新闻学入门[M].北京:中国传媒大学出版社,2018:12.
⑤ 任白涛.什么叫集纳主义[J].自修大学,1937(9):657.

因此,对于报纸,不可单从表面或侧面去考察它,必须研究在它内面的经济的、技术的诸力之相互作用。"①因此,对于新闻学的研究方法,任白涛主张采用以归纳为手段的类同法(agreement)、以比较为手段的差异法(difference)和寻找共性的共变法(concomitant)。可见,从狭义层面来看,任白涛固然认为报纸是新闻学的研究对象,但也关注到了报纸与政治、经济、社会等关系这种更为宏观和深层的问题。

那么,广义上的新闻学研究对象为何呢？任白涛认为一切新闻事业都应当是新闻学的研究对象。他的观点是：

> 新闻事业的原细胞是公告；因之,给与公告的一切形态——会话、书信、公文、通告、报纸、杂志、历书、书籍、电影、无线电广播等——都应该归入这个研究考察的范围。即在这种情形之下,新闻事业与公告是被解作同样的意义；因之,在这里,新闻学的认识目的,算是从做社会意识的表现手段的报纸,扩张到做社会意识的表现手段的新闻事业了。由前者的概念来说,那电影、无线电广播等,不能成为新闻学的对象；而在后者,那是能成为新闻学的对象的。这种见解的差异,是在"新闻事业的概念应限于报纸呢,抑或应限于现实的一切公告形态呢"之点上。但若是从社会的机能上去观察新闻事业,那无论是广播,是电影,是别种印刷品,都可能称之为新闻事业之一种。更申说一番,新闻事业不是由那做物质的表现负荷物的"纸"才能成立的。②

可见,在任白涛看来,新闻学的研究对象并不能仅限于报纸,一切形态的新闻事业都能成为新闻学的研究对象。任白涛认为这种"将一切新闻事业都看作新闻学研究对象"的观点,才是广义上比较完全的解释。由此,他进一步指出"现代的新闻学不能单把它的视野限于报纸和杂志,必须更积极地注意关于舆论的一切的表现和公告手段"③。因此,任白涛考察新闻学研究对象的理论视野是颇为宏阔的。

---

① 任白涛.综合新闻学[M].上海:上海书店,1991:5.
② 任白涛.新闻学的对象和研究方法[J].中国青年(重庆),1941(4):57.
③ 任白涛.综合新闻学[M].上海:上海书店,1991:10.

四、以引领学术为意识

任何学问的研究都需要建立在前人的研究基础之上,从前人研究成果当中汲取滋润自我研究的必要养分。"以前人为鉴"是历史研究的基本方法和必要态度。与此同时,我们还应看到如果仅仅徘徊于前人研究而止步不前,那么学术研究将逐渐走向窄巷。因此,从事新闻学术研究应当具有一种开拓、进取、创新的精神。任白涛深谙此道,在其新闻学术的研究过程当中,他的身上表现出一种鲜明的对学术的引领意识和创新意识。

任白涛关于新闻学研究的思想是相当超前的,很多地方走在了他人的前面。1919年,徐宝璜的《新闻学》出版问世,成为国人撰写的第一部新闻学著作。与徐宝璜不同,任白涛将新闻学的研究视角主要放在了"应用新闻学",突出新闻学的实用性,《应用新闻学》成为国人撰写的第一部实用新闻学专著。此后,1923年,北京京报馆出版了邵飘萍的《实际应用新闻学》。1924年,徐宝璜与胡愈之合著的《新闻事业》在商务印书馆印行。1925年,商务印书馆又出版了伍超的《新闻学大纲》。1928年之后,中国新闻学著作的数量更是持续攀升,而1928年至1949年间则有28部之多。[①] 其中例如张静庐的《中国的新闻纸》(1928年),周孝庵的《最新实验新闻学》(1928年),吴定九的《新闻事业经营法》(1930年),黄天鹏的《中国新闻事业》(1930年)等。可以说,20世纪30年代以后,中国新闻学的研究得到进一步丰富,研究内容涵盖了理论、应用、史学等多个方面。但任白涛此时设想进行新闻学的体系化研究,于是写成《综合新闻学》一书。由"应用"到"综合",说明他的研究思路再一次朝着创新的方向前进。

在《综合新闻学》的"导言"中,对于20世纪20年代中国新闻学的研究现状,任白涛直言:"那时斯学确实还多属于经营方法论或理论之断片的研究,还没有构成有组织的学术的体系。又单就中国而言,诚然已经出现了我那本有系统的、完整的《应用新闻学》,而开辟了对于斯学的系统研究的端绪,但也不过十来万言。"[②]他进一步指出新闻学作为一门新兴学科,其内容是非常广泛的,"然而构成这个新兴科学的新闻学的内容,单就中国而言,直到现在,仍没

---

① 该数据来源于芮必峰等人的相关研究。(详见芮必峰.总序[M]//胡道静.上海新闻事业之史的发展.北京:中国传媒大学出版社,2018:13-15.)

② 任白涛.综合新闻学[M].上海:上海书店,1991:1.

有立起确固的基础"①。任白涛这段关于中国早期新闻学研究状况的表述,透露出两层含义:其一,在他看来,中国当时的新闻学研究是一种"断片"的研究,没有形成学术研究的体系化状态或局面;其二,他的研究对于构建体系化的"中国式新闻学"具有举足轻重的价值和意义,《应用新闻学》是具有"开辟了对于斯学的系统研究的端绪"地位的一部著作。这一方面表明任白涛对于彼时中国新闻学研究现状的不满意,另一方面更体现出了任白涛力图引领学术的强烈意识,他理想中的新闻学是一种理论与实用兼备的"体系化"模样。

---

① 任白涛.综合新闻学[M].上海:上海书店,1991:2.

第四章 任白涛的新闻思想研究

思想属于观念层面的事物,它来源于人们对实践的认识与总结。新闻思想的产生,固然也离不开新闻人的新闻实践活动与新闻学术研究活动。与此同时,人的思想又是随着时代环境的变迁与个人实践、思考、阅历的累积而不断调整,因此我们在对新闻人思想进行探索时需要将其新闻实践和新闻著述加以连贯、综合考察。任白涛的新闻学术生涯跨越整个民国时期,四十年的研究和积累使得任白涛新闻学著述成果丰富,对许多新闻学现象都有着自己独到的见解与看法,这也构成了其新闻思想内涵的丰富性。伴随当时社会各类思潮不断兴起与媒介技术不断革新,任白涛的新闻思想也不可避免地带有一定的时代烙印,促进我国新闻学研究的发展和改善我国新闻事业是其新闻思想背后的一条清晰指向。

第一节 任白涛新闻思想的主要渊源

任白涛的新闻思想是在一定社会环境下的产物。20世纪20年代前后是中国社会思想文化发生剧烈动荡与变革的时期。一批带有传统文人底色的知识分子或选择出洋留学学习新闻学,或参与新闻事业,以不同形式与新闻界产生联系。中国传统文化观念、西方新闻学思想及理论以及新闻人的自我新闻实践经历等因素都对任白涛的新闻思想产生了重要影响。

一、中国传统文化观念的熏染

任白涛出身于封建地主家庭,自幼便熟读"四书五经",接受过完整而严苛的传统私塾式教育。尽管他对封建时代旧式教育模式颇为不满,但他对传统文化中值得继承与弘扬的优秀成分却并不排斥。因此任白涛身上带有近代中国知识分子所特有的传统文化底色。他们常常在实践个人理想抱负的过程中对中华优秀传统文化精神进行吸纳和糅合,进而形成自己的思想成果或行为准则。可以说,任白涛是一位脱胎于传统文化氛围熏染的进步知识分子。

中国传统文化观念对任白涛新闻思想影响最深的部分,是儒家文化中"穷则独善其身,达则兼济天下"的君子人格。在近代新闻思想的形成过程中,传统儒家文化精神深刻烙印于知识分子与报人群体的心底。"他们感染儒家'君子群而不党'的思想,无党无派,个人主义的色彩浓厚,论政而不参政。"[1]北宋思想家张载的名言"为天地立心,为生民立命,为往圣继绝学,为万世开太平"更成为近代中国知识分子,尤其是报人与学者们的座右铭。张载所说的儒家君子人格也是任白涛所追求的精神品质,任白涛认为新闻工作者应当具有一种"为国为民"的高尚情怀。任白涛在其著述当中明确指出"富贵不能淫、贫贱不能移、威武不能屈","笔可焚而事实不可改、身可杀而良心不可夺"[2]是新闻记者所必不可缺的精神意志。此外,任白涛在为人处世上也处处体现着这种儒家君子风度。他以"君子之交淡如水"的心态与新闻界友人往来,少有尔虞我诈、钩心斗角的利益之争。这种刚直、率真的性格让任白涛与不少新闻界人士建立了深厚的友谊,与戈公振、胡适、袁殊、黄天鹏等人的亲密往来即为明证。中国传统文化精神内涵塑造了任白涛忧国忧民的责任意识。儒家思想中的家国情怀不是让社会成员的眼光局限于个人小家,而是要求他胸怀天下与济世安民。责任意识与伦理道德经过先秦诸子、汉儒、宋儒等不同时期的发展,一同成为中国精英文化的突出特征。在民国时期的社会语境下,许多报人、学者自觉为国家分忧解难,自觉肩负起社会责任的重担,进行着不同形式的社会责任实践。任白涛的新闻思想充满着浓厚的社会责任精神,赋予新闻事业强大的社会功能,他试图借用新闻的力量来促进民风开化、推动社会进步,具有鲜明的经世致用色彩。此外,中国传统伦理道德观念作为中华传统文化中的重要组成部分,也构成了任白涛新闻思想的文化基础。

在中华传统文化观念的影响下,任白涛的新闻思想不可避免地烙下深刻的传统文化印记。这种传统文化观念进而指导着他对新闻事业和新闻学术的认知与实践。因此,改善我国新闻事业和促进新闻学术发展就成了任白涛新闻学研究的初衷与目的。

---

[1] 李金铨.序言[M]//文人论政:知识分子与报刊.桂林:广西师范大学出版社,2008:5.
[2] 任白涛.应用新闻学[M].上海:亚东图书馆,1937:15.

二、西方新闻学理论的影响

与新闻事业的发展一样,相较于东方,西方的新闻学研究活动开始得较早。经过对新闻事业作用的反思以及关于新闻学的持续论争,西方新闻学界不断提出一些新闻学理论及观点。在"西学东渐"风气的带动下,这些新闻学理论逐渐从西方引介至东方诸国。任白涛早年曾在日本留学,在此期间接受过较为系统的新闻学教育。这些经日本转手而来的西方新闻学理论就成了任白涛新闻思想的重要渊源。

(一)对西方自由主义新闻理论的借鉴

自由主义新闻思想起源于17世纪的欧洲,之后渐兴盛于美国。1644年,弥尔顿的《论出版自由》问世,主张"让我有自由来认识、发抒己见、并根据良心作自由的讨论,这才是一切自由中最重要的自由"①。此后,进而引申出"言论出版自由是一切自由中最重要的自由"的说法。弥尔顿的这本小册子集中阐述了当时社会新兴资产阶级对于言论出版自由的渴望与要求。洛克不仅对自由主义新闻思潮做出一种哲学论证,而且在政治学层面对自由主义新闻思潮的核心思想进行了显层论证。②杰斐逊对于新闻言论自由也有丰富阐述,并将这些观点运用到建国实践当中。1776年,杰斐逊在《独立宣言》中指出,人人生而平等,他们都从他们的造物主那边被赋予了某些不可转让的权利,其中包括生命权、自由权和追求幸福的权利。为了保障这些权利,人民才成立政府。杰斐逊的论断最终推动了自由主义新闻思想以制度化的形式得以落实。1789年,美国政府在宪法修正案中做出规定:"国会不得制定下列法律,确立宗教或禁止宗教信仰自由;剥夺人们言论或出版自由;剥夺人们和平集会及向政府请愿申冤之权利。"③到18世纪末19世纪初,西方各主要资本主义国家基本上都以法律的形式把自由主义新闻理论确立为政治制度的一个组成部分。

经过弥尔顿、洛克、杰斐逊等人的不断追寻与斗争,自由主义新闻思想最终以理论的形式固定下来。美国传播学者弗雷德里克·S.西伯特对自由主

---

① [英]弥尔顿.论出版自由[M].吴之椿,译.北京:商务印书馆,1958:45.
② 唐海江.西方自由主义新闻思潮新论[M].长沙:湖南大学出版社,2006:63.
③ 李良荣.西方新闻事业概论:第三版[M].上海:复旦大学出版社,2006:108.

新闻理论的发展史曾概括为:"十六世纪积累了经验;十七世纪发展了哲学理论;十八世纪把这些理论付诸实践。"①自由主义新闻理论主张政府不得采取任何措施来干涉、收买或控制报刊,政府的唯一职责是保护新闻自由;报刊有权监督政府,是行政、立法、司法以外的国家第四势力;每一个人都可以充分利用报刊自由地表达意见,在报刊上形成一个"意见自由市场";新闻报道的最终目的不是向公众灌输某种观点,而是客观反映现实,让人们对外部世界形成独立见解。②

任白涛的新闻思想显然也受到了自由主义新闻理论的影响,与这些理论有不少契合之处。他在《应用新闻学》的一开篇就援引"英吉利政治家巴克式于议会遥指新闻记者席而呼曰:'彼处有宪法上第四之威力'"③的说法来阐述报纸的威力问题。紧接着任白涛又引述孟德斯鸠的"三权分立"学说,借以阐释报纸对权力的重要监督作用。有学者指出,任白涛对于报纸与政治关系的观点显然来自西方政治文明中的"天赋权利"的观念。正是基于这样的政治文化立场,任白涛与弥尔顿、卢梭和杰斐逊等西方大哲取得了思想上的高度认同。④ 这种现象的产生是因为任白涛的新闻学理论知识本是渊源于西方,对西方自由观念的研究和转述实属正常。从以上论述我们可知,任白涛的新闻思想对西方自由主义新闻理论是有所吸纳和借鉴的。

(二) 受西方社会责任理论的影响

由于自由主义新闻理论的自身缺陷以及新闻传媒滥用自由所带来的负面影响,大众传媒的社会责任问题在 20 世纪 20 年代开始引起人们的关注。1923 年,美国报纸主编协会制定了《报业法规》,提出报纸的责任问题。1924 年,美国报纸主编协会主席 C.约斯特在《新闻学原理》中指出报业要对社会负责,并认为在必要的情况下可以运用法律限制出版自由。直至 1947 年,以罗伯特·哈钦斯为主席的新闻自由委员会(the commission on freedom of the press)发表报告《一个自由而负责任的新闻界》(*A free and responsible press*),标志着西方社会责任理论的正式提出。至此,社会责任理论逐渐成为

---

① [美]韦尔伯·斯拉姆等.报刊的四种理论[M].中国人民大学新闻系,译.北京:新华出版社,1980:47.
② 李良荣.西方新闻事业概论:第三版[M].上海:复旦大学出版社,2006:110-112.
③ 任白涛.应用新闻学[M].上海:亚东图书馆,1937:1.
④ 张育仁.自由的历险:中国自由主义新闻思想史[M].昆明:云南人民出版社,2002:306.

新闻传播领域的主流理论之一。

社会责任理论是对西方自由主义新闻理论的修正。它强调大众传媒要履行社会责任,要对社会与公众负责。依据韦尔伯·施拉姆等人在《报刊的四种理论》中的阐述,社会责任理论主要观点有:(1)强调新闻自由是负有社会责任的权利,要求报刊等新闻媒介的控制者加强社会责任感;(2)政府不能只允许新闻自由,而要实行一种"有控制的新闻自由",为了国家的利益和安全,国家政权需要干预;(3)强调新闻事业作为独立自主经营的私人企业,不能为追求利润而不顾社会公共利益;(4)报刊要负责介绍和阐明社会的目标和美德。① 任白涛的新闻思想也表现出受西方社会责任理论影响的痕迹。在任白涛的新闻活动中,强调和倡导新闻事业的监督政府、指导社会、引导舆论的作用是任白涛一以贯之的价值取向。无论是从任白涛的新闻实践还是新闻学研究上,我们都能看出他对报刊的社会责任极为重视。因为,在任白涛看来,新闻记者具有"无冕之帝王"与"社会之师表"的重大社会担当,他强调新闻事业的"公共性",认为"新闻事业特质之第一应述者,则社会之公共机关是已","新闻事业则绝对当以公众为本位"②。他甚至认为报纸具有超越法律的社会约束力:"社会一旦失去报纸,对于罪恶、丑事乃至种种不道德的行为的制裁和预防,都算是撤除了藩篱。"③ 可见,西方社会责任理论对任白涛的影响是客观存在的。但准确地说,任白涛新闻事业社会责任理念的形成受到了西方理论的部分影响。任白涛作为一位传统知识分子,中国儒家文化精神中的家国情怀与社会责任意识对其思想的形塑更是至为深刻的,西方社会责任理论中所强调的精神内涵恰与任白涛接受的传统思想产生共鸣。

(三)受西方新闻专业主义思想的影响

新闻专业主义于19世纪末开始形成,要求新闻工作者必须具备特定的专业技能、行为规范和评价标准。在此基础上,它还包括一套定义媒介社会功能的信念、一系列规范新闻工作的职业伦理、一种服从政治和经济权力之外的更高权威的精神,以及一种服务公众的自觉态度。④ 新闻专业主义思想在西方

---

① 程世寿,胡继明.新闻社会学概论[M].北京:新华出版社,1997:69-70.
② 任白涛.应用新闻学[M].上海:亚东图书馆,1937:5-6.
③ 任白涛.综合新闻学[M].上海:上海书店,1991:55.
④ 田秋霞,胡娅姮.论新闻人文关怀与新闻专业主义的"抉择"[J].魅力中国,2008(26):18.

的出现与新闻工作的职业化、专业化进程密切相关。中国的新闻专业主义思想亦是萌芽于新闻专业化教育土壤之中。从1914年到1928年,沃尔特·威廉博士五次来华,为中国新闻界人士认识和了解西方新闻理念尤其是新闻专业主义思想打开了一扇窗户。这对民国时期新闻界在专业主义理念上与西方对接,并走出自身的专业化发展道路产生了深远影响。1918年和1921年,以北京大学新闻学研究会和上海圣约翰大学报学系的新闻教育为发端,徐宝璜等新闻人开始对新闻职业化问题进行界定。随着中西尤其是中美新闻事业发展和新闻人更加频繁地交往,诸多新闻人基于实践而对西方新闻专业主义思想进行更为深入的思考。在中国近代新闻专业主义进程的有力推动下,具有时代特征和中国特色的新闻专业主义思想开始形成。新闻专业主义的突出特点是坚信新闻客观性,即认为大众传媒可以从非党派的立场准确报道事实。新闻专业主义的最高理想是传播真相,新闻业者成为判断客观现实和社会舆论的仲裁者,成为人民的代言者。西方新闻专业主义的这套理念对中国近代以来的新闻人产生了重要的影响。

随着美国政党报刊的解体,新闻专业主义作为一种服务公众的精神理念在新闻同业中发展起来,其目的在于促进美国报业的进一步职业化与规范化。新闻专业主义对言论自由进行了重申,同时也对新闻记者的职业能力与素养做出了规范,是一种理想化的新闻理念。任白涛在其新闻人生涯中,曾多次提到要改善和促进我国的新闻事业,而他自己也在以身作则,为促使我国新闻事业的规范化而不懈努力。因此,任白涛以西方新闻专业主义理论和方法为实用工具,试图对我国新闻事业进行理想化的改良。他一方面要求报刊寻求经济独立,另一方面不忘报刊的社会公共机关性质。同时他还认为理想新闻业的实现,需要有新闻专业主义精神的新闻记者,需要有社会大众对新闻事业的理解和支持以及政府对新闻事业的尊重与扶持。任白涛的新闻理论观点当中有不少是对西方新闻专业主义的借鉴与吸纳,但任白涛对西方新闻学理论并非一味地盲目认同,而是有所选择与取舍。在他看来,西方新闻学理论尽管有其合理和优秀之处,但一旦移入国情全然不同的中国则并不一定恰好适用。因此,他主张西方新闻思想真正可取的地方乃是其方法与原理。

三、自我新闻实践活动的提炼

新闻实践活动是新闻人新闻思想和精神理念等形成的基础。新闻从业者通过对新闻活动的亲身体验和感悟,从而将自我认知内化为一种观念性的东西。新闻思想的形成在一定意义上取决于新闻实践,"实践可以使新闻工作者充分体会和理解从事新闻工作所担任社会角色的价值"[①]。因此可以说,新闻思想和理念可以在新闻实践中凝结而成。

鸦片战争失败后,中国民族危机日益严峻,先进知识分子们在"救亡图存""变法自强"的强烈愿望下开始向西方学习。他们积极兴办报刊,以报纸为主要媒介将西方民主自由思想引入中国。及至1911年辛亥革命,在资产阶级民主革命人士的鼓噪之下,"民主、自由、平等"等西方思想与理念在社会上得到更为广泛的传播。此时中国的许多报刊并不将经营放在第一位置,而是专以唤起中国人民的民主意识和政治意识为目的,它们无情地揭露政府当局的腐败统治,试图实现对民众的思想启蒙。对西方民主自由思想成功而有效的运用,则集中体现于辛亥革命领袖孙中山所提出的"三民主义"学说之中。孙中山以"三民主义"学说为纲领将西方民主自由思想运用到具体政治实践中,从而影响了一大批知识分子和报人群体。

任白涛初次踏足新闻界时正值辛亥革命前夕。任白涛本身就对民主与自由怀揣向往之心,加之当时社会风气的影响,更坚定了他对民主自由国度的渴求。在革命活动如火如荼展开之际,任白涛毅然将进入《民立报》作为自己新闻实践活动的开端。在《民立报》的新闻实践经历以及与革命派人士的亲密往来,进一步坚定了任白涛民主自由的政治立场。而这种观点与立场体现于新闻实践之中,则促成任白涛"新闻救国""言论救国"甚至"学术救国"的新闻实践理念,同时成为任白涛新闻思想形成的重要理论来源。任白涛在抗战时期的新闻实践可以说是他"言论救国"新闻实践理念的延续。这种深刻的新闻实践经历必然会对任白涛的认知和思想产生了重要的作用,并影响着他对新闻学术研究活动的反思与取舍。

第二节　任白涛新闻思想的主要内容

任白涛的新闻思想内涵丰富,主要来源于他的新闻实践和学术探索。他一方面积极吸纳和借鉴西方新闻学理论与思想,一方面又注重反思和总结新闻实践经验和学术研究心得,从而对许多新闻学术问题和新闻学现象提出自

---

① 张晓锋.新闻职业精神论纲[M].北京:中国广播电视出版社,2011:109.

己的观点和看法。本节将从任白涛的新闻业务思想、新闻教育思想、新闻伦理思想以及新闻舆论思想四个方面展开研究,以期对任白涛的新闻思想做出客观、理性的扫描与考察。

一、任白涛的新闻业务思想

任白涛有着丰富的新闻实践经历,他做过新闻记者,也编过报纸,在新闻业务方面颇有经验和心得。同时,他又是研究中国实用新闻学的肇始者,在新闻采访、稿件制作以及报纸编辑等新闻业务上有许多精辟而透彻的阐述。他的新闻学术研究充满了浓厚的实用主义色彩。这些关于新闻实际运作经验的认识与思考构成了任白涛的新闻业务思想。今天看来,这些思想仍旧闪烁着一定程度的现实价值光辉。

(一) 关于新闻采访的思想

报纸上最不可缺乏的是新闻,而新闻获取的主要途径即为采访。采访是新闻业务工作当中极为重要的一个方面,在整个新闻传播活动中占据着特殊的地位。在我国新闻事业发展的初期,新闻采访工作未能得到报人们的足够重视,很多报馆没有建立起一支成熟的新闻采访队伍。任白涛对新闻采访工作十分重视,他的第一部新闻学专著《应用新闻学》的写作旨趣即在于实用。在他看来,"就现时的中国情势来说,特别是就中国报纸的编辑和经营状况来说,建立目前的新闻学,仍不能不偏重技术方面的情事,即仍须注重实用"[①]。在此背景之下,任白涛依据研究心得并结合自身多年的新闻实践经验,对新闻采访做出了自己独特的理解与表达。

1. 采访前应明确新闻来源

在我国新闻事业发展的早期,新闻记者的采访水平大多比较低下。许多记者对于新闻的来源缺乏明确的认识,以至于出现记者直接向他人询问是否有新闻的现象。这种情况下采集的新闻稿要么单调乏味,要么缺乏新闻价值。针对这种现象,任白涛指出当报馆记者在外出采访新闻之时,首先要明晰新闻来源。

关于新闻的来源,任白涛解释道:"因为新闻原是自然界、人类界的种种形

[①] 任白涛."综合新闻学"搁浅记[J].春秋(上海1943),1949(2):34.

相,而可以使人自由地去观察它、表现它的东西。所以不是单只重大的事件当作良好的新闻材料,依据具有机敏的新闻感觉(News Sense)的新闻记者的表现技巧与观察的如何,纵然是极平凡的事件,也能成为优秀的新闻材料。"[1]基于此种认识,任白涛进而指出"一切的场所和人,都是新闻源(News Sources);因此,社会的事象愈复杂,新闻源也愈复杂"[2]。由此可见,任白涛这番对新闻来源的论述显然是属于广义上的认识,即一切客观存在的人或事都能成为新闻的来源,而这其中的关键在于负责新闻采集的记者是否具备挖掘新闻价值的"新闻感觉"。这说明任白涛对新闻来源的认识是站在较为宏观的立场之上的。

从新闻记者采集新闻的方式上来看,任白涛认为不外有四种方法:(一)由报社派遣专员去会见特定的人物,得到新闻材料;(二)记者每天到特定的场所,采访新闻材料;(三)记者漫步街头去随意拾集新闻材料;(四)依据投函即外来的材料。[3] 在四种方法当中,任白涛认为前两者是新闻记者的常规做法,也为各家报馆所最重视。新闻记者的采访活动主要是受报馆派遣或安排而具有一定目的性,因此任白涛更进一步指出新闻材料的搜集往往都有一定的场所。所谓特定的场所,也即新闻来源。具体而言,任白涛认为大致有如下各处:市政府、旅馆、裁判所、轮船公司、剧场、各行政官厅、俱乐部、公安局、包工作(处)、火车站、各种学校、公立医院、政党本部、消防所等。[4] 任白涛另以北京为例,对新闻来源的重要场所加以说明,其重要处所有如"第一,府院及各部;第二,参众两院;第三,市政公所、京兆尹署、警察厅、各警察署;第四,审检厅、监狱;第五,各政党本部;第六,总商会、交易所、银行、公司;第七,主要之学校、病院、旅馆;第八,各剧场及其他娱乐机关"[5]。按照一般的通例,各报社的新闻记者应当在上述这些地方派遣常驻记者,铺设专用电话,以使报社与新闻源之间保持紧密联络。从以上分析可知,任白涛关于新闻来源的论断是比较细致而中肯的。他的这番论述应当说对于提升我国新闻记者采访水平,尤其是对初入新闻界的年轻记者来说是具有重要的借鉴价值的。

2. 采访前须做好思想和物质上的双重准备

在任白涛看来,新闻采访是一项极其复杂而艰难的工作,新闻记者若想圆

---

[1] 任白涛.综合新闻学[M].上海:上海书店,1991:357.
[2] 任白涛.综合新闻学[M].上海:上海书店,1991:357.
[3] 任白涛.综合新闻学[M].上海:上海书店,1991:358.
[4] 任白涛.综合新闻学[M].上海:上海书店,1991:359.
[5] 任白涛.应用新闻学[M].上海:亚东图书馆,1937:24.

满完成新闻采访任务,则必须在访问前做好充分的准备。就实际采访情形来看,任白涛认为访事员(Reporter)的准备工作主要包含思想和物质两个层面。

就思想层面而言,任白涛认为新闻记者首先要意识到自身地位和职业的尊严。他对此解释:"新闻记者勤务社外,乃一社之代表,新闻记者之失态,即一社之失态,亦即新闻界之失态。故言动一切,当格外慎重,俾免品味之堕落。"①出于对自身职业和使命的尊重,新闻记者在实际采访过程中就应当立于为公共利益服务的立场。其次,新闻记者对新闻的采集与否应当持有公正无私的态度,不可因个人的情感或利益有所转移。而新闻材料之可采访与否的标准,当"由报纸之地位观察而决,非由于小我之利害及事中人物与我之亲疏关系而决也"②。对于这一观点,任白涛援引美国联合通讯社通讯员信条中的"对于一切之利害应公明"一语,以为说明。再者,任白涛认为新闻记者在采访过程中要时刻保持高度警戒,对一切新闻线索都要留心观察。任白涛对此说道:"约言之,访事员于二十四时中,殆周身是目、周身是耳、周身是足,有所见闻,当疾驰而出,不许犹豫。"③由此可见,新闻记者若没有吃苦耐劳的思想准备定然不会胜任愉快。最后,新闻记者对新闻材料的搜集要怀抱"多多益善""勿厌苛求"的态度。任白涛的理由如下:"搜集新闻材料,当尽限内之时间,应搜尽搜,总期毫无遗漏,至揭载与否,为第二问题。如漫不注意,自认其材料为无价值,随手弃去,往往贻悔于事后。"④按照任白涛的观点,采访是外勤记者的本分职责,至于新闻材料之能否登载当由编辑决定。因此,新闻记者应当做好新闻材料即使搜集而可能不被揭载的思想准备。

就物质层面而言,新闻记者要想顺利地展开新闻采访活动,同样需要一定的物质条件作为保障。在任白涛所处的年代,中国新闻事业之幼稚与不发达已经成为新闻界的共识。报馆在新闻记者物质条件配备上的不健全,是导致新闻采访事业水平低下的一个关键因素,新闻记者也因此而不能形成职业认同感。任白涛站在新闻采访实际需要的角度,指出新闻记者必备的物质设备有铅笔、时计、人名录、豫定表、新闻拔萃帖、写真机等诸种。任白涛以生动形象的口吻,将"新闻记者之笔"比喻成"武士之剑","不可须臾离也"⑤。

---

① 任白涛.应用新闻学[M].上海:亚东图书馆,1937:38.
② 任白涛.应用新闻学[M].上海:亚东图书馆,1937:39.
③ 任白涛.应用新闻学[M].上海:亚东图书馆,1937:42.
④ 任白涛.应用新闻学[M].上海:亚东图书馆,1937:43.
⑤ 任白涛.应用新闻学[M].上海:亚东图书馆,1937:44.

3. 实际中的"访问八要则"

在民国时期的新闻界中,人们常常将担任新闻采访工作的记者称之为访员或访事员。顾名思义,可知这类新闻记者的主要职责在于采访。关于采访或访问的解释,任白涛在其著述中称:"新闻记者在职务上与他人会见,这在新闻学上名叫访问,也称会见(Interview)。"[①]关于实际采访的种类,任白涛采取美国密苏里大学新闻科教授卢斯的观点,认为大致可分为"略式访问(Informal interview)"和"正式访问(Formal interview)"两类。

但不管新闻记者访问的形式为何种,在实际的采访过程中都有一些可以依循的准绳。任白涛对新闻记者在实际访问活动中的具体做法和应对措施加以详细考察,认为有八项访问要则需要注意。其一,为对手之研究。任白涛对此举例称,"若对手为政治家,则其出身、经历、党籍及在党内之地位,与他党及当局要人之关系。对手为实业家,则其所经营之主要事业及其事业之成功、失败,与实业界有力者之关系,有无将起之新计划",诸如此类信息于采访前都要详加调研,"如不了解对手为何许人,漫然会见,不惟谈话难得要领,且不免为对手所轻视"[②]。其二,为质问之注意种种。关于此项,任白涛认为任何新闻记者在采访之前都需要将所问的问题加以事前拟定,以免出现采访中断的情况。其三,为铅笔与簿册。铅笔与簿册乃旧时新闻记者采访的必备品,但任白涛认为作为新闻记者"除特殊之时际外,不可妄出铅笔与簿册",因为"访问之妙谛,在交自然之谈话,如以特来搜集新闻材料之态度对之,不免使对手起一种之警戒,欲言而或嗫嚅焉。不宁惟是,且听且书,则其气必为笔记所夺,而对手之丰采,亦难乎表现,作成之记事,直毫无生色之速记录耳"[③]。其四,为谈话以外之材料。任白涛指出新闻采访除记录被访者的谈话,譬如被访者的居所环境、衣着服饰、体态容貌、家庭成员等也要适当记载。其五,为善察对手之颜。对于善于观察被访者的情绪变化,任白涛认为有三种益处:"一可藉表敬意;二可使对手知我喜聆其谈,自发快谈于不觉;三可察其言之是否出自肺腑。"[④]其六,为意外之线索。任白涛表示在新闻采访过程中往往能获取意外的新闻线索。当新闻记者获取意外线索时当特别加以注意并慎重处理,不可立刻深问,需要旁敲侧击,慢慢将被访者引入话题;当消息已经获取,则不可立

---

① 任白涛.综合新闻学[M].上海:上海书店,1991:390.
② 任白涛.应用新闻学[M].上海:亚东图书馆,1937:47.
③ 任白涛.应用新闻学[M].上海:亚东图书馆,1937:49-50.
④ 任白涛.应用新闻学[M].上海:亚东图书馆,1937:50.

即告别,需要"徐徐为二三之闲话,然后归去,斯得矣"①。其七,为载否之预约。对于此点,任白涛指出如果被访者请求谈话内容不可登载,则新闻记者从道德上来说应当遵守被访者的请求。其八,为权作我之良友。任白涛认为,新闻记者应当将被访者当作朋友来看待,新闻记者当以客观公正的态度来记述被访者的谈话内容。

(二)关于稿件制作的思想

在任白涛的新闻学研究中,新闻实务研究是一个重要的组成部分。关于报纸新闻稿的制作,任白涛有着比较全面而精深的论述,他的许多观点都是站在报纸实际运作的角度来立论的。同时,他的探讨旁征博引,以丰富而鲜活的事实材料来佐证论点。考察他的研究能对新闻采写等方面的具体工作提供助益。

1. 报纸文稿的种类及其制作特点

随着近代中国资本主义经济的发展和政治高压环境的偶尔松动,我国报业也获得一定程度的发展。报纸的内容愈加丰富多样,逐渐由过去的宫门抄、辕门抄、上谕及政府公告转变为符合一定新闻规范的各类文章。就报纸所载稿件的种类,任白涛认为主要有论说文、记事文、特殊文、趣味文四类。所谓论说文,即指各类评论性质的文章,以社论为其代表。记事文则主要是指各类消息和通讯。特殊文往往并不注重新闻的时效性,是报社所特有之文章,其种类譬如小说、诗歌、轶闻、随笔、旅行记、冒险谈、通俗科学、世界事情、人物传记以及各种专门论文等。而趣味文则是指以趣味为本位的新闻记事,可知它是属于记事文的一种。

任白涛认为报纸文稿的制作与普通文章不同,普通文章在材料选定之后便可以从容匠运,缀而成篇,而报纸文稿的制作则截然相反。原因在于报纸文稿相比普通文章,有其特殊的制作特点,"第一,报纸有时间之限制,须于极短之时间迅速为之。第二,有长短之限制,篇幅有定,故不能过于冗漫,又不得稍涉脱略。第三,阅报者多系一时的,故使其暂读之用意,比诸使其熟读玩味之用意为尤要。第四,难获适宜之起草场所,大抵从事于喧喧骚骚之编辑部,乃至汽车之中、街衢之旁、或立而书、或伏而书,有时迫不及待,则且书且付于手

---

① 任白涛.应用新闻学[M].上海:亚东图书馆,1937:51.

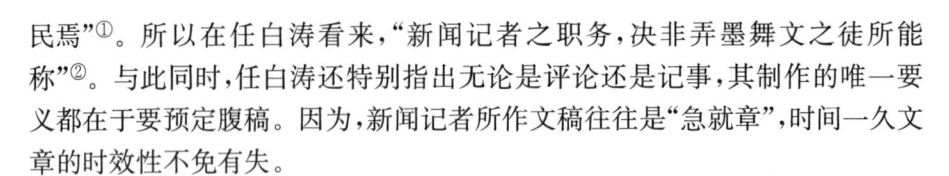

民焉"①。所以在任白涛看来,"新闻记者之职务,决非弄墨舞文之徒所能称"②。与此同时,任白涛还特别指出无论是评论还是记事,其制作的唯一要义都在于要预定腹稿。因为,新闻记者所作文稿往往是"急就章",时间一久文章的时效性不免有失。

2. 新闻稿件的制作标准

具备一定的新闻从业经历是许多中国早期新闻学人的共同特征,任白涛当然也不例外。站在报人的立场,任白涛很清楚新闻稿件质量是决定一份报纸格调高低的关键因素。因此,任白涛对新闻稿件的制作十分重视,他仔细观察和留心收集国内外报纸的优秀文章,总结和分析它们各自的成功之处,并在此基础之上凝练形成了自己的制稿准则。

(1) 论说文之制作——用事实说话

日本新闻学家松本君平曾言:"社内组织之整齐者,特有论说记者与专任文学批评之记者。然是等记者,于新闻事业中,其位置特占高级。故当此任者,必须高才博学而阅历宏深者,始能负此重责。遇国务大臣或政党首领之演说,及盛名之士所著之时论,皆有批难庇护之任。"③从松本君平的表述可知,论说记者之所以地位尊崇是因为其职责重大。与松本君平的观点相似,任白涛也认为论说在报纸上占有极为重要的地位。对于论说与报纸的关系有其他文章不能比拟的作用,任白涛说:"论说为报纸权威之集中点。报纸之所以具有代表舆论、指导社会之资格者,全恃乎此。换言之,论说者,报纸之灵魂也,报纸而无论说,直破残躯壳之死体耳。"④在任白涛看来,负有如此重要作用之论说文章恰好为我国新闻界所缺乏。

依照任白涛的看法,报纸论说的制作与专门学者的研究论文不同,专门学者研究发表的论文"首重精致之思考与绵密之推理",而报纸论说则"以提供问题为主旨"⑤,讲究以事实说话。依此逻辑,任白涛进而指出新闻记者在写作论说文时不应掺杂任何个人观点和意见,而尽可能将关涉主体的相关事实材料加以罗列归纳,将判断的权利交给读者。因此,报纸上的论说文名为议论

---

① 任白涛.应用新闻学[M].上海:亚东图书馆,1937:71.
② 任白涛.应用新闻学[M].上海:亚东图书馆,1937:13.
③ [日]松本君平.新闻学[M]//余家宏,宁树藩,徐培汀,等.新闻文存.北京:中国新闻出版社,1987:54.
④ 任白涛.应用新闻学[M].上海:亚东图书馆,1937:73.
⑤ 任白涛.应用新闻学[M].上海:亚东图书馆,1937:74.

(Argument),实则近似注解(Comment)。对于论说文中引据的事实,任白涛期望是"毫无谬误而且丰富,令人读之可得某种之知识。若抽象的及模糊影响之空谈,皆应力避者也"①。任白涛认为报馆工作是一种紧张而忙碌的事情,故报纸论说的制作应当力求迅速,一千余字的文章应当于一二小时内就要脱稿付印。这就说明报纸论说的制作常常需要由经验丰富且文思敏捷的专门人才来承担。任白涛对我国报纸上的论说文颇为不满,他摘引原美国《纽约先驱论坛报》驻远东记者密勒(Thomas F.Millard)所写《中国财政之危机》《中国之三大敌》两文以做例证,认为诸如此类论说文才属"佳构"。究其原因,任白涛坦陈:"良以我国大多数报纸之论说,恒不计及关系民生疾苦之社会诸问题,徒对于政治上弄无责任无价值之放言空谈故耳。"②

(2)印象派记事之制作——"立体的观察、曲线的描写"

新闻消息和新闻通讯是报纸上常见的内容,任白涛大体上将此类文章称之为记事文。关于记事文的类别,任白涛认为有委曲(Full Report)、概要(Outline)和印象(Impression)三类。关于记事文的制作要则,任白涛认为大体上有冒头、明快、简洁、独创、指导和客观六项需要注意。尤其值得注意的是,任白涛认为冒头,也即现代新闻学上所称的导语在记事文的制作中占据极为重要的地位。冒头往往是记事文开头的第一段,负有吸引读者阅读兴趣的重要责任。而关于新闻冒头的处理方法,任白涛认为可以分为感慨的、疑问的、庄严的、奇拔的、别趣的、比喻的、总束的诸种。对新闻冒头作用的探讨,说明任白涛当时在新闻学理论与实务的研究上已经具有一定的远见和深度。在任白涛看来,我国新闻界中最先意识到新闻冒头重要性的是黄远生。为了解释说明以上冒头的七种形式,任白涛借用黄远生发表于《时报》上的九篇通讯③的开头部分以为阐释。

对于记事文之制作,任白涛较为看重彼时特别流行的印象派记事。所谓"印象派记事",任白涛解释称其为新闻记者在制作新闻记事中适当融入自己

---

① 任白涛.应用新闻学[M].上海:亚东图书馆,1937:75.
② 任白涛.应用新闻学[M].上海:亚东图书馆,1937:76.
③ 为了解释新闻"冒头"的七种类别,任白涛特别援引了我国著名新闻记者黄远生发表于《时报》上的九篇通讯文章,它们分别是:《政海之一勺》(1913年2月26日)、《无理想无解决无希望之政治(一)》(1913年6月12日)、《苦海呻吟录》(1913年6月27日)、《闷葫芦之政局》(1913年4月7日)、《国会观礼日见闻录》(1913年4月14日)、《无理想无解决无希望之政治(二)》(1913年6月14日)、《熊总理下马后之政局》(1913年9月4日)、《阴阳两性之时局》(1913年5月15日)、《最近之北京(一)》(1913年8月7日)。

的主观色彩,以使新闻记事增添兴味。而"所谓主观者,非个人妄逞何等空想,弄何等空谈之谓,乃由记者纯洁光明之脑中映得之材料",讲究"立体的观察、曲线的描写","以一人之感为基础,而诱动他人之感"①。这类记事的写作手法可以运用于军事、政治、社会等多种题材,譬如战争题材的印象派记事又被称之为"战地文学"。关于印象派记事,任白涛认为黄远生是"我国印象派新闻记事作家之第一人"②。对于黄远生本人及其通讯作品,任白涛都推崇备至。他在《应用新闻学》中将黄远生的《国会观礼日杂感》(《时报》1913年4月15日)和《囍日日记》(《时报》1913年10月19日)两文分别予以全文照录和节录,以作为印象派记事之示例。

(3) 特殊文之制作——以通俗有趣为宗旨

随着人们对信息需求的逐渐增大,小说、诗歌、随笔等文章逐渐成为报纸不可或缺的内容,它们往往是报纸副刊的重要材料来源。从世界范围来看,欧美及日本新闻界早已开始刊载此类文章,我国新闻界则自20世纪20年代以后也逐渐重视起来。

对于特殊文的制作,任白涛认为当以通俗有趣为主旨。他站在报纸长久生存的角度,认为特殊文对于丰富报纸版面、增添报纸的可读性意义重大。他指出"报纸之文字以多数读者为对手,非以少数专门家为对手"③,故特殊文的制作要以通俗易懂为主。除此之外,任白涛认为特殊文的制作还应当考虑到趣味的问题。他认为现时人们的生活节奏紧张而忙碌,而富有趣味的特殊文正好可充当身心疲惫的都市人民的精神食粮。对于我国报纸上的特殊文,任白涛认为孙福熙的《赴法途中漫画》(《新潮》1921年第3卷第1期)一文"实吾国报纸上空前之作"④。此外,他还指出特殊文的写作要有适当的长短,最好不要以长篇连载的形式出现,而短篇则恰好适合于现代人碎片化的阅读习惯。

(4) 趣味文之制作——"以趣味为本位"

任白涛认为趣味文的写作要秉持"以趣味为本位"的宗旨。普通的新闻记事的最大目的在于传播时事,而趣味文往往可能并不需要切合当下的社会事件。依据任白涛的说法,趣味文在写作时有如下事项需要注意,即"趣味文之制作,于普通记事制作之要则以外,须施少许文学的手法,仿佛短篇小说。冒

---

① 任白涛.应用新闻学[M].上海:亚东图书馆,1937:91-92.
② 任白涛.应用新闻学[M].上海:亚东图书馆,1937:93.
③ 任白涛.应用新闻学[M].上海:亚东图书馆,1937:103.
④ 任白涛.应用新闻学[M].上海:亚东图书馆,1937:105.

头易择一种特奇之笔调,于内容或叙会话、或写暗示,均听作者之便"①。

报纸趣味文尽管是以供给读者趣味为主,但任白涛同时也明确指出不可迎合读者的低级趣味。他认为真正的趣味文绝非是描写卑猥荒唐的一类记事,"盖所谓趣味文者,非惟不可引起读者邪恶之欲念,亦不可仅使供纯粹之娱乐,必其中含蓄多少教导之意,方为正鹄也"②。至于那些专门记载海淫海盗的文章,不但毫无趣味可言,而且有损报格。

(三) 关于报纸编辑的思想

编辑工作是报纸制作过程中的重要一环。郭步陶曾在《编辑与评论》一书中说:"要知道编辑新闻,是一种特别工作,决非仅有天才,便能济事。"③任白涛也同样深刻认识到新闻编辑工作的重要性,他认为"报纸之主务在编辑,故为报社业务机能之原动力者,编辑部也"④。任白涛将中外各国的报纸编辑方法加以比较研究,并结合自身多年的新闻编辑实践,进而形成了自己对报纸编辑的独特认识和看法。

1. 报纸编辑应注重"因材施编"

现代报纸因为新闻材料来源的广泛性,内容越发的丰富多样。但在任白涛看来,编辑工作的第一步就是要明确报纸新闻的各种不同来源。因为,针对不同来源的新闻材料常常需要进行不同的编辑处理。总体而言,任白涛认为编辑部的新闻材料有如下八种来源:访事员及通信员之委派与指挥;通信社之通信;调查部之组织;社外之投稿;社友;外国报纸杂志之翻译;特殊材料之搜集;材料缺乏之时。任白涛认为以上所条举的诸项大体上为一家报纸编辑部的新闻材料来源途径,而编辑应当清楚各种不同材料的来源和性质,从而进行正确的编辑工作。譬如对于来自通信社的通信文章,任白涛认为当"新闻社接得通信后,即派访事员赴各处调查",其理由在于"盖通信社之通信,多属断片零拾,不足为完全之材料,即使完全,新闻社亦必严加修正或变更其形式"⑤。

与大多数新闻学者一样,任白涛对报纸编辑问题的研究也主要是以都会报纸为对象。这些报纸大都分布在以北京、上海为代表的政治、经济和文化中

---

① 任白涛.应用新闻学[M].上海:亚东图书馆,1937:112.
② 任白涛.应用新闻学[M].上海:亚东图书馆,1937:112.
③ 郭步陶.编辑与评论[M].上海:商务印书馆,1933:1.
④ 任白涛.应用新闻学[M].上海:亚东图书馆,1937:113.
⑤ 任白涛.应用新闻学[M].上海:亚东图书馆,1937:135.

心。报业发达的地方,同样也是报学研究兴盛的地方,这也成为民国时期新闻学术研究的一个明显的地域特征。

2. 标题制作应注重"秀美"

如果说新闻是报纸的脸面,那么标题则是报纸的眼睛。读者在阅读报纸时,最先映入眼帘的是新闻的标题。因此,标题制作与排版的合适与否能够影响到报纸的销量。西方各国的报纸无不将标题制作作为报纸编辑活动的重中之重。用新闻学者的眼光来审视标题制作,任白涛将其放到一个相当高的位置,他在文中对标题的重要性有如是之描述:

> 编辑记者所最当惨澹经营者,新闻记事之标题是也。标题在报纸上,实占最重要之部分。各国报纸之标题,初不过藉以表明记事之种类,今乃成记述的,以表示记事之要领。读者纵无暇读记事之全部,只一瞥标题,即可悉其概略。故秀美之标题,即记事之脊髓也。①

在任白涛看来,一则"秀美"的标题是诱发读者阅读兴趣的关键因素。与此同时,它还能在一定程度上提升报纸的知名度与美誉度。那么,什么样的标题才能称之为"秀美"呢?任白涛认为报纸标题的编辑没有固定的程式,只有适合与否的标准。但对于我国报纸而言,美国式的标题却有一定的借鉴参考价值。任白涛以美国《纽约泰晤士报》《纽约论坛报》为例,坦言这些美国大报常用的"递斜式(Drop-line)""金字塔倒竖式(Pyramid)""横直式(Cross-line)"和"低格式(Hanging Indention)"四种形式标题堪为我国报界借鉴学习。美国式标题的特点在于常常是多行标题、字体格式不同、横跨多栏、编排错落有致且大抵按照重要性依次递减。美国式标题因其醒目干练而为当时世界新闻界所争相模仿。同时,任白涛也明确指出:"美国式标题之可取者,其原理耳。既得原理,则欲用何种形式,东方文字自有其特点在也。"②从任白涛对美国式标题的推崇上来看,此种标题的编辑方法应当是符合他所认为的"秀美"标准。此外,任白涛认为要想使标题编排做到"秀美",还应当满足标题用语当避免重复、标题文体务求简洁明快和标题要新鲜三个要求。所谓标题要新鲜,是指标题文句要常给人一种耳目一新的感觉。这些论断对于今天的新闻工作而言仍然具有重要的指导价值。

---

① 任白涛.应用新闻学[M].上海:亚东图书馆,1937:146.
② 任白涛.应用新闻学[M].上海:亚东图书馆,1937:149.

3. 原稿整理重在订正谬误

经各种途径进入报馆的新闻原稿并不能加以直接利用，往往需要经过一定的选择润色才能付诸编辑。鉴于稿件质量的参差不齐，报纸编辑在处理原稿之时必然要进行一番细致的修订工作。对于原稿的处理，任白涛认为重在修正新闻事实中的谬误。在任白涛看来，"优秀之编辑员，能迅速会得记事之要旨，以订正所含种种之谬误。使原稿文法上及修辞上圆满无憾，固为美事。第匆卒运笔，不周之处，往往不免。但此等谬误，大抵属诸表面，与编辑员职务之关系，尚非十分重要。要在订正事实上之谬误耳"[1]。关于新闻编辑为何必须要订正事实谬误，任白涛认为主要是出于两点考虑：其一，新闻的生命在于真实性，传播不实新闻将会对报纸的信誉产生不可修复的恶劣影响；其二，报纸编辑及时发现并排除原稿中的谬误和诽谤信息，其本身是对报纸和社员的一种间接保护。

任白涛的"原稿订正"编辑思想在其他新闻学者那里也得到了佐证。譬如，萨空了就曾明确地指出："编辑新闻，就是把报纸所收到的一切新闻，经过一番研究、选择、整理，然后把它们有意义、有条理的介绍给读者。"[2]萨空了对新闻编辑的定义，说明了报社的新闻编辑活动是一种有选择性的信息传播活动。邵飘萍也认为："新闻社中所最宝贵者为时间，若原稿皆不合用而须加多大修正之功，则费时必多，使编辑部大感困难，且如制衣之糟蹋材料，两方皆不经济也。"[3]由此可知，原稿质量的高低将会对新闻编辑的运作效率产生直接的影响。

4. 版面安排以培养读者"定读性"为主旨

报纸的排版是一项庞大的系统工程，总领该项工作的当为一社之总编辑。版面安排的具体措施和注意事项颇为繁复，任白涛认为负责报纸组版工作的编辑需要具备一种"捕捉的功夫"。他说："惟兹所云之捕捉的功夫者，非指件件之文稿，乃统合报纸之全部促进读者嗜欲之功夫也。如插入美丽之绘画、指定种种之活字等，皆为此计。"[4]除此之外，版面安排还应当考虑到"纸面经济的原则"，尽可能在有限的版面内融入更多的新闻稿件，以增添报纸内容的丰

---

[1] 任白涛.应用新闻学[M].上海：亚东图书馆，1937：144.
[2] 萨空了.科学的新闻学概论[M].北京：中国传媒大学出版社，2018：78.
[3] 邵飘萍.实际应用新闻学[M].北京：京报馆，1923：150.
[4] 任白涛.应用新闻学[M].上海：亚东图书馆，1937：156.

富性。而关于材料的排列,任白涛的方法为:"所有原稿本文及标题所占之行数、活字之大小等,悉记入顺序单中。如插入写真版及木版,则按其面积计行数。计算行数之际,有一事须注意者,则体察事件与时间之便宜是也。"①当报纸大样组版完毕,另有重要突发新闻发至报社之时,编辑还需将已排好之稿件抽出以为该突发新闻腾出版面。

任白涛一向重视报纸的编辑工作。他认为中外报纸的编辑方法或许有所差异,但不管以什么样的形式组织安排版面,其目的都是培养读者的"定读性"。所谓"定读性",任白涛的解释为:

"定读性"云者,即读者日日必读之习惯也,乃报纸生命之所系,亦报纸与书物不同之关键。人多厌读成册之书物,而不厌读多张之报纸,因读书往往感多少之苦痛,而读报则毫无苦痛之可言也。是盖报纸日日以一定之分量与一定之时间供给读者,且能适应读者消化之程度。故无论何人,俱有此"定读性"也。编辑报纸时,当注意下列三事:(一)如何培养此"定读性"。(二)既经养成之"定读性",如何可使维持永久。(三)维持既经养成之"定读性",同时向新方面次第造新"定读性"是也。"定读性"之培养与材料排列及组版上之关系,亦甚密切。②

从任白涛的表述可知,版面安排的重要意义在于培养读者的阅读习惯。报纸成熟的版面风格,对于凝聚稳定的读者群体具有重要的现实作用。而编辑记者在组版时不仅要考虑如何维持既有的读者群体,还应当思考如何吸引新的读者群体。可见,任白涛对报纸版面安排的研究已经上升到读者的心理层面,显示出他以读者为中心的编辑思想。

5. 地方报编辑须坚持"以地方为本位"的宗旨

关注并研究地方报的编辑方法,任白涛可谓是中国新闻学术史上的第一人。早在1921年,他便在《东方杂志》上发表了专门论述地方报纸编辑法的文章。在任白涛之前的中国新闻学著作和新闻学论文中尚未见到关于地方报的论述。而在任白涛之后,国人对地方报的研究则迟至1939年以后,这一时期发表的关于地方报的研究文章有:章韫的《怎样办地方报?》(《战时记者》1939

---

① 任白涛.应用新闻学[M].上海:亚东图书馆,1937:157.
② 任白涛.应用新闻学[M].上海:亚东图书馆,1937:155.

年)、邵鸿达的《谈谈地方报的改革》(《战时记者》1939 年)、赵家欣的《地方报的采访工作》(《战时记者》1939 年)等。以上仅据笔者不完全之统计,可见国人对于地方报作用的重视是在抗战全面爆发以后。这一时期新闻人对于地方报的集中重视与全民抗战的政治诉求有密切联系。

  地方报在我国早期的新闻界中并没有得到足够的重视,报纸的编辑质量相对低下。在这种情况之下,不少国人对地方报的制作水平和运行状态颇有微词。譬如有人直言:"地方报的蓬勃葱茏、方兴未艾,也许是可喜的现象。但细审其内容,像第一张的材料,评论起时事来是横竖天高皇帝远,不负责任,简直是三等的记者先生练习练习笔墨的所在。国内国外本省等栏,都是翻印不究的旧闻。至于第二张地方新闻,他们既号地方报,生来是最注意的,差不多全神都贯注在这张上面,然而翻开来一看,评论非恭维官厅,即讨好绅阀。"①这段描述反映了中国早期地方报的经营现状。此外,地方报的不成熟也有创办者对地方报缺乏足够认识的原因。

  鉴于此种情况,任白涛认为地方报的编辑应当坚持"以地方为本位"的编辑方针。他在文中指出:"今日我国之地方报,大都滥载中央或全国或世界各地之记事,鲜有以地方为本位者。其甚者,剪裁地方人已经阅过之京沪报,以充篇幅。故地方人之稍常识者,只阅京沪报而不阅地方报。不宁惟是,京沪各报均尚未至发行'地方版'或'地方附刊'之时机。此时机一旦来到,则地方报之运命将愈陷于窘境。彼背后有人依人为生,但知个人之私利,不计报纸之繁荣者,吾固不暇为若辈虑。吾所悄悄焉忧者。彼真欲谋民生福利之地方报耳。"②可见,任白涛对地方报的研究动机乃是出于为民生谋取福利的考量。在任白涛看来,地方报的编辑与都会报的编辑在内容与目的上都有截然不同之处。相比地处一国政治经济中心的都会报纸,地方报纸要想获取生存空间,则必须将报纸办出地方特色。在新闻材料的搜集上,任白涛认为评论对于地方报十分重要,故地方报的论说文章应当种类丰富,至少应该包括论说、短评、城镇杂评、团体批评、新刊介绍、事件商酌和杂话等。与此同时,由于地方报的性质与都会报不同,其评论的方法也应该有所不同。譬如论说,任白涛认为"地方报之论说以宣扬社会、指导地方为目的。故题目当以地方为本位",他指出论说文的编制应遵守的条件如下:

---

① 微波.地方报的真估价[N].宁波三日刊,1925-09-26.
② 任白涛.地方报之编辑[J].东方杂志,1921(17):96.

（1）虽应专重地方问题，但在问题缺乏之地方，不妨间一日或数日一论中央问题。至外国问题，如与其地方无关，可不论之。

（2）题材首重教育、实业，次为经济、财政，要与本地方有切肤之痛痒者。

（3）每逢星期，以"星期讲话"为题目，作对于地方青年之处世训、修养谈等，既省劳力且多效益。

（4）论文篇幅之长短，毫无关乎论旨，惟不可妄排大字，藉图掩饰，更须力戒圈点之滥用。①

此外，对于新闻记事的采访和编辑，任白涛也认为应当秉持"以地方为本位"的原则。他的理由是"地方报之记载自当亦以地方为本位，否则其销场必为都会报纸所侵占"②。任白涛认为地方报纸的记事应当有如下八类：教育记事、议会记事、商业记事、杂报一束、地方人事、访问记事、特殊记事和投书。无论何种记事都当以地方人事为主，盖此种记事因地理上的接近性而易为读者欢迎。关于新闻记事，任白涛说："地方报最应重视之记事为教育记事，即男女学校之记事是也。尤当注意小学校，如管教之情形、儿童之成绩等。儿童成绩如作文习字之类，作文则择尤登录。习字则制版排印，甚足鼓舞儿童之向上心，且可引起儿童阅报之兴味。此种材料之搜集，或派员参观，或致函索取，手续至极简单也。"③任白涛关于地方报编辑的论述对于发展地方报纸具有一定的参考价值，也反映出他认识到我国当时新闻事业发展程度的不平衡。

二、任白涛的新闻教育思想

任白涛对教育问题的关注和研究是由来已久的。自20世纪20年代开始，任白涛曾陆续编译了《改造中的欧美教育》《最近各国的补习教育》，与常道直合著了《成人教育》等多本教育丛书。在新闻学研究当中，任白涛对新闻教育也有一定思考和研究。一般社会大众、有志于从事新闻事业的青年群体以及现役新闻工作者是任白涛新闻教育思想的主要对象。

---

① 任白涛.地方报之编辑[J].东方杂志，1921(17)：97.
② 任白涛.地方报之编辑[J].东方杂志，1921(17)：98.
③ 任白涛.地方报之编辑[J].东方杂志，1921(17)：99.

(一) 报刊是广义上的社会教育机关

任白涛主张新闻事业的特质之一在于它的教育性。因此,任白涛认为对于一般社会大众而言,报纸实为一种广义上的社会教育机关,报纸具有教育民众的能力和责任。故从社会责任的角度出发,报纸对一般社会大众肩负着知识普及的重要作用。关于新闻事业的这种教育功能,任白涛的观点如下:

> 处今之世,能日日告我以新事件、供我以新知识者,莫报纸若矣。吾人一日不读报纸,斯一日与社会事情相隔离,即一日逊于时代之进步。故报纸实为广义的社会教育机关,而其功效之神速,绝非学者之讲述、政客之演说、宗教家之劝导所能屈及者也。世之父兄为教育子弟,须纳巨金于学校。而与学校目的相同之报纸,则可以铜币数枚得之。不宁惟是,吾人自各种学校所获之知识,不过人间知识极微之一部。欲觅一物以补此缺陷,则舍报纸其谁属乎。由是言之,则报纸者,又学问之文库、常识之课本也。①

在任白涛看来,报纸上的言论和记事能承载许多有益民众的实用性知识。譬如,读者阅读报纸所载的外国电报,则可以知悉世界之情势;读政治新闻,则可以洞察政局之表里;读商业新闻,则可以随时知晓经济市场之动静;读市井杂报,则能够了解百事作息之规律。因此,任白涛认为报纸是社会民众新见闻、新观察的重要信息渠道,堪称"社会之耳目"。既然报纸负有教育社会的重要责任,任白涛主张报纸内容的处理方法应当"务以通俗为旨归","故制作报纸妙谛在使社会了解,即其见地只较社会先一步,示进步之方向于社会,夫然后始能满足社会之需要,以尽其诱掖指导之责任也"。②

邵飘萍的新闻教育观点与任白涛有着异曲同工之处。邵飘萍在其《新闻学总论》中也对新闻事业的教育功用有所探讨,他认为"新闻纸有最普遍的指导国民之效果,即教育的特质是也"③。邵飘萍对于新闻纸教育功能的具体阐述有如下之语:

---

① 任白涛.应用新闻学[M].上海:亚东图书馆,1937:7-8.
② 任白涛.应用新闻学[M].上海:亚东图书馆,1937:9.
③ 邵飘萍.新闻学总论[M].北京:京报馆,1924:15-16.

学校有毕业之年限，其教育之效果不过求得知识之一极小部分。新闻纸则自儿童识字以至于老死，无日不在教育的范围之中，且人间所日日发见之新奇事物，千变万化，或为成功之模范，或为失败之前车，皆以事实为其教育之材料而不偏于虚无缥缈之理论，使读者渐得各种人生必要之知识，且随时代潮流以进步。此所谓活的教育。①

从"广义的社会教育机关"到"最普遍的指导国民之效果"，可以看出邵飘萍与任白涛在新闻教育观点上存在着高度的一致性。他们都认同普遍的教育是新闻事业的重要特质之一，报纸的教育能力甚至超越了学校教育。任白涛与邵飘萍关于新闻教育观点的相近绝非偶然现象，而是源于他们共同的新闻学理论渊源和报人的责任担当精神。

（二）新闻学应纳入常识教育体系

20世纪20年代以后，新闻学作为一门独立的学科逐渐为世人们所接受。但相比国文、史地、生化等学科，新闻学还是一门十分年轻的学科。综观当时中国高等教育机构，只有为数不多的大学开设了新闻系或报学系。在这种情况下，新闻学教育的普及问题自然也无从谈起。有鉴于此，任白涛主张应该将新闻学纳入常识教育体系之中。他认为新闻学应当像医学一样，至少在高中阶段就需要展开普及教育。他在给袁殊《学校新闻讲话》写的序言中提及："目下高中都加上'医学常识'一个课程，这是很重要的事；这么一来，将来的成人可以不改再受不正当的医生的欺骗了。但比这更重要的，就是'新闻学常识'这个课程；加上了这个课程，现在的学生乃至将来的成人是都可以避免不正当的报纸的欺骗的。"②任白涛的这种思想在客观上是有利于对新闻学的推广和普及的。

任白涛提出"新闻学常识"课程的初衷在于创造"现代新闻"。他"主张现代学生须读现代新闻"③，而"现代新闻"正是我国新闻界所缺少的东西。为了解决这一问题，任白涛认为从新闻从业者的角度来说，"这个问题的责任是在

---

① 邵飘萍.新闻学总论[M].北京:京报馆,1924:16.
② 任白涛.写在袁著《学校新闻讲话》的白页上[M]//袁殊.学校新闻讲话.上海:湖风书局,1932:9.
③ 任白涛.写在袁著《学校新闻讲话》的白页上[M]//袁殊.学校新闻讲话.上海:湖风书局,1932:6.

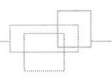

我们的身上负担着,就是我们应积极地使真正可以称做'现代新闻'的报纸出现于中国的新闻市场";从新闻教育的角度来说,则"同时,我们应努力提倡现代的新闻教育:这种教育的目的,当然要使学生明白新闻纸的性质及编辑经营之法;最低限度的眼前的临时目标,也要使一般'现代学生'知道在没有真正'现代新闻的今日,可用怎样的方法去读非现代的新闻'"。[①] 他进一步指出,只有经过现代新闻教育的学生将来才有可能成为合格的现代新闻记者,同时真正的现代报纸才会产生。

(三) 重视新闻记者职业化教育

依据任白涛的说法,如果说高中阶段的新闻常识教育是新闻记者养成的知识储备,那么大学教育则可视为新闻记者的职业化训练和培养。因为经过大学修习的新闻科学生在毕业之后将直接进入报馆,并展开实际上的新闻采写或编排工作。假若经过高等教育的新闻科学生还需要在报馆学习新闻理论和技术知识,那么新闻教育则显得毫无存在之必要。这也是任白涛所说新闻记者的资格必须要有大学毕业的条件的原因。因此,任白涛对各种新闻教育机构尤其是大学新闻教育十分重视。

任白涛曾对"新闻学"的定义做出这样的解释:

> 普通所谓新闻学,不仅含有单纯的报纸及与它有关系的问题的研究和知见,并且还广泛地包含着报纸制作的一切部门及出版者、记者的职业教育的基础学科。[②]

任白涛的这段表述表现了他对新闻记者职业教育问题的有意关注。而承担新闻记者职业化教育的机构当然主要是大学。任白涛认为:"大学的新闻学研究所,在事实上,担当着'做科学的研究对象的报纸'与'做实践的职业问题的报纸'这两个方面。"[③] 从后者来看,其言下之意是大学实际上负有新闻记者职业化培养的重任。任白涛认为要想实现对我国新闻记者的职业化培养需要做到如下几点。

---

① 任白涛.写在袁著《学校新闻讲话》的白页上[M]//袁殊.学校新闻讲话.上海:湖风书局,1932:7.
② 任白涛.综合新闻学[M].上海:上海书店,1991:16.
③ 任白涛.综合新闻学[M].上海:上海书店,1991:16-17.

第一，尽早设立新闻教育机构。一般研究认为我国新闻学教育起于1918年北京大学新闻学研究会的创办。黄天鹏曾称："民国七年于北大设新闻学研究会，并添新闻学一门为选修科，启我国新闻教育之端。"[1]实际上，在1911年全国报界俱进会就有过创办"报业学堂"的提案："吾国报业，方诸先进国，其幼稚殊不可讳。一访事、一编辑、一广告之布置，一发行之方法，在先进国均有良法寓其间，以博社会之欢迎，以故有报业学堂之设云云。"[2]这可以说是中国开启新闻教育的最早倡议。此后不久，"报业学堂"提案因为该会的瓦解而最终未得实行。任白涛对此曾颇为惋惜地说道："这个提案不幸归诸泡影，倘若成了事实，那我国的新闻学的研究，也不多么后于先进各国了。然而这个提案的价值，是永不能消灭的：因为它是中国人知道有新闻学的研究即新闻教育的开始。"[3]从任白涛的话中，我们可以看出，我国新闻学研究和新闻教育之所以落后于"先进各国"，其中一个重要原因就在于我国新闻教育组织和机构的起步较晚。

第二，确定规范的新闻学科目。现代中国新闻教育的课程设置，基本上以美国为蓝本。[4] 近现代以来，中国新闻学界在新闻学研究和新闻教育上向美国学习确是不争的事实。诚如蔡元培所言："新闻学之取资，以美为最便矣。"[5]任白涛虽然并不否认美国新闻界确实有很多可为我国借鉴之处，但对于新闻学科目的设置，他认为日本新闻教育机构的安排实在可以取法。或许是他曾是"大日本新闻学会"学员的缘故，他认为由新闻学专家小野秀雄等人参与编撰的研究报告"就质上说，是有相当价值的"[6]。他在《综合新闻学》中将日本一般新闻讲座或新闻学校所教授的科目进行了详细列举，其课程安排有如：新闻学概论；新闻文献学；新闻调查法；新闻统计学；新闻教育学；言论史；各国、各时代、各社会新闻史传记（一般史、特殊史）；新闻政策；新闻纸法；新闻伦理学；编辑论；经营论；比较新闻学；电影论；无线电广播论；新闻社会学；整理学；记事内容问题；通信学；特殊报纸论（杂志、周刊、学校报、商店报等）；记事作法论；论说作法；外国记者实习；修辞学；社会事件史；摄影；贩卖

---

① 黄天鹏.黄天鹏序[M]//徐宝璜.新闻学纲要.上海：上海书店出版社，2011：1.
② 黄天鹏.中国新闻事业[M].上海：联合书店，1930：120.
③ 任白涛.综合新闻学[M].上海：上海书店，1991：45.
④ 李秀云.中国现代新闻思想史[M].北京：中国社会科学出版社，2007：183.
⑤ 蔡元培.蔡序[M]//徐宝璜.新闻学.北京：中国人民大学出版社，1994：6.
⑥ 任白涛.综合新闻学[M].上海：上海书店，1991：43.

学;广告学;等等。从以上罗列可知,日本高等新闻教育机构的课程安排内容范围广泛、研究基础坚实。而任白涛不厌其详将其撰述、罗举,足见他对日本新闻学教育课程安排的肯定。

第三,实现教师队伍的本土化。1918年北京大学新闻学研究会成立后,中国高等新闻教育专业和学府不断创办,外籍教师成为中国早期新闻教育的一支生力军。这其中有如上海圣约翰大学聘请《密勒氏评论报》主笔彼得森(D.D.Patterson)担任新闻科教授,也有如燕京大学这样几乎完全依靠美国密苏里大学新闻学院的师资力量来创办新闻系的。对于中国新闻教育完全控制在外人之手,任白涛表现出深深的担忧:"笔者叙述到此,有万不能已于言的,就是负有重大的社会文化的任务的新闻记者的教育,特别是在理论方面,叫外国人来培养——往外国留学是另一事——这就前述的各国来说,似无成例可援,也许这仅是受帝国主义重重包围、压迫下的中国所独有的现象吧。然而这种关系重要的教育权——这种对于'握全世界活动之枢纽,为传达思想文化之机具的'制造事业——任令外人代办,决非可以长久永存的办法。"[1]从任白涛的话语中,我们可以看出他所想要表达的思想:他反对将新闻教育大权交由"外人"之手,主张新闻教师队伍的中国化。任白涛站在中国的现实国情角度,对中国高校新闻教育的现状做出敏锐观察及揭露,这反映了他作为一名新闻学者的深邃视野,也体现出他作为一名中国人的强烈民族意识。

(四)新闻教育要以人才培养为理念

新闻记者是新闻事业的主体。新闻记者队伍素质的高低往往能够影响一家报纸的成功与否。任白涛对于新闻记者的资格问题相当看重,他认为扎实的素养是新闻记者从事新闻活动的先决条件。任白涛关于新闻记者资格与素养的观点体现了他的新闻人才思维。在他看来,新闻工作绝非一般舞文弄墨者所能胜任,而是需要一种"专才"。因此,他主张新闻教育当以人才培养为理念,并对新闻教育的人才标准做出要求。

1. 新闻记者应具有健全的常识

关于新闻记者的资格与修养问题,任白涛首先论述的便是新闻记者的常识。在他看来,"吾人当献身社会时,无论从事何种业务,皆不可缺乏健全之常识。而对于社会负指导诱掖责任之新闻记者之常识,更为切要。彼特殊之专

---

[1] 任白涛.综合新闻学[M].上海:上海书店,1991:50.

门家往往有只具备某种智能,而缺乏普通常识者,然亦不能不许其存在。惟新闻记者则绝对不许缺乏常识者充其职,是故新闻记者成功之基础,在努力养成健全之常识"①。可见,任白涛要求新闻记者的常识性知识储备应高于一般的专门学者。所谓"健全之常识",任白涛认为它的标准应以大学毕业的程度来加以衡量,同时"更为潜深之研钻、明己国之情事、通世界之趋势,庶几可全其'无冕之帝王''社会之师表'之责任。更退一步言之,新闻记者纵不必以极高深之专门知识立身,然无论何种学者之学说,悉不可不理解之,且能对之下明确的观察,即所谓高等之理解力是也"②。因此,任白涛将新闻记者所应具备的常识称之为"高等常识"。此外,任白涛还认为一名优秀的新闻记者至少要掌握一至两种外国语。对于我国新闻记者而言,他特别指出:"严格而论,在我国为新闻记者而不解日文,谓其资格不完备,无不可也。"③任白涛对新闻记者常识的要求,在邵飘萍那里也找到了共识,他在《实际应用新闻学》中说外交记者除"具有一二专门学问之外,尤须富于观察各种事物之常识,且必谙熟几国之语言"④。任白涛与邵飘萍对新闻记者常识的重视,说明了中国早期新闻学人对新闻记者这一职业使命的重视,也反映出了当时社会新闻记者基本素养的缺乏。基于此种认识,任白涛进而指出新闻记者职业绝非仅仅掌握一点文字功夫的人就能担任,而必须由具备新闻学知识的专门性人才担任。

2. 新闻记者应具有实践经验

除了具备较为完善的常识外,任白涛认为一名新闻记者还须具有一定的实践经验,唯有学业与经验兼备,然后方可称为优秀的新闻记者。他将新闻记者所应具备的常识性知识比作"有形的学问",将新闻记者所应具有的实践经验比作"无形的学问"。他说:"就有形的学问言,欲为新闻记者,最小限度,即不可无前述大学卒业程度之学力。而并无何种形体之学问,若世间实际之事理,更为可贵,然此非经若干之年月,尝许多之艰辛,不能得之,即所谓经验是也。必学业与经验兼备,然后方可称为优秀之记者。"⑤从任白涛的阐述可知,新闻记者应当通晓社会情事,具备丰富的实践经验,而此种经验的获得,除了来自在报馆的实习,更在于新闻记者经年累月的社会磨砺。除此之外,任白涛

---

① 任白涛.应用新闻学[M].上海:亚东图书馆,1937:12-13.
② 任白涛.应用新闻学[M].上海:亚东图书馆,1937:13.
③ 任白涛.应用新闻学[M].上海:亚东图书馆,1937:14.
④ 邵飘萍.实际应用新闻学[M].北京:京报馆,1923:8.
⑤ 任白涛.应用新闻学[M].上海:亚东图书馆,1937:13.

还从时空角度对新闻记者资格做出阐释:"就时间言之,第一,对于现在,须能理解迅速。第二,对于将来,须能观察正确。第三,须熟谙最近过去之情事。就空间言之,对于包罗万象之宇宙中,能看出问题,并能注意面积广阔之问题。"①要而言之,任白涛认为新闻记者应该时刻保持警觉,遇事反应迅速,具有洞悉事件本质的能力,对于过去、现在以及将来的情事都了若指掌,这足见任白涛对新闻记者素养要求之高。任白涛的此种观点与黄远生的"四能说",即"脑筋能想""腿脚能奔走""耳能听""手能写"②在本质上是一致的,都表达出对新闻记者社会活动与业务能力的重视。

3. 新闻记者应具有刚健的意志

在我国许多报人和学者看来,我国新闻事业不发达的一个重要原因在于新闻人才的缺乏。戈公振在《中国报学史》中有如是之语:"报纸者,表现一般国民之公共意志,而成立舆论者也。故记者之天职,与其谓为制造舆论,不如谓为代表舆论……我国报界之知此义者盖寡,故报纸之进步甚缓,而最大原因,即为缺乏专门人才。"③新闻记者乃一切新闻活动的实际操作者,其重要性不言自明。因此,在20世纪初期的我国新闻界就有学者对新闻记者的意志品质提出要求。例如,邵飘萍甚至认为外交记者的品性是诸种条件中的第一要素,他在文中称:"所谓品性者,乃包含人格、操守、侠义、勇敢、诚实、勤勉、忍耐及种种新闻记者应守之道德。贫贱不能移、富贵不能淫、威武不能屈,泰山崩于前、麋鹿兴于左而志不乱,此外交记者之训练修养所最不可缺者。"④

任白涛对新闻记者的精神品质亦相当看重。出于培养新闻人才的考虑,任白涛指出作为新闻记者必须要有刚健的意志。对于新闻记者此种意志力的内涵,任白涛的观点是:"新闻记者因其职务之尊严、地位之崇高,故当具富贵不能淫、贫贱不能移、威武不能屈之精神。笔可焚而事实不可改、身可杀而良心不可夺。若此浩然精神所赖以培养而保持者,刚健之意志力也。"⑤任白涛警示新闻记者不可为金钱与美名而冲昏头脑,要时刻保持高洁的意志,指出"新闻记者之理想,当沐化于美善二字之域,决不许稍涉黑暗龌龊之乡。其步履偶一失足,即由九天而坠九渊。此危险之机会与恶魔,殆无时不追随于彼之

---

① 任白涛.应用新闻学[M].上海:亚东图书馆,1937:15.
② 黄远庸.远生遗著:第1册[M].北京:商务印书馆,1924:132.
③ 戈公振.中国报学史[M].北京:生活·读书·新知三联书店,1955:362-363.
④ 邵飘萍.实际应用新闻学[M].北京:京报馆,1923:7.
⑤ 任白涛.应用新闻学[M].上海:亚东图书馆,1937:15.

周围。极言之,新闻记者之敌人,固不仅为社会之蠹寇、神奸。即于彼之自身,亦当念兹在兹,以自觉之刃,拟于喉间,以励精其职务焉"[①]。任白涛警示新闻记者不可为博取政党和资本家的欢心而以曲其笔,丧失新闻记者的崇高使命。

4. 新闻记者要有担当精神

新闻署名是对记者个体性和主体性的承认,也是对人的主观性认识的深入。20世纪30年代以后,新闻署名开始在当时的中国新闻界逐渐普及开来。对新闻报道进行署名,能在一定程度上敦促新闻记者新闻采写活动的客观性自觉。与此同时,要求新闻记者对报道进行署名,更是对新闻记者社会责任意识和担当精神的强化。任白涛是我国较早论述新闻署名问题的新闻学者。在任白涛看来,由社内人员撰写的论说一般不需要署名,其理由为论说文"署名则仅区区个人之力,不署名则堂堂一社之力也","纵属政党机关报,则一社之论即一党之论,更无署名之必要"[②]。但对于社外之来论,任白涛则认为必须写明著者姓名,因为该类文章的责任应当由著者本人来承担。就国内新闻界而言,任白涛认为许多报纸的特殊文大都仰赖社外的文人学子,所以也应当对特殊文进行署名处理。

新中国成立以后,新华社于1957年4月18日制定了一份《关于新闻署名问题的规定(草案)》,提出新闻署名目的之一在于发挥记者独立负责的精神,有些新闻如评述性或批评性的新闻等,这类新闻的观点和论点,乃至所引用的事实和论据,主要地应当由原作者负责。[③]从这段表述来看,新华社制定新闻署名问题的草案,其用意与任白涛的观点相吻合。新闻署名这一新闻学中的热点问题,在民国初期就已经为任白涛所关注并加以阐述,这说明他的学术视野具有一定的前瞻性。从任白涛对新闻报道署名问题的探讨,可以发现:一方面,他关注到了新闻记者应当对社会负责、具有担当精神;另一方面,他又强调新闻记者实际上代表的是报馆,报馆应当对新闻记者予以保护、分担一定责任。任白涛的这种观点充分反映了他在民国时期特定历史环境下,对新闻记者资格、素养、责任、担当等问题做出了思考。任白涛关于新闻记者资格与修养问题的探讨,不仅仅是对记者的业务要求,实质上已经上升到一种职业化的素质要求。

---

① 任白涛.应用新闻学[M].上海:亚东图书馆,1937:15.
② 任白涛.应用新闻学[M].上海:亚东图书馆,1937:80.
③ 新华社新闻研究所.新华社文件资料选编:第4辑[M].1987:48.

三、任白涛的新闻伦理思想

任白涛的新闻伦理思想是他新闻思想的一个组成部分,他曾在《应用新闻学》和《综合新闻学》等著作中对该问题进行过较为详细的阐述。在我国新闻史上,任白涛可以说是较早关注新闻伦理的新闻理论家之一。任白涛的新闻伦理思想主要是从新闻职业道德和一般社会道德两个角度对新闻事业及其实践主体展开的研究和批判,也即对"报格"与"人格"的考察与认知。任白涛的新闻伦理思想具有一定的辩证色彩,他在强调新闻界对社会负责的同时,也要求社会对新闻工作者给予必要的尊重。任白涛从公众与新闻事业两者间的辩证关系出发,指出只有在公众与新闻事业两者间取得良性互动,新闻事业才能发挥"社会公器"的价值。

(一)新闻报道应该真实、客观、公正

新闻职业道德是社会公德在新闻报道领域中的体现,是指新闻报道在法律范围之外的善恶是非规范。有关它的学说体系称作新闻伦理,对新闻行为进行道德判断和评价。① 这种观点说明了社会公德在新闻实践中的运用和体现构成了新闻职业道德,而对它的研判形成了新闻伦理学。任白涛对新闻伦理的考察,并没有将新闻职业道德和一般社会公德割裂开来,而是将两者作为一个整体以共同形成对新闻行为的规约和指导。

首先,任白涛主张新闻从业者要尊重一般社会道德。他对新闻业者的社会道德标准有这样的阐述:"新闻业者应遵守的道德,是一般道德呢?是特殊道德呢?就本章标题看来,似乎是有什么叫做'新闻事业道德'的道德;其实,关系着新闻事业的道德,仍不过是一般社会道德。应以一般社会道德为基础,以服它的指导诱掖、取舍选择的任务。"② 可见,在任白涛看来,一般社会道德是新闻职业道德的源泉和基础,二者在本质上有不可割裂的关系。

其次,任白涛强调新闻从业者还必须遵守新闻职业道德。他从新闻价值和道德要求的辩证关系来加以说明:"新闻业者所需要的材料的标准——新、奇、常等等的标准——原是与道德对立的。即标准是不考虑道德的。道德的要求,完全在对各标准的选择中。新闻业者无论逢着从怎么样的标准而怎样

---

① 刘建明.现代新闻理论[M].北京:民族出版社,1999:330.
② 任白涛.综合新闻学[M].上海:上海书店,1991:79.

地降低那个选择,一般社会的规律也常运行到那个选择上。明白点说,不可为新闻价值(News value)而蹂躏道德的要求;这时候,是受着新闻业者方面的道德的要求和一般社会之道德的要求的二重束缚的。"① 由此可知,在任白涛看来,当新闻价值标准与道德要求发生冲突之时,新闻记者的行为便需要受到新闻职业道德的规范和约束,也即新闻价值应当服从于道德规约。

在这种指导思想的规定下,任白涛指出新闻记者应当坚持客观、公正、无偏无私的报道立场,并对新闻记者的人格标准和职业立场做出如下要求:

> 新闻记者之生涯要在捧忠实笃诚之肝胆于真理、事实之前。其生命、其觉悟、其勇气、其良心、其情感,悉为真理、事实所同化。故不可不排小我、抛小主观,以服其任务。质言之,新闻记者必须为纯正无垢之自然人,始克完成其光辉赫赫之天职。
>
> 新闻记者更有一最要之自觉,则社会之第三者是也。彼但将应有之事实观察之、记载之、批评之。彼之眼中,不许有敌我之区别。彼之心底,不许怀某种之成见。不问如何之时际、场所,其地位、态度常为超越的、独立的、客观的。质言之,新闻记者实为冷静慎重之社会检察官,提出案件之材料于社会,是则其唯一之任务耳。②

任白涛基于良心、良知的角度提出新闻记者的事业是为公而非为私的重要问题,主张新闻记者是"社会之第三者"。这番探讨可以说触及了新闻职业最重要的问题,它对新闻记者在职业活动中应确立怎样的职业价值观具有极大的影响。

(二) 报纸不可揭露他人隐私

发端于 19 世纪 90 年代末美国的"黄色新闻潮",其影响也波及中国新闻界。"黄色新闻"的出现或许是政党报刊在向大众化报刊转变过程中的必然产物。我国报刊在进入大众化发展阶段时,也呈现了一种有违道德和职业规范的无序竞争状态。许多报刊在"有闻必录"招牌的掩护之下,专门刊载花柳猥亵、诲淫诲盗、动辄涉及他人隐私的品评记事,从而酿成了自毁品格、贻害社会的报业生态环境。

---

① 任白涛.综合新闻学[M].上海:上海书店,1991:79-80.
② 任白涛.应用新闻学[M].上海:亚东图书馆,1937:11.

任白涛是新闻学术界对报纸侵害他人隐私问题关注较早的新闻学者。他从报纸与社会、报纸与公众的关系角度出发，提出报纸不可无端涉及他人隐私的要求。任白涛认为：

> 报纸之特质，在万事公开。若无关群众之事件，如涉及个人隐私之类，则不宜公开，此非善恶之问题，乃公私之问题。故凡关系个人私事，无论善恶皆无"新闻价值"。而妄揭个人私事于公开之报纸，如其为恶，则当受法律及良心之制裁。即令非恶，而其事既与群众无涉，群众对之，自不感何等之兴味，更无公开之必要矣。①

任白涛又援引1935年3月14日《记者座谈》上刊载的《慎用舆论权威》一文，表达了他对侵犯当事人隐私的社会新闻报道的深恶痛绝：

> 我们时常看到报纸（不论第几流的报纸）上详细地载着少女私奔，或被人诱奸、强奸，寡妇偷情的新闻。姓名里居门牌，一些不肯遗漏隐藏。报贩们往往拿着满街叫喊，并且到当事人所居住的地方去叫喊。试问在吃人的旧礼教尚深入人心的现时代，一个意志薄弱的弱女子，受尽了社会亲族间的鄙视奚落，能不能安然生活下去！②

任白涛的论述昭示了新闻记者的权限不能随意僭越法律，有违法律而无端揭载他人隐私不仅不能为读者所欢迎，而且还是一种违背新闻道德的不良行为。任白涛认为这些足以威胁别人社会名誉和地位的报道无异于杀人的工具，在对受害者表示深切同情之时，也指出这种现象背后隐蔽着肮脏的利益关系。

（三）新闻报道不应违背社会公序良俗

在任白涛看来，报纸尽管肩负着向社会大众传播信息的重要使命，但报纸内容的呈现并不能以"牛羊何择"的态度对待，而是要经过一番选择性的取舍。其中一条重要原则即在于报纸内容不可有损社会公序良俗。任白涛的这种观点显然是基于一般社会道德的角度对报纸提出的要求。任白涛认为："卑猥、

---

① 任白涛.应用新闻学[M].上海：亚东图书馆，1937：37.
② 任白涛.综合新闻学[M].上海：上海书店，1991：102.

残忍或与人以大不快之感,及其他背乎善良风俗等事,皆无'新闻价值'。登载卑猥之事,各国法律大抵皆悬为例禁。残忍不快诸事,则新闻社当自加制裁。盖指导社会、化成民俗,乃新闻记者之天职,断不可取媚一二恶劣读者,以自贬其价值也。"①他进一步对我国报界违背善良风俗的现象提出指责:"我国报纸有以青楼亵事,充塞篇幅。甚至故造种种记事,以毁誉为敲诈欺骗之术。不惟足以助长恶浊之风俗,且令真有价值之记事,于无形中受其影响。而所谓法律者,对之亦不施何等之制裁,岂非咄咄怪事耶。"②任白涛的论述表现出他对当时我国报界一味追求"性""腥"的强烈不满。他认为新闻媒体不能为了追求利益而做出有损报格之事,报业要想成为一个令社会尊重的事业必须要坚守一定的道德底线。任白涛对报纸违背社会公俗问题的探讨,体现出他的报刊人文关怀思想和新闻道德底线思维。

(四)对违背新闻伦理行为应予制裁

任白涛痛惜新闻记者违背职业道德和社会公德的行为,他将新闻记者违背新闻伦理的行为称为"失节",并提出对于失节的新闻记者应当予以适当的处罚和制裁,其目的在于规范新闻记者的职业行为。对于新闻记者做出有违伦理道德行为的原因,任白涛认为有如下几点。

第一,新闻记者的俸给过于微薄。任白涛援引松本君平的一段话来加以论证:"做新闻记者而自犯其德义,是何缘故?是为面包呵!是为某种欲望呵!在如今的新闻记者里面,出身于专门学校的壮年很多,他们平素十分欣羡新闻记者的地位,一旦进新闻社而做记者,恰似中国人的科举及第一般,洋洋得意地好像真是登了龙门。虽然,其俸给的微薄,到底不能同公司银行职员比较,更比不上公家吏员或教师。于是乎为了面包,不得不在俸给以外取得何等的收入。尤其是当脱离学校的羁绊,开始成了自由之身,青年的欲望像火一般地燃烧起来的时候,因为宴饗或交游的机会多了,遂感到放荡的滋味;跟着这样的生活,益发地需要获得俸给以外的收入。这便是做了新闻记者而达到渐渐干犯德义的径路。比较别种职业多诱惑,并且多堕落的机会,这实在是记者的职分与公家吏员或银行、公司职员相异的地方。所以断定新闻记者堕落、不道德的主要原因,是在其俸给的微薄。"③任白涛对于松本君平的这种观点是相

---

① 任白涛.应用新闻学[M].上海:亚东图书馆,1937:37.
② 任白涛.应用新闻学[M].上海:亚东图书馆,1937:37.
③ 任白涛.综合新闻学[M].上海:上海书店,1991:104.

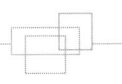

当认同的，他在后文中以自己亲身新闻经历加以论证说明。

第二，新闻记者个人修养的欠缺。任白涛认为待遇过低只是新闻记者"堕落、不道德"的一个方面的理由，另一方面还源于新闻记者个人意志的薄弱和学力的欠缺，尤其是缺乏纯正新闻学的修养。对此，任白涛引用1935年1月31日《记者座谈》上署名雅杰君的一段论述来加以说明："记者涉及风纪问题的最初起点，还在本身修养不足。一旦做了记者，就目空一切；其思想行动，亦因以去掉常态。如物质生活的享受，渐渐的提高，以有限的薪金去供无底的挥霍，怎会不涉及苟且行为？……真正的报人，他一定不忘记者真正的人格。他对自己道德上的修养，也正像涉及风纪问题的一样戒惧。"[①]

第三，来自外力的引诱。任白涛继续引用雅杰君的论述来说明新闻记者失节的另一个重要原因即在于抵挡不住"外力的引诱"。任白涛口中的这种"外力的引诱"主要来自社会权贵势力。意志力薄弱的记者为了追求一己私利而不惜为其吹嘘功绩、遮盖恶行，甚至攻评他人。外界的引诱确实是导致新闻记者自损人格的客观因素，这也从侧面反映出彼时新闻记者群体普遍缺乏基本的物质保障。任白涛固然赞同此种观点，但他的认识却更深一层。在他看来，相比于物质生活，新闻记者在学问上的提升显得更为迫切。他说："要之，'仓廪实而知礼节，衣食足而知荣辱'这两句老话，也是永远的真理；但'仓廪实'非现代新闻记者之所必需，'衣食足'实为不可缺少的条件。不过就中国新闻记者的现状说，企图学问上的补充，或许比谋衣食更重要些；因为记者文化水平提高之后，新闻事业自然会发达起来，那么，记者生活不提自高。"[②]任白涛的这种观点肯定了新闻记者在新闻事业发展过程中的主体性作用，其对于塑造良性职业环境具有重要的建设意义。

通过上述分析可知，任白涛从主客观两个方面剖析了新闻记者违背新闻伦理的原因。他既看到了新闻记者经济基础的薄弱，又批评了新闻记者个人新闻学修养的不足，还揭示了社会政治环境对新闻记者的引诱。任白涛关于新闻记者失节原因的分析应当说是比较客观而全面的。也由此，他进一步对改善新闻记者失节现象做出回应。在他看来，要想改变我国新闻记者失节现状，可以从如下两个方面着手。

其一，促进报业发达是减少记者失节行为的关键。任白涛指出新闻记者的报酬微薄，与报业的不发达有着互为因果的关系。任白涛认为致使报业不

---

① 任白涛.综合新闻学[M].上海：上海书店，1991：107.
② 任白涛.综合新闻学[M].上海：上海书店，1991：109.

发达的原因有很多,"决非片言支语所能尽",但最主要的原因是"少数学者志士所组织。想把学术理想、志愿抱负,都在报纸上面发挥;然因陈义过高,反与一般社会心理,格格而不相入"①。任白涛看出了社会上的许多报纸"显然是把与社会相入的事情忽略了",然而"想谋维持或发展一社的经济,便须设法同社会相入",否则报纸的寿命是断然不会长久的。他将造成这种现象的原因统一归结为"办报的人,没有新闻学识,即虽有办报的志愿而没有办报的本领"②。因此,这也就导致了这样一种新闻现象:报纸的编辑、采访、经营、印刷等各项事业均不得法,都是持瞎摸的方针。报纸内容既与一般社会不"相入",同时又与新闻学不"相入"。呈现在纸面上的新闻则是政治新闻多,而社会新闻少;外来新闻多,而自行采集的新闻少。这种结果更进一步导致了报纸内容不为读者所欢迎,报纸发行量减少,广告收入微乎其微。

因此,任白涛指出"衣食足"是新闻记者最基本的物质保障,而这一切的得来在根本上需要新闻事业自身的发展进步。任白涛所说的报纸要与社会"相入",实质上是希望通过提高新闻记者的业务水平来实现报纸的根本改革。任白涛试图从新闻行业自身发展规律入手,寻求将新闻事业引入正规的治病良方。因此,他总结道:"在报人生活既是这样地没有保障、不固定,报人们的目的既是这样地'高大',报人们的专门知识又是这样地低下的时候,是谈不上新闻事业道德的。"③如此看来,任白涛以新闻学者的立场,对通过新闻理论的探讨来促进新闻工作的职业化、正规化是拥有莫大热情的,其用心是良苦的。

其二,对于失节的新闻记者当予以制裁。对于我国新闻事业的不发达和新闻记者失节现象的认识,任白涛的视野是开阔和远大的,他充分考虑到了制约我国新闻事业职业化和规范化的各种主客观因素。在任白涛看来,我国"新闻记者的失节,乃是整个的新闻界的问题,不是少数记者的问题。而在另一方面,新闻记者的不肯刻苦自励,不知自己振拔,也是问题中的一个要点;——当然另外还有政治、社会各方面的能够妨碍或阻止新闻业的发达的诸种事情。所以本身已经得到相当优厚的报酬而仍卖其节操的记者,也是有的;因为卖节操的代价,总比其原有的报酬多得多。所以我们与希望报纸的根本改革的同时,还不能不想出制裁失节的方法"④。

---

① 任白涛.综合新闻学[M].上海:上海书店,1991:109.
② 任白涛.综合新闻学[M].上海:上海书店,1991:110.
③ 任白涛.综合新闻学[M].上海:上海书店,1991:112.
④ 任白涛.综合新闻学[M].上海:上海书店,1991:114.

对于制裁新闻记者的方法,任白涛提出如下四种:第一是国家的制裁;第二是社会的制裁;第三是新闻社或全新闻界的制裁;第四是记者个人的制裁。任白涛的本意乃是新闻界本不应该受到诸种制裁,但就目前中国新闻界而言,这种制裁又是一种必需的"规范手段"。所谓国家的制裁,是指报纸应接受国家所定法律的制裁和规约。任白涛认为报纸受到法律的严酷制裁是新闻界的极大耻辱,但在我国报纸没有彻底改善之前,这种耻辱又是难免的。而若想免除这种国家制裁,任白涛认为"必须设法提高报纸的地位、增长报纸的声价;而欲达此目的,非从兴办新闻教育着手,而渐渐使报纸归专家管理不可"[①]。任白涛的这种"专家思维"再一次体现了他对新闻事业的职业化诉求。所谓社会的制裁,任白涛指出"这是一种没有公布条文的无形的法律"[②]。任白涛认为这种来自社会力量的"无形的法律"主要有三种形式:第一条是不看;第二条是不登广告;第三条是罢邮。这实际上指的是社会民众及其团体对不良报纸和报人施加的制裁与抵制。所谓新闻社或全新闻界的制裁,则是指如美国新闻界制定并通行的那种新闻职业道德规律。在任白涛看来,我国新闻界的记者们近年来也逐渐开始讨论"新闻界的风纪问题",他期望我国新闻界能像美国新闻界那样开展新闻伦理运动,并创建起为新闻界所共同遵守的行业道德规范。关于第四种制裁,任白涛认为这是新闻记者在"礼""义""廉"的道德高标之下,受到自我良心和职业操守的节制。可见,任白涛是从政治、经济、社会以及新闻事业主体角度对新闻道德进行讨论,他提出的新闻记者制裁方法具有一定程度的合理性和现实性。

(五)社会应对新闻记者予以尊重

在当今社会环境下,新闻工作者是一个受社会所尊重的群体。"无冕之帝王"的种种习惯称谓,也反映出新闻事业及其从业人员社会地位的崇高。但在我国新闻事业发展的早期,社会大众对新闻记者及新闻事业的态度并不像这般美好,大众常认为新闻事业乃是落拓文人才从事的工作。任白涛从自身所处立场出发,呼吁社会应当重视并尊重新闻记者的地位和作用。

1. 认识新闻记者的社会责任

在新闻事业出现后的相当长时间内,新闻工作并不被视为一个高尚的职业。戈公振在《中国报学史》中论述新闻记者地位时称"记者之职业,誉之者至

---

① 任白涛.综合新闻学[M].上海:上海书店,1991:114.
② 任白涛.综合新闻学[M].上海:上海书店,1991:115.

谓为无冕之王,而在昔则不敢以此自鸣于世也",原因在于"当时社会所谓优秀分子,大都醉心科举,无人肯从事于新闻事业,惟落拓文人、疏狂学子,或借此以发抒其抑郁无聊之意思"①。由此可知,新闻事业在当时不仅未得到知识分子的青睐,更未获得一般民众的认可与尊重。另据姚公鹤在《上海闲话》一书中记载,当年左宗棠在给友人的书信中曾有"新闻记者为江浙无赖文人之末路"②之语,而当时舆论却并不觉得左宗棠这种贬斥新闻记者的话有什么不合适。由此可见,在中国新闻事业最先发展的一段时期内,无论是政府官员、绅商学子抑或平头百姓都没有给予它足够的职业尊重,对报纸工作者的负面看法更是一种普遍性的存在。

在任白涛看来,国人轻视新闻记者职业的一个重要原因在于他们不了解新闻记者肩负的社会责任。任白涛认为新闻事业作为社会公共机关、新闻记者作为社会之公人,肩负着监督政府、指导社会的重要职责。他常以拿破仑的"记者一支笔,胜于三千毛瑟"的话来形容新闻记者作用的伟大,在许多文献中都能见到他对新闻记者社会地位与作用的特别强调。他指出:"新闻记者更有一最要之自觉,则社会之第三者是也。彼但将应有之事实观察之、记载之、批评之。彼之眼中,不许有敌我之区别。彼之心底,不许怀某种之成见。不问如何之时际、场所,其地位、态度常为超越的、独立的、客观的。质言之,新闻记者实为冷静慎重之社会检察官,提出案件之材料于社会,是则其唯一之任务耳。"③从"超越的""独立的""客观的""冷静慎重之社会检察官"等语词中,我们可以看出任白涛对新闻记者正面职业形象的着意塑造。然而,任白涛也清楚地认识到,这种从学理上对新闻记者地位的建构与形塑并不能从根本上解决问题;若想改变社会大众对新闻记者的刻板印象,还需新闻记者从自身做起。这或许在某种意义上,解释了当时中国新闻界为何对如黄远生、邵飘萍、戈公振、张季鸾等名主笔、名记者的极端推崇。不可否认,当时的新闻人有希望借助"名报人"来塑造正面职业形象的心态。针对此种现象,有学者认为尽管当时还没有出现大规模的现代社会分工,但是对主笔的介绍和推崇,意味着新闻职业观念已经开始孕育。④ 任白涛在新闻学著述中对新闻记者社会责任的阐述,其意图正是在于期望民众能够通过认识进而走向重视。

---

① 戈公振.中国报学史[M].北京:生活·读书·新知三联书店,1955:101.
② 姚公鹤.上海闲话[M].上海:商务印书馆,1933:143.
③ 任白涛.应用新闻学[M].上海:亚东图书馆,1937:11.
④ 涂凌波.现代中国新闻观念的兴起[M].北京:中国传媒大学出版社,2016:194.

2. 保障新闻记者的人格独立

新闻事业的健康有序发展,有赖于新闻记者群体的共同努力。如果新闻记者的个人权益能够得到切实保障,这必然有利于新闻事业的良性发展。然而在当时的中国社会,新闻记者地位和待遇的低下已经成为有目共睹的事实。譬如黄天鹏在回忆自身新闻记者经历时说:"记者的笔完全屈服在馆主淫威下,受着他不合理的指挥,精神上已失却了记者的尊严,差不多成了资本家的机器式的干着。譬如有一条新闻是同情于劳工方面的,和资方有些不利,这种新闻便没有记载的自由。评论也是如此,仰着资本家的鼻息,惟有馆主的马首是瞻,记者到这样已是堕落一半了。"①黄天鹏的自述反映了当时的中国新闻事业逐渐走向了这样一种现实,即在资本主义经济的裹挟下,资本家以经营商业的眼光来办报纸,新闻记者便变成了一种精神与身体上的劳工,与工人阶级处于同等的位置。

从黄天鹏的表述来看,随着新闻事业的资本化,新闻记者的人格与地位却依旧得不到保障。由此可见,新闻记者的实际社会地位与想象中还有很大距离,"无冕之帝王""社会之师表"等称谓很大程度上是缘于新闻学者和新闻业者的自我标榜与自我想象。任白涛对此有深刻的认识,他从学理上指出新闻社应当保证新闻记者的人格独立,并使其在经济上尽可能地取得自由。对于新闻社主与记者之关系,他曾有过一番十分中綮的阐述:

> 新闻社主与社员之关系,与商店之于雇佣人迥乎不同,而对于从事编撰之记者尤然。譬诸学校教师,固属以金钱聘定者,若谓校长与教师有雇主与庸人之关系,愚夫亦必笑其谬。盖就形式上言,虽为主雇与被雇,而因其职务之性质,二者之关系,确有不可以概论者。新闻记者即恰如学校之教师,决非社主之佣人。除受相当俸给外,其地位、资格及人格的权威于社主之间,无些微之高下。有时其地位比较社主尚觉尊贵者,以社主只为一社之主宰,而未必能亲执记者之业务故也。要之,记者服务于新闻社,须有巩固之保障。②

3. 尤其应尊重"女记者"

在民国时期,任白涛应当说是对"女记者"群体进行系统研究的第一人。

---

① 黄天鹏.新闻讲话[M]//新闻学演讲集.上海:现代书局,1931:193.
② 任白涛.应用新闻学[M].上海:亚东图书馆,1937:11-12.

在《应用新闻学》中,他就专门辟有"女记者"一节,探讨女记者群体与新闻事业的关系等问题。在《综合新闻学》中,他更是将对女记者的研究体量由一节而扩充为一章。在该书中,任白涛从女记者职业身份与形象建构的角度出发,对"女记者的起源及欧美的女记者""中国的女记者"以及"明日的女记者"等问题做出了细致的探讨。

任白涛对"女记者"问题的特别关注,一方面是源于他对当时女性卑微社会地位的不满。在中国传统社会,女性的社会地位长期处于男性之下,残酷的封建伦理纲常对女性形成了严密的封锁与桎梏。无论是在家庭地位、经济地位还是社会地位上,女性都几乎沦为男性的附庸。任白涛对中国社会歧视女性的现象大为不满,这也成为他为女记者发声的一个重要出发点。另一方面是源于他对女性职业身份的认同和尊重。晚清以来,许多知识女性挣脱传统家庭的束缚,开始走向社会。五四运动、新文化运动的勃兴,进一步推动了妇女思想解放运动,一部分进步女性开始选择新兴的报刊业作为自己的出路。新文化运动以后,"职业女性"这一新的社会角色已经获得其话语和制度层面的合法性。① 在任白涛自日本归国后的几年中,他曾是《妇女杂志》《现代妇女》《教育杂志》《东方杂志》《绸缪月刊》等刊物的重要撰稿人,发表一些关于女性问题的论说文章。② 在此期间,任白涛与女性同业者及读者的接触,使得他对女性在社会职场中的地位和作用有了更为深刻的认识。再者,任白涛对"女记者"问题的尤为关注还与他的妻子邓涧云女士有关。前文介绍过邓涧云曾是一名新闻记者,爱屋及乌,任白涛对新闻事业中的职业女性特别关注更在情理之中。1935年,邓涧云曾在《读书生活》杂志上发表了《女记者》一文,讲述了自己在新闻界的惨痛经历,她在文末曾痛心地说道:"我踏进两次的新闻界,时间虽然极其短促,可是使我受到重大的创伤。难道中国新闻界就是我所见的这样吗?或许是我一时倒了霉,才遇到这样的报棍吧?"③后来任白涛将此文载入《综合新闻学》之中,也算是他对国内"女记者"群体从业现状的一种声

---

① 冯剑侠."无冕皇后"还是"交际花":民国女记者的媒介形象与自我认同[M]//谭琳.历史书写中的女性话语建构:中国妇女/性别史研究集萃.北京:中国书籍出版社,2017:463.

② 例如,《女子教育之科学的根据(未完)》(上海《妇女杂志》,1924年第10卷第7期)、《女子教育之科学的根据(续)》(上海《妇女杂志》,1924年第10卷第8期)、《妇女之道德》(《民铎杂志》,1924年第5卷第2期)、《妇女与家庭:衣服研究》(《绸缪月刊》,1935年第1卷第9期)、《妇女与家庭:家庭科学讲话》(《绸缪月刊》,1935年第1卷第9期)等。

③ 邓涧云.女记者[J].读书生活,1935(2):72.

援,文中所述及的女记者还有郑毓秀、李小可、蒋逸霄、王雪莹等人。

伴随女权思想的传播,时人认为新闻记者是适宜中国女性从事的职业之一。任白涛则明确指出女记者是适应新闻事业发展规律而必然要出现的,为社会所需要。因此,社会大众要对女记者的职业身份给予充分的认同和尊重。在《三版的话》中,任白涛从词源学的角度辨析"女记者"一词存在的不合理:"就根本上说,'女记者'这个名词是没有意味的、不通的;但因为现代是男性本位之世界,一切皆属于男性,偶有与男性本位相反的事件发生,便要在它的上头加个'女'字做冠词——如'女学生''女议员''女士'之类。我这回本想把'女记者'这个陈腐的语句删掉,但后来又想着在这个男性本位的社会没有彻底改造之前,也有让它暂时存在的必要。"①接着,任白涛又从新闻记者的职业角度对女记者的业务能力和优势进行探讨。他认为相比于男记者,女记者在新闻采写的某些方面有超出前者之处,"如关于文学、美术等类文字之述作,乃至家庭、婚姻等类事项之探索,男记者往往不若女记者成绩之优良。因女记者之笔致多纤丽、观察多明细、应接多亲和故也。此现代新闻界女记者之所由日趋发达也"②。因此,任白涛反对以"社花""社后""报花""报后"等带有贬义色彩的头衔来形容女记者,认为社会不应用异样的眼光来看待女记者,她们在本质上与男记者同处于传播主体的地位。这反映了任白涛男女平权的思想。

不仅如此,任白涛还鼓励中国女性要勇于走入报界,他在《综合新闻学》中有如是恳切之语:

> 随着一般妇女读者的自觉和向上,益发需要真的理解女性的记载和论评。所以在今后,做编辑干部的政治、经济、翻译等部,必定要有女性报人进进出出;这并且不限于采访,即在编辑整理上,也必然会有女性报人参加的。更申言之,女性在现今,既能够做到飞行家,能够参加任何繁剧的事务,那末做女性报人,不但丝毫不成问题,而且其活动范围,早已超出家庭范围以外。③

在"男女平等"性别观念尚未完全建立的民国职场,女性报人要想完全获得社会普遍认可注定要经过很长一段路程。任白涛从学理上对女性报人职业

---

① 任白涛.三版的话[M]//应用新闻学.上海:亚东图书馆,1937:1-2.
② 任白涛.应用新闻学[M].上海:亚东图书馆,1937:16.
③ 任白涛.综合新闻学[M].上海:上海书店,1991:522.

身份的考察，对于改变传统观念对女性性别角色的刻板期待，破除"女记者"群体的职业认同困境都不失为一次有益的探索。

四、任白涛的新闻舆论思想

任白涛的新闻舆论思想主要表现在对报纸与舆论、公众与舆论以及舆论与政治之间关系问题的探讨和认识。任白涛认为新闻事业扮演着社会公共机关的角色，肯定了报纸在舆论形成过程中的重要作用，同时更指出舆论的真正力量来源于公众而非报纸。任白涛新闻舆论思想的特征在于他将对舆论的考察放入国家政治制度的建设当中，体现了公众的主人翁地位。

（一）新闻事业是社会公共机关

在经历了三次报刊大众化浪潮的西方新闻界，人们开始对无限制的新闻自由产生了警惕，一种"社会责任论"甚嚣尘上。新闻事业的社会地位逐渐从"无冕之帝王"走向"社会之师表"。目睹第一次世界大战和西方大规模经济危机，中国先知先觉的新闻人逐渐认识到新闻事业应当承担起社会责任。而这一切论断，都源于报纸强大的社会影响力。对此，任白涛有过一段颇有意味的描述："报纸者，近世文明产出之原动力也。报纸之发达与世界文明之发达，为正比例。但就一国家而论，内治无报纸为前导，则修明无望，外交无报纸为后盾，则优胜难期。故报纸威力之雄伟堂皇，殆有非专制君主之压力、万灵宗教之神力，以及披靡金汤之炮火、网维乾坤之电气，所可相提并论者矣。"[1]

鉴于报纸具有如此巨大的影响力，任白涛指出新闻事业应当是社会的公共机关和公众利益的代言人。在任白涛看来，新闻事业尽管也有营利性质的一面，但新闻事业与普通营业显然不同："彼营利的或名誉的事业，只计及少数人之利害荣辱，而新闻事业则以大多数人之利害荣辱为标准。"因此，他主张新闻事业当"透明无色，态度则公平不偏"，如此才是"经营新闻事业者当守之要则"，而"报纸之权威信用，皆视尊重此要则之程度为差等。换言之，尊重公共特质之报纸，其声价自益高大，若个人或一部分人的色彩浓厚，不惟其事业难得健实的发展，且为社会所嫌弃"[2]。

重视新闻事业的公共性，应当说是当时中国新闻界的普遍共识。譬如，邵

---

[1] 任白涛.应用新闻学[M].上海：亚东图书馆，1937：2.
[2] 任白涛.应用新闻学[M].上海：亚东图书馆，1937：5.

飘萍在讨论新闻事业的特质时,就曾明确指出"欲判断新闻纸的价值之有无、大小,即以是否适合乎社会公共机关之特质为第一必要条件"[①]。黄天鹏还提出过新闻事业的"五种性质"说,即公共性、舆论性、教育性、艺术性和一般性。他认为在这五种性质当中,公共性是其余四种性质的出发点,他认为:"新闻纸主要之目的,在宣布新闻于公众,新闻以事业为依归,而不容私见作用于其间。从事新闻事业者首应认识其公共之特性,新闻纸乃社会公共之机关,与营业牟利者异其旨趣。"[②]任白涛主张新闻事业应为社会公共机关,这是其新闻舆论思想的一个前提,因为社会公共机关所聚焦的往往是民众普遍关心的议题。新闻事业的出发点与落脚点在于为公众谋取利益,新闻事业在追求经济效益的同时还应当考虑社会效益。

(二)"公众是报纸永久的主人"

公众的概念最早来源于西方世界。公众可以是个人,也可以是一个群体,但只有个人和群体的集合才能称为公众。公众通常是指与特定的组织机构或个人相联系的,所处地位相似或相同的,具有共同目的、共同利益、共同问题、共同兴趣、共同意识或文化心理等"合群意识"的人群的总称。[③] 在新闻理念方面,西方新闻学提出所谓"服务公众"理念,进而指出媒体的社会责任问题。当这种西方新闻学思想流传至中国,新闻学界对公众问题的探讨成为重要议题。

任白涛对公众概念具有自己的一定认识,他认为报刊读者是公众的重要构成部分。任白涛指出:"在目前的报纸上,则不问现实问题的内容如何,同质的公众是会成立的;因为它的读者大部分是主观的关心群,其中仅有若干无意识的关心群而已。不注意到被隐蔽的主观的倾向而购读它的理智的报道关心群,也是在不知不觉之间会随着无意识的关心群而为它的报格所诱导的。在营业报纸,是会由现实的问题的内容而使一团同质的公众或异质的公众成立的。"[④]

基于此种认识,任白涛进而明确提出"公众是报纸永久的主人"的观点。

---

① 邵飘萍.新闻学总论[M].北京:京报馆,1924:7.
② 黄天鹏.中国新闻事业[M].上海:联合书店,1930:1.
③ 李亚子,乔雅洁.现代公共关系学理论与实践[M].西安:西安电子科技大学出版社,2014:73.
④ 任白涛.综合新闻学[M].上海:上海书店,1991:231.

在任白涛看来,"真正的报纸,就是不歪曲事实而以读者为本位的报纸"①。任白涛从报纸经营生存角度出发,一针见血地指出公众才是报纸最终的衣食父母,没有读者的报纸是最可怜悯的报纸;同时他也指出,无论报纸具有怎样巨大的资本作为后盾,如果抓不住读者,最终也是难逃没落的命运。任白涛以西方资本主义国家报纸为例,对其中原理加以进一步的解释说明。他指出美国报纸的营业收入主要来源于广告,因此报纸销量的高低将直接决定其广告收入的多少,而报纸的销量又取决于报纸是否为读者所欢迎。故而,如《世界报》这等的美国报纸无一不重视读者。在任白涛看来,美国纽约《世界报》的创办者普利策(J. Pulitzer)就是以此方针来经营报纸的,也因此才铸就了普利策"世界报王"的地位。任白涛关于"公众是报纸永久的主人"的观点实际上是对普利策报业经营理念的一种认同和总结。

从对报纸生存本质的剖析,任白涛进而指出:"于是,关于报纸本质的一个理论成立。即报纸从表面上看来,虽然似乎是属于甲资本家、乙财团、丙公司的所有,但其实际的所有主,乃是读者。"②在任白涛这里,他认为公众对报纸实际上操持着生杀予夺的权力,报纸在最后是归属于公众的。任白涛的这种观点在一定意义上来说是有其道理的,却过分地强调了公众的地位和作用。依循此种思路,任白涛主张新闻业者应当"尊重做报纸真正主人的读者的意志而制作报纸,这比诸尊重仅是报纸名义上的主人的意志而制作报纸,是超出多少倍数的合理的",同时盛赞和称颂像普利策那样的"真真聪明的报业经营者,知道以公众为主人而制作报纸乃是报纸的使命,并且是自己的利益,只有那些不聪明的报社主人,光会发挥私人的权力"③。从上述的讨论可知,任白涛一方面提出以报纸为代表的新闻事业是"社会公器",另一方面也强调了公众是新闻事业的主人,新闻事业本质上是为公众服务的。新闻事业作为媒介是对公众意见的反映、引导,而这种意见则有发展成为舆论的可能。

(三)舆论形成源于公众而非政府

舆论的形成表面上看是由于新闻媒介的作用,实质上则来源于社会多数公众的意志。当然不可否认的是,以报刊为代表的新闻媒介对舆论具有代表、引导、组织的重要功能。任白涛也曾明确指出报纸的地位本质上是一个舆论

---

① 任白涛.综合新闻学[M].上海:上海书店,1991:122.
② 任白涛.综合新闻学[M].上海:上海书店,1991:124.
③ 任白涛.综合新闻学[M].上海:上海书店,1991:125.

机关,具有舆论领袖的作用。在20世纪20年代的中国新闻界,几乎所有报纸都与政党有瓜葛,许多政党纷纷创办或者扶植报纸以作为本党宣传机关。但任白涛认为:"旧式的政党机关报,只算是一部分人的喉舌,不能代表一般大众;因之不能得到多数的读者。就是它们的编辑方针缺乏公正性,它们的报人不能严守新闻道德;换言之,它们没有报格。"[1]他甚至做出机关报并非真正意义上报纸的论断:"说广告不是新闻,恐怕无人会有异议;但更进一步而说机关报不算是报,想必会有强烈的反对论。但是政党的机关报、商店的机关报、政府发行的官报(除苏联)等类,无论怎样具备报纸的体裁,它的本质,也与纯粹的报纸不同。"[2]因此,经这种只为一党利益考虑的政党报纸或政治色彩浓厚的报纸制造的社会意见并不是真正的舆论,真正舆论的形成需要社会大众的公意。

任白涛实际上并非一味否定政党机关报在舆论形成过程中的作用,而是反对隐匿其后少数私人利益。任白涛对于政党机关报的指摘,并非针对报纸本身而是指向报纸背后的政治势力或资本势力。因此,他对政党机关报的看法其实是二元的:政党机关报并非不可引导舆论,但需要它能基于公众立场传递正确事实这一基本前提条件。在这里,任白涛借用蒲徕斯(J.Bryce)的观点来加以解释:"报纸如果尽其所能但求事实的真确,而让各种主张都有平等的发表机会,是非曲直一任公众的判断;那末,报纸真是政治上一种极纯洁的珍宝了。其唯一的能事,就是表现健全的清醒的舆论。"[3]所以任白涛主张政党机关报不可颠倒事实,肆意污蔑反对者,而要秉持一种公平的诚意。

为了解释这种观点,任白涛特别以苏联的政府机关报来加以说明。任白涛认为政党机关报的存在自然有其合理性,西方许多报纸更是毫不遮掩地宣示它的党派色彩;但政党机关报在宣传本党政见的同时,也应当给予反对党和社会民众自由发表意见的机会,政党机关报最终的目的在于"有造于人民"。在任白涛看来,现代的任何民治国家都没有将报纸"收归国有"的资格和能力,但苏联是个例外。任白涛基于对苏联社会制度的认识,认为"在现今实行报纸国有,正在收着空前的成效的,谁都知道是苏联。这是那报纸国有的主唱者和实行者原是这世界上最伟大的报人的缘故。就是说苏联的报业统制,实际上仍等于报人的自己统制。完全立脚在正义或公道的基础上,不但不算侵犯言

---

[1] 任白涛.综合新闻学[M].上海:上海书店,1991:121.
[2] 任白涛.综合新闻学[M].上海:上海书店,1991:118-119.
[3] 任白涛.综合新闻学[M].上海:上海书店,1991:128.

论自由,而且不算违反新闻道德"①,而苏联的这种"政府公报"之所以能深入人民,并取得巨额销量,是因为苏联报纸"万不像别国的政府公报那样,只登载些'官样文章'而为少数官僚阶级的读物者,它的机括——即妙用——全在这一点。即前者实际上固然是政府的公报,而就其性质上说,实系大众的公报。此理至为明显:就是它的政府是大众的政府"②。由此可见,苏联的政党报纸或曰政府公报之所以能在世界范围内取得巨大成功,是因为其报纸"实系大众的报纸",其政府"是大众的政府"。依据任白涛的论断可见,公众是舆论形成和发展的主体而非政府,不管是政党报纸还是民间报纸都只是对社会公众意见的反映。

(四)健全舆论是造成"民本政治"的基础

进入20世纪以后,国人渐渐对舆论问题展开了思考和讨论。其中舆论与政治间的关系问题成为当时许多报人所关注的一个热点议题。梁启超在《读十月初三日上谕感言》一文中表达了舆论对政治的强大影响能力,他说:"自今以往,吾民所宜自觉者,有一事焉,则舆论之势力是已。凡政治必借舆论之拥护而始能存立。岂惟立宪政体,即专制政体亦有然。所异者,则专制政体之舆论,为消极的服从;立宪政体之舆论,为积极的发动而已。盖自古未有舆论不为积极的发动,而能进其国于立宪者。"③可见,在梁启超看来,无论是立宪政体还是专制政体都不能不重视舆论,也即他所言的"凡政治必借舆论之拥护而始能存立"的舆论观。此后,梁启超在《敬告我同业诸君》一文中进而指出"今日吾国政治之或进化,或堕落,其功罪不可不专属诸报馆",同时他更认为"报馆者非政府之臣属,而与政府立于平等之地位者也。不宁唯是,政府受国民之委托,是国民之雇佣也,而报馆则代表国民发公意以为公言者也"④。梁启超以政治家的敏感指出舆论对政治的强大的影响作用。在他看来,舆论在促进我国民主政治的进程中扮演着重要角色。

关于舆论与政治的关系问题,任白涛的观点是:健全舆论是造成"民本政

---

① 任白涛.综合新闻学[M].上海:上海书店,1991:138.
② 任白涛.综合新闻学[M].上海:上海书店,1991:139.
③ 梁启超.读十月初三日上谕感言[M]//张枬,王忍之.辛亥革命前十年时间时论选集:第3卷.北京:生活·读书·新知三联书店,1977:669.
④ 梁启超.敬告我同业诸君[M]//复旦大学新闻系新闻史教研室.中国新闻史文集.上海:上海人民出版社,1987:55-56.

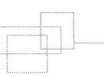

治"的基础。在任白涛的政治理念中,他认为"民本政治"要优于官僚政治,其原因在于前者不以少数私人来决定国家大事,而是以公众舆论来决定。因此,任白涛主张:"健全舆论之造成,民治国人民之责任也。以舆论而行国家之政治,民治国人民之权利也。苟无报纸为之提示、倡导,则焉能造成健全之舆论,又何由得预国家之政治。故民治国家之报纸,实造成舆论之冶金炉,而运用政治之推进机也。"[1]从任白涛的论述可知,他主张民主国家的公民具有参与国家政治的权利,而这种参政方式则是以舆论的形式来实现的。与此同时,任白涛还指出健全的舆论需要由正直的报纸来营造和维系,故"欲得真正优秀之民本政治,必先求真正优秀之报纸"[2]。任白涛对于舆论与政治关系问题的探讨与梁启超存在异曲同工之处,即他们都认为舆论在民主政治形成中具有举足轻重的地位和作用。与此同时,无论是梁启超这样的政治家,还是任白涛这样的新闻学家,他们在新闻舆论与民主政治的关系问题的探究上都受到了西方自由民主政治思潮的影响。

第三节 任白涛新闻思想的主要特征

任白涛从事新闻学研究的时期,国内尚无国人撰写的新闻学著作问世。尽管那时日本新闻学者松本君平的《新闻学》和美国新闻学者休曼的《实用新闻学》已经有了中译本,但任白涛自述并未对这两本书有所涉猎。故而他东渡日本,进行新闻学的系统修习和研究。中国的新闻学可以说是在西方新闻学的影响下产生的。如任白涛这样的中国早期新闻学者大多具有留学海外的经历,他们把西方新闻学理念带回国内,并尝试新闻学理论的本土化。任白涛吸收过较为全面的西方新闻学术营养,并从中国新闻事业具体情况出发提出了一些富有个性的认识与思考,形成了任白涛新闻思想的显著特征。

一、中外结合,以本土化为追求

新闻学研究发端于新闻事业发展较早的西方世界,后起的东亚各国逐渐

---

[1] 任白涛.应用新闻学[M].上海:亚东图书馆,1937:2.
[2] 任白涛.应用新闻学[M].上海:亚东图书馆,1937:2.

开始对西方新闻学加以引进和借鉴。任白涛的新闻思想观念同样受到西方新闻学的深刻影响,但任白涛对西方新闻学并不是直接移植,而是将其与中国实际情况相结合,力图实现新闻学的本土化。以《应用新闻学》一书为例,从任白涛对中外新闻界的论述频次上,可以发现任白涛在追求新闻学本土化上所做出的努力。

据笔者统计,在《应用新闻学》(1922年初版)的正文(不含"附编"和"余录")中,关于欧美新闻界的论述情况,"美国"出现36次、"英国"出现8次、"欧美"出现29次、"英美"出现13次、"日美"出现2次、"英德法"出现1次、"英美日"出现1次,以此数相加共计90次。日本新闻界的提及情况为,"日本"出现43次、"日美"出现2次、"英美日"1次,以此数相加共计46次。再看中国新闻界,"我国"出现50次、"吾国"出现4次、"中国"出现1次、"我新闻界"出现2次、"我报界"出现1次,共计58次。自然,"我国""吾国""我新闻界""我报界"都是同义词,皆指中国新闻界。由此可见,任白涛在对西方新闻学或新闻思想的引介过程中,显然也对中国新闻学有所观照,试图做到中外结合,最终目的是为促进我国新闻学和新闻事业的发展繁荣。任白涛在阐释西方新闻学或日本新闻学时,常常将它们与我国新闻学比而观之,并以此评价我国新闻学的优劣。任白涛的这种新闻思想对于促进我国新闻学的发展进步具有重要的意义。

以西方新闻专业主义为例,任白涛期望能将新闻专业主义理念运用到我国新闻事业当中,以使我国新闻事业走入职业化发展正轨,这种思想集中体现于他对新闻事业运营方法和新闻记者职业规范与道德的要求上。任白涛在对西方新闻专业主义的本土化移植,并非采取无条件照搬的态度,而是将其与中华几千年的传统伦理道德观念相结合。任白涛曾不止一次地指出新闻记者在进行新闻实践活动之时,不仅要遵守新闻职业规范,更应当恪守自己的"良心""良知"。这与梁启超所说的"真诚""直道""公心""节制"[1]舆论观有相通之处。因此,新闻道德和伦理构成了新闻专业主义的灵魂,但不完全等同于新闻专业主义,因为新闻专业主义主要是指符合道德的职业行为和境界。新闻专业主义的最高理想是传播真相或真理,维护公民权益和社会利益,在新闻操守中贯彻新闻的职业规范。[2] 任白涛的新闻伦理思想的内涵从某种程度上来说,与西方的这种新闻专业主义精神存在着契合之处。但任白涛的新闻伦理

---

[1] 梁启超.叙例[J].国风报,1910(1):1-15.
[2] 刘建明.新闻学概论:第2版[M].北京:中国传媒大学出版社,2017:154.

思想相比西方新闻专业主义,更具有中国传统儒家文化的精神气质。

归根结底,任白涛对西方新闻专业主义理念的引介是为了将其进行本土化移植,以期为我所用。他的新闻思想中透露出十分明显的对我国新闻事业的无限关怀与热忱。

中国近代化的报业不仅发端较晚,且发展速度较迟缓。我国近代报业的幼稚落后状态在当时绝大多数报人与学者眼中几近于共识。汪英宾在《中国报业应有之觉悟》一文中沉痛指出:"其实今日中国报业犹属幼稚之时期……尝与国人相谈发展报业之问题,则十有九犹未解新闻为何物。"[1]潘公展在《新闻概说》一文中也说:"虽则可以说中国新闻事业,还在幼稚时代,但觉得难以为情。"[2]做了12年新闻记者的张静庐更是坦陈自己如果按照"'新闻记者的条件'论,那么简直可以说是够不上资格"[3]。与这些报人与学者相似,任白涛也看出中国新闻事业的种种弊端与不健全。从总体上来看,任白涛对中国新闻界是持一种失望的态度。然而,尽管任白涛对当时中国新闻界不甚满意,但他的那种心情是恨铁不成钢,而非心灰意冷。因此,他对中国新闻界并没有完全否定,更未丧失信心。在他看来,我国新闻界并非一无是处,在失望之余,仍有令人惊喜之处。对我国新闻界出现的某些向好趋势,任白涛在文中都多有提及。

新闻专业主义是现代新闻人追求的新闻理想,是实现新闻独立和自由的重要思想意识。民国初年,中国新闻事业第一批新闻专业主义的理论家和实践家已经萌芽并出现了。他们坚守新闻专业主义理念,不委身于任何政治党派,客观开展新闻创作,秉承"铁肩担道义,辣手著文章"的精神,努力实现新闻自由。任白涛对中国问题的关注,反映了早期新闻学人们已经开始在新闻学研究中尝试新闻学理论的本土化。

二、以吸纳为起点,以立足体系创建为目标

既如前述,中国新闻学是在西方新闻学的影响下而产生的。因此,国人新

---

[1] 汪英宾.中国报业应有之觉悟[M]//黄天鹏.新闻学论文集.上海:光华书局,1930:30-31.

[2] 潘公展.新闻概说[M]//黄天鹏.新闻学名论集.上海:上海联合书店,1929:6.

[3] 张静庐.序[M]//中国的新闻记者.上海:光华书局,1928:3.此处的"新闻记者的条件"为张静庐在书中的相关界定及解释。

闻学术研究活动不可避免地带有西方新闻思想的影响痕迹。事实上，西方新闻学或曰西方新闻思想对我国新闻学和新闻事业的影响可以追溯至19世纪初期。1833年，《东西洋考每月统纪传》在广州创刊，这是中国境内出版的第一份近代中文报刊。鸦片战争以后，来华的外国传教士、商人以及其他各界人士，在中国的许多通商口岸积极从事办报宣传活动，兴办了一批近代中文报刊。尽管这些办报活动某种程度上是一种带有殖民主义性质的文化侵略活动，但它们的出现客观上使西方新闻思想开始传入中国。最先接受这种新闻思想的是林则徐、严复、王韬、郑观应、康有为、梁启超等一些封建制度下的开明人士。

如果说经外人传入的西方新闻思想是一种被动接受；那么经任白涛等新闻学者出洋探寻的西方新闻思想则可以视为一种主动吸纳。民国初年有相当一批中国学子出国留学，其中不少都接受过新闻学的专门训练和系统研习。例如，徐宝璜曾在美国密歇根大学学习经济学和新闻学；邵飘萍1914年就读于日本东京政法学校时，曾在"大日本新闻学会"听课；任白涛在1916年赴日本早稻田大学攻读政治经济科时，也在"大日本新闻学会"学习过新闻学。因此，任白涛与邵飘萍在新闻学理论基础上存在着共同的渊源，这也是他们学术观点存在相似之处的原因。由此可见，留学生群体堪称近代中国新闻学术研究的主体力量。任白涛在留学期间将主要精力放在新闻学的研究上。从世界范围内看，新闻学发端于西方世界，而日本新闻学的发展也是从西方尤其是美、德新闻学的引介而开始。所以任白涛在日本接受到的新闻学知识，从本质上来说是经过日本转手而来的西方新闻学。

可以说，任白涛新闻思想的形成是以对西方新闻学的吸纳为起点，建立在对西方新闻学理论的全面了解上。同时，任白涛新闻思想的特别之处在于他对新闻学的体系化创建。任白涛反对以单纯知识引介的方式去研究新闻学，而主张体系化的学理分析。他强调说："因为对于任何科学的研究，都不是单以搜集多量的资料——即知识的堆积——为目的，必须要企图知识的体系化……因此，我们必得先行加以深切注意，以搜集的具体的资料做基础，更进而去发见实现于经验上的法则的妥当性，究明潜伏于社会的、经济的、技术的诸要素里面的意义。这样去研究，那有组织的体系的新闻学，才能建立起来。"[1]这种体系化的研究方法尤其适合新闻学，这是因为"新闻学之直接的对象，虽自然是报纸，但报纸常不是单纯的物质，而是一种极复杂的形态。因此，对于报纸不可单从表面或侧面去考察它，必须研究在它内面的经济的、技术的

---

[1] 任白涛.综合新闻学[M].上海：上海书店，1991：5.

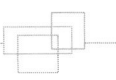

诸力之相互作用。从表明或侧面去研究报纸，这只算是报纸构成分子的研究，而报纸的总括性或做生活体的报纸，便算失去了"①。报纸的"总括性"决定了报纸研究的综合性。任白涛还指出，"在归到应用上的新闻学之实践的研究里面，必定要有如此的三个要素：① 新闻事业的基础理论（意见与报道的本质；同舆论的作用性；新闻事业之史的发展；新闻事业经济的原则；比较新闻学的知见；新闻事业的构造；等等）：理论新闻学。② 新闻事业的实地应用（新闻搜集法；记事作法；评论作法；编辑整理法；经营管理法；等等）：应用新闻学。③ 一般基础知识（关于法律、政治、外交、经济、社会问题、艺术、科学等的新闻学内容的知识等）：基础教育"②。

基于上述认识，可知任白涛在新闻学研究中力图进行体系化创建，构建出一种有体系的新闻学。任白涛关于体系化新闻学的探索集中体现于他创作的《综合新闻学》。这部一百三十余万言的新闻学巨作详尽地论述了中外新闻学界的基本情况，熔新闻理论和新闻实务于一炉，并附带了上百幅的图画与表格。与此同时，从任白涛丰富的新闻思想中我们也可以看出他立足体系创建的新闻学研究路径。

三、强调记者责任，以服务公众为宗旨

在中国新闻学术史上，对"新闻"下定义的新闻学者有很多。徐宝璜被认为是中国新闻学术史上第一个给"新闻"下定义的人，也是新闻"事实论"的开创者。③ 他给"新闻"所下定义为："新闻者，乃多数阅者所注意之最近事实也。"④ 邵飘萍认为："新闻者，最近时间内所发生认识一切关系于社会人生的兴味实益之事物、现象也。以关系者最多及认识时机最适为其最高的价值之标准。"⑤ 黄天鹏则指出："新闻就是最多数人所注意而感到兴趣的最新的事实。"⑥ 张静庐则主张："新闻者，对于读者引起兴趣与影响之事件、发见、意见等正确而得时之报告也。"⑦ 而任白涛对于"新闻"定义的观点则是："以适当机

---

① 任白涛.综合新闻学[M].上海：上海书店，1991：5.
② 任白涛.综合新闻学[M].上海：上海书店，1991：11.
③ 李秀云.留学生与中国新闻学[M].天津：南开大学出版社，2009：84.
④ 徐宝璜.新闻学[M].北京：中国人民大学出版社，1994：10.
⑤ 邵飘萍.新闻学总论[M].北京：京报馆，1924：80.
⑥ 黄天鹏.新闻学概要[M].上海：中华书局，1934：60.
⑦ 张静庐.中国的新闻纸[M].上海：光华书局，1928：3.

敏之方法,寄兴味于多数之人者,'新闻'也。而与最大多数读者以最大兴味者,最良之'新闻'也。"①

从上述"新闻"定义的内涵可知,这些新闻人都关注到了新闻与人之间的重要关系,或者说都把人作为新闻的最终归宿,新闻是"人的新闻"。这种观点说明了中国早期新闻人们已经接受了新闻的"公共性",而任白涛更明确将其称之为"公众本位"。归根结底,新闻的产生与传播都是人的活动,没有人的存在就不可能有新闻。一切新闻的发生都跟人有关系,不存在与人毫无关联的新闻。因此,新闻从某种意义上来说必须回复到"人"这个主体和中心上来。报刊在传播活动中实施人文关怀就要全面地看待人,要从人的本质的规定性出发,实现对每一个人的精神需求和物质需求的全面尊重。

出于此种认识,任白涛对从事新闻事业的主体,即新闻记者提出严格要求,强调新闻记者应当勇于承担社会责任,以服务公众为宗旨。因而,任白涛的新闻思想弥漫着浓烈的社会责任意识。任白涛关于报刊社会责任观的提出,从某种程度上体现着对我国当时报业混乱现状的极端不满。他认为中国报纸确如王世杰在《对于中国报纸罪言》中描述的那样,"中国报纸里面的新闻、广告、通信与评论,往往令人发生这样的一种感想:中国的日报如果移到伦敦或纽约,照样发表他们的言论,恐怕不出一周,就要倒闭净尽。他们的编辑人和经理人,如果不因触犯刑律而受刑罚,也就不免要因违反民律而对私人担负无数的损害赔偿。报纸是现代社会中一种最大的实力。握有这种实力的人……不当以其实力,去蹂躏缺乏抵抗力的私人;不当以其实力,去助长或逢迎社会上种种妨害善良风纪的恶思想或恶习惯"②。在任白涛看来,造成中国报界这种不良局面的原因在于中国报纸缺乏必要的社会责任观念。任白涛一针见血地指出"这不单是中国报纸的向上或堕落的问题,实在也是中国社会的向上或堕落的问题。即报纸向上,社会自然要向上,报纸堕落,社会自然要堕落的"③。任白涛的新闻思想很多是基于社会大众的立场,他认为新闻事业与单纯营利性质的企业截然不同,新闻事业本质上是一种社会服务机关。任白涛新闻思想中表现出的这种社会责任意识,应当说是当时时代环境和个人生活经历双重作用下的产物,它也成为任白涛新闻思想的显著特征之一。

---

① 任白涛.应用新闻学[M].上海:亚东图书馆,1937:28.
② 任白涛.综合新闻学[M].上海:上海书店,1991:58.(原文见王世杰.对于中国报纸罪言[J].现代评论,1926年第一周年纪念增刊:1-8.)
③ 任白涛.综合新闻学[M].上海:上海书店,1991:60-61.

第五章　任白涛的抗日新闻宣传研究

　　1931年9月18日,日本帝国主义者悍然发动了蓄谋已久的侵华战争。中华民族被迫卷入了这场长达十四年之久的抵抗外族侵略的壮烈战争之中。在中华民族生死存亡之际,中国人民毅然投入抗日救亡的伟大斗争中。在中国新闻界,许多报刊调整编辑方针,积极宣传报道中国军民的英勇抗日救亡活动,大批新闻学者主动调整学术路径,进行抗日新闻宣传研究。任白涛也积极投入这一事关民族生死存亡的斗争当中,并取得了重要的研究成果,产生了积极影响。抗日新闻宣传研究是新闻人任白涛研究的一个重要方面。为此,本书将任白涛的抗日新闻宣传研究活动单独成章,以全面考察任白涛在抗日新闻宣传方面的见解及贡献。任白涛对抗日新闻宣传的研究是他在中华民族危亡时刻积极"入世"的一种方式,是将先前之所"学"运用到抗战宣传研究事业当中,体现了知识分子忧国忧民的家国情怀。

第一节　任白涛从事抗日新闻宣传研究的历史背景

　　任白涛的抗日新闻宣传研究活动是在"抗日救亡"这一特定时代背景下展开的。在中国新闻界为抵抗日本侵略的狂潮之中,作为中国早期新闻学人之一的任白涛毅然置身其中,与新闻界同道携手进行热忱的抗日新闻宣传事业。任白涛在日本留学多年,早年曾参与留日学生反日运动,对日本新闻界及其新闻宣传本质有着及时而清醒的认识。他在早期许多文章中都表达了对日本帝国主义新闻宣传机关的极端痛恨,可以说是一位爱国的民族主义者。

一、日本帝国主义者发动全面侵华战争

　　日本对外侵略扩张的野心由来已久。自明治维新之后,日本就将军事立

国和对外扩张作为基本国策。19世纪末至20世纪初,日本通过中日甲午战争和日俄战争,侵占了中国台湾,吞并了朝鲜,夺取了库页岛南部及沙俄在中国东北地区的特权。此后日本进一步加紧对华侵略扩张,图谋独占整个中国。直至第一次世界大战期间,日本利用西方各国在欧洲战场角逐之际,扶持奉系军阀,夺取了俄国在山东的权益,同时以支持袁世凯称帝为条件提出了灭亡中国的"二十一条"。

1927年,日本首相田中义一在东京外相官邸召开了"东方会议",提出了《对华政策纲领》。这一政策的出台,标志着日本对华政策进入积极侵华阶段。此后,日本先后制造了"济南惨案"和"皇姑屯惨案",其侵华野心日益暴露。1929年,资本主义世界爆发了严重的经济危机。日本在经济危机中遭受重创,国内社会矛盾日益加剧。为了挽救其统治危机,日本统治阶级积极策划对外发动侵略战争,以此转移严峻的内部矛盾。

1931年6月,日本陆军省和参谋本部联合制定了《解决满洲问题方策大纲》,规定以一年为期对中国采取军事行动。在这一政策的指导下,日本国内展开了广泛的战争动员,以为武装侵华做最后准备。1931年9月18日,日本军部按照预定计划,在沈阳北郊柳条湖附近引爆安放在南满铁路路轨上的炸药,然后反诬中国军队炸毁南满铁路,以此为借口进攻东北军北大营,并很快占领东三省,这就是震惊中外的九一八事变。

1937年7月7日,日军以演习中走失一名士兵为由,制造了卢沟桥事变。对日本军队的挑衅行为,中国军队予以坚决地还击。卢沟桥事变标志着日本对华全面武装侵略的发动。中国又一次出现了国共合作的政治局面,以全民族合力战胜日本帝国主义者的武装侵略,争取民族的独立与解放。日本侵略者依仗其军事力量,在战争初期曾迅速占领了中国许多大中城市和乡村地区。日军滥杀无辜、暴行累累,犯下了不可饶恕的滔天罪行。

日本军队侵略中国的目标是"征服中国",中华民族则奋起誓死抵抗,"中日民族矛盾代替阶级矛盾上升为主要矛盾"[①]。为此,全国人民团结起来建立抗日民族统一战线,挽救中华民族。中华民族由此进入长达十四年的反抗日本侵略的抗日战争时期。日本发动的意欲灭亡中国的侵略战争,促使中国社会各界力量团结一致参与抗日活动,这也成为任白涛从事抗日新闻宣传活动的最大社会现实需要。在残酷的战争背景下,任白涛以新闻学者的姿态为抗日新闻宣传事业贡献了自己的绵薄之力。

---

① 刘思平.纪念抗日战争胜利70周年文集[M].长沙:湖南师范大学出版社,2016:99.

二、中国新闻界的抗日新闻宣传热潮

自 1931 年九一八事变爆发至 1945 年日本宣布无条件投降,中国社会处于激烈动荡和各种社会矛盾错综复杂的历史时期。面临"亡国灭种"的危险境地,中国社会各界纷纷投入抗战事业中。新闻界义不容辞地投入抗战新闻宣传活动中,发挥国家民族舆论"喉舌"的作用。当时中国新闻界的抗战宣传活动,大体上可以分为以新闻从业者为主体力量的抗日新闻宣传实践活动和以新闻学研究者为主体力量的抗日新闻宣传研究活动。

(一) 进步报纸的抗日救亡宣传实践

中国进步报人自抗战全面爆发后便以报刊为阵地展开了抗日新闻宣传。八一三事变以后,中国进步报刊迅速掀起了宣传抗日的救国高潮。八一三事变发生的次日,上海《申报》发表时评文章《上海的大炮又响矣!》,批评了国民党政府的妥协政策:"自卢沟桥事变以来,我们抱着大事化小,小事化无的本旨与敌人周旋,正是使日本人得寸进尺。"①抗日民族统一战线建立后,《申报》在九月间连续报道国共合作的新形势、中国共产党提出的抗战主张和中共领导下的陕甘宁边区政府、八路军的战斗业绩。上海租界内的许多消闲性质的小报也对抗战进行了一定的宣传,其中《上海报》《小日报》《大晶报》《金刚钻》《东方日报》《正气报》《世界晨报》《铁报》《明星日报》《福尔摩斯》十家小报决定顺应抗战潮流,联合出版以抗日救国为宗旨的新报纸《战时日报》。1937 年 10 月 5 日,该报在其发刊词中表示"我们是不愿在这样大时代进行中,来放弃我们的责任",愿投入抗日宣传中,"干到敌人的铁骑不再来践踏我们的国土为止"②。

上海文化界救亡协会主办的《救亡日报》,于 1937 年 8 月 24 日在爱多亚路 1452 号创刊,社长为郭沫若,总编辑为夏衍。该报坚持团结抗战,真实地反映了抗战初期国共两党"团结御辱、共赴国难"的情况,大量报道了中国共产党为挽救民族危亡所做的努力和取得的成绩。该报曾先后发表过《第八路军平型关大捷记详》《今日朱彭》《从太原归来——山西的新作风》等通讯报道,有力地推动了抗日救亡运动的蓬勃发展。《立报》于 1935 年 9 月 20 日在九江路 289 号创刊,主持人有成舍我、张友鸾、萨空了等人,在八一三事变后发表《战

---

① 上海的大炮又响矣![N].申报,1937-08-14.
② 我们的发刊词[N].战时日报,1937-10-05.

地历险记》《伤兵医院听英勇故事》等战地通讯,真实地反映了上海的战时生活,进行战时新闻宣传。

上海的通讯社也投入抗日新闻宣传活动中。不论是官办的中央通讯社还是民办的新声通讯社、大中通讯社、申时电讯社、大华通讯社等,在抗战宣传中都有积极表现。上海各类广播电台也不同程度地投入抗日新闻宣传当中,充分发挥自身的宣传特长,起到了别种新闻媒介无法替代的重要作用。与上海一样,平津地区新闻界也顽强地进行了抗日新闻宣传活动。日本侵略者占领平津地区之后,对沦陷区实行了残酷的新闻统制政策,新闻工作者的生存环境和工作环境都十分恶劣。在极其艰苦的情况下,进步新闻工作者们冒着生命危险继续开展新闻事业。北平先后出现有《自学》《细流》《读书周刊》《萤火》《海燕》等新闻媒介。天津有《纪事报》《炼铁工》《中心月刊》《抗战》《匡时》《火线上》《突击》《后方》《北方》等共计20多种。[①] 这些报刊与全国其他新闻机构一起构成了战时新闻宣传的重要力量。

国人高涨的抗日新闻宣传活动遭到日本侵略者联合租界当局的残酷查禁。11月9日,在蒋介石下令驻沪部队撤退的当日,日本侵略者便向租界当局提出取缔一切反日宣传活动的要求。日本驻沪总领事冈本在给上海工部局总董樊克令(C. S. Franklin)的信中说:"我请求贵当局立即采取适当措施,以有效地禁止与根除这些骚乱因素与活动。"[②]面对日本侵略者强令实施的新闻检查,许多华文报纸毅然宣布停刊,但抗日新闻宣传活动并未停止,许多进步报人挂起"洋商"招牌继续从事抗日新闻宣传活动。与此同时,另有部分报纸,如《新华日报》《大公报》《中央日报》等向重庆大后方转移,继续出版。总之,中国新闻界的抗日新闻宣传活动是在抗战烽火中继续进行着。

(二) 进步新闻学者的抗日新闻宣传研究

中国新闻学者在抗日战争爆发后及时调整学术研究取向,将抗日新闻宣传作为他们学术研究活动的重心。中国的新闻学研究者们热情地以"知识的力量"去对抗日本对华的新闻侵略和军事侵略,他们的理论主张包含了深沉的"抵御外侮、挽救国族"的情感诉求。1931年九一八事变之后,国难日益深重,中国新闻学者转而寻求救国救民的有效途径。一方面,许多新闻学者纷纷融

[①] 方汉奇,史媛媛.中国新闻事业图史[M].福州:福建人民出版社,2006:360.

[②] 转引自齐卫平,朱敏彦,何继良等.抗战时期的上海文化[M].上海:上海人民出版社,2015:222.(该处引文文献名为《上海公共租界工部局英文档案》,为上海市档案馆藏。)

入新闻救国实践当中;另一方面,他们以自己特有的视角和学术涵养继续进行学术研究活动,自觉地将相关理论问题与挽救国家前途联系起来。伴随抗日民族统一战线的形成,各种社会力量都动员团结起来,新闻学者的学术研究事业也因此纳入抗战体系中。在这种社会环境之下,新闻学术研究活动也适时顺应抗战需要而进行抗日新闻宣传研究。这一时期出现了不少直接以"宣传"命名的著作,如任白涛的《抗战期间的新闻宣传》、赵超构的《战时各国的宣传方策》、郭沫若的《战时宣传工作》等。战争的环境、民族的危亡赋予新闻事业以斗争色彩,新闻学研究也在理论基础及语汇使用上打上战争的烙印。这些新闻学的研究与之前徐宝璜时期强调新闻本位、强调事实客观性的新闻学研究相比有了相当的变化,此时更多地强调事实的选择、宣传功能和阶级性。[①]这是时代环境赋予学术研究和知识生产的特殊属性。抗战时期,中国新闻学者的新闻学研究活动主要目的在于"抗战宣传、新闻救国",具有鲜明的抵抗日本新闻侵略的民族色彩。以新闻学术研究方式参加抗日活动是当时中国新闻学界的普遍共识,而任白涛的抗日新闻宣传研究正是基于此种社会背景所进行的。

三、任白涛对日本新闻界的早期关注与研究

日本对中国的侵略野心由来已久。自甲午战争以来,日本对中国的侵略、掠夺时时刺痛着中国有志青年与学子。对于任白涛这样一位刚正不阿、具有强烈民族主义情感的新闻人而言,他对日本新闻界的关注和研究在情理之中。五年的留学生涯使任白涛对日本社会及日本新闻界现状都有着深刻的体认。

早在抗日战争爆发之前,任白涛就对日本新闻界进行关注与研究。在任白涛看来,透过日本新闻界可以及时洞悉日本政府对华外交及新闻宣传政策动态。1922年12月31日,发表于《申报星期增刊》上的《东京朝日新闻之解剖》一文是任白涛对日本新闻界的最早研究成果。该文一开头就写道:"在日本报界占数一数二之地位之东京朝日新闻,于今夏假该社开盛大之'新闻制作展览会',将其内部组织及活动状况和盘托出。一时观者,达五万余。顷阅该社发表之展览会记事,固不免有夸饰之处,然吾人深信其中十分之九,乃是实录。爰摘要译述,以饷国人。读之可以了解日本报纸之现状,而于反面更窥得日本文明之进程之一斑。"[②]文章内容甚为翔实,主要包括概说、编辑、印刷三

---

① 谢鼎新.中国广播电视研究的演变[M].合肥:合肥工业大学出版社,2014:45.
② 任白涛.东京朝日新闻之解剖[N].申报星期增刊,1922-12-31.

个方面，对《东京朝日新闻》社的组织、运行情况进行了透彻的解析，展现出了一个具有国际影响力报纸的内部情况。该文篇幅较长，故分别在1922年12月31日、1923年1月7日和1923年1月14日的《申报星期增刊》上进行连载。任白涛的用意是向中国新闻界昭示《东京朝日新闻》的国际影响力是源于它严谨的办报态度和精细的组织分工。不难揣测，像《东京朝日新闻》这样的日本大报给任白涛这样爱国的留日新闻学者带来震撼的同时，还伴随着隐忧。因此写《东京朝日新闻之解剖》是为了"了解日本报纸之现状"和"窥得日本文明之进程"。1935年，任白涛以"冷公"为笔名在《绸缪月刊》上发表了《东京新闻的一日》一文，文中介绍是"在新近出版的东京的某杂志上看某诗人写的一篇散文诗风的新闻社素描：因为很有意味，很可从这里面窥见日本新闻社的状况，所以把它介绍过来"[①]。可知与13年前的《东京朝日新闻之解剖》一文用意相类，任白涛写这篇文章也是让国人了解日本新闻社的现状，说明即使在战争年代他仍始终保持着对日本新闻界的关注。同年，任白涛在《现代》杂志上发表文章《看日本一天的无线电播音!!》。该文详细介绍了日本战时一天的无线电播音内容，暗讽我国当时无线电播音"柔靡""颓废""堕落"。任白涛认为，中国战时的无线电播音革新工作迫在眉睫，指出"我们要是想收回东四省的话，要是想振起所谓民族的精神的话，无线电播音的彻底革新，或许也是重要方法的一种吧"[②]。任白涛对日本新闻界动态的关注，体现出了他的忧患意识，目的在于发国人之深省。他深知一旦中日两国关系交恶、兵戎相见，那么强大的日本新闻媒介将成为日本侵略中国的最大帮凶。

第二节 任白涛从事抗日新闻宣传研究的主要动因

日本帝国主义者挑起的侵华战争是强加于中国人民身上的深重灾难。中国人民被迫肩负起保卫国土完整、民族尊严的伟大历史使命。新闻界是抗日战争期间十分活跃的重要力量，新闻业界与新闻学界的进步人士在自己所从事的工作当中践行着"新闻救国"的职业理想。

---

① 任白涛.东京新闻社的一日[J].绸缪月刊,1935(11):29-31.
② 任白涛.看日本一天的无线电播音!![J].现代,1935(2):91-94.

一、为挽救中华民族亡国灭种的危险局面

九一八事变的爆发,标志着中华民族的命运确实"到了最危险的时刻"。每一位爱国人士都在为捍卫民族独立与领土完整而奋斗。保卫中华民族免于亡国灭种的危险命运成为每一位中国人的历史使命。在这一灾难深重的年代,中国的新闻学者们以超于常人的热情和姿态奋不顾身地投入抗日新闻宣传事业。

任白涛对日本新闻界及其新闻宣传政策是有相当持久而深入的考察的。20世纪30年代以前他关于此方面的文章和著述发表甚少,或许就如他所说,是因为不愿意随便发表不成熟的作品,更有可能是没有到发表的时机。抗战全面爆发后,任白涛关于抗日新闻宣传主题的研究著作及文章便接连问世,为抗战新闻宣传贡献自己的一份力量。早在撰写《应用新闻学》时,任白涛便对日本帝国主义的新闻宣传政策有所探讨,他在《三版的话》中写道:"其次的订正的部分,乃是关于帝国主义者——尤其是日帝国主义者——的毒恶的宣传政策的事情。"[①]实际上,在该书中任白涛并没有对日本宣传政策展开研究,只是在情感层面痛斥日本对华的恶毒新闻宣传,从而引起中国政府及民众对日本新闻事业尤其是在华新闻事业的重视。

抗战初期,日本帝国主义者凭借其强大的军事力量,迅速占领我国东北地区并向中国腹地延伸。中国人民深切感到了亡国灭种的极端危险,故而挽救民族危亡、取得战争胜利成了中国人民的一致理想与目标。任白涛从事抗日新闻宣传研究也是为了挽救民族危亡,为民族解放事业贡献力量。当日本侵略者的魔爪伸向中国人民时,任白涛为国家民族担忧的急切心情是溢于言表的,他将忧国之心转化为实际行动。1931年10月5日,任白涛以新闻学研究者的身份与黄天鹏、翁毅夫、袁殊等人向中国新闻界发出"禁载日电"的紧急请求;在同日的报纸上,任白涛又以个人的名义向国民党政府发出"全国各地报纸禁载日电"的请求。这两份请求申明原文如下。

新闻学研究者向中国新闻界紧急请求
我们以研究新闻学的立场,在日本出兵占领东三省,大举屠杀中国民众,目前全国抗日救国的潮流中,谨向中国的新闻界提出下列各

---

① 任白涛.三版的话[M]//应用新闻学.上海:亚东图书馆,1937:2.

项要求：

一、请自即日起开始永远不载用日本帝国主义之宣传机关的联合、电通各新闻社的电讯。

二、请即速捐弃平日以报馆为单位的互相竞争的成见，火速组织新闻界统一新闻之供给及统一意志与态度的中心组织。

三、请暂时牺牲营利的企图，义务的刊载一切抗日救国的广告。

四、请严厉的缩减各种浪费的出版（如娱乐广告及戏报等）；随时发行号外；多量载用写真新闻；提早出报时间。

五、请即按日发行晚报。

在紧张的目前，我们估量了各方面的事实，代现在的环境，说出了这迫不及待的客观的要求，且有待于中国新闻界的诚实的接受，如上。

签署人 任白涛 黄天鹏 翁毅夫 袁姝①

国将不国，报将不报

任白涛请严令各地报纸永绝日电

南京中央政委会邵力子先生，日本利用宣传策略破我国家组织，十数年来收效极宏，涛已在《应用新闻学》上痛切述说。近日沪报又大登入寇倭军恐吓文告，此潮不除，国将不国、报将不报。请严令各地报纸永绝日电，以杜未来无穷隐患。

任白涛上言②

任白涛对日本新闻宣传机关及其行为的强烈痛恨之心跃于纸上。任白涛以自己的研究所得以及与新闻界同行的交流，向政府当局及新闻界提出"永绝日电"的沉痛请求，其深沉的爱国情感由此可见一斑。任白涛以新闻学者姿态，团结一批新闻界进步人士，为挽救中华民族而从事学术研究活动。这种忧国忧民的民族情感是始终贯穿在他的学术研究活动之中。因此，可以说为挽救中华民族于亡国灭种的危险境遇是任白涛从事抗日新闻宣传研究的根本动因。

---

① 任白涛,黄天鹏,翁毅夫,等.新闻学研究者向中国新闻界紧急请求[N].文艺新闻,1931-10-05.

② 任白涛.国将不国,报将不报:任白涛请严令各地报纸永绝日电[N].文艺新闻,1931-10-05.

二、为抵抗日本帝国主义的新闻侵略

假如说,挽救民族危亡是任白涛从事抗日新闻宣传研究属于理想层面的根本动因。回归现实维度,任白涛从事抗日新闻宣传研究的直接动因则在于抵抗日本帝国主义者的新闻侵略。任白涛期望能够通过对日本新闻宣传政策及其行为的研究来警醒政府当局及社会民众,以使我国在新闻宣传战线上对日寇发出有力还击。这是一位新闻学者在战时环境下唯一能做出的有利抗战的实际行动。抗日战争的伟大胜利同样需要这样一批怀揣强烈责任感与使命感的新闻人的不懈努力。

对于世界帝国主义对华的新闻侵略,李大钊早在1924年的《向导》周刊上就曾做出相关论述。在《新闻的侵略》一文中,李大钊根据帝国主义新闻机构制造的孙中山先生逝世谣言,指出帝国主义新闻机关在华的造谣、煽动恶行实质上是一种赤裸裸的新闻侵略。他在文中分析:"自经此次中山先生逝世谣言之传播,我们应明瞭外国的通讯社在中国宣传之可惊。路透社恃其在华之优越地位,仅发布一消息于中国各地,即可使全国革命分子的人心浮动,广州市面惶然不宁。它的魔力可谓很大的了。而我们看中国遍地尽是外国通讯社的宣传机关,如东方,路透,中美等,他们挟资本雄厚的优势,在内地时时操纵新闻,传播于己有利之消息:暴露华人之弱点,以图引起国际公管;表彰外人在内地之言论及事业,以坚华人对西人之崇拜。有时造谣惑众,如此次硬诬中山先生逝世,图乱广州时局。但是外人在中国的新闻事业之发展,还不在此。最近如日美争在中国建设无线电台,亦是利用传播敏捷消息的便利,在平时图操纵中国的金融、商业。战时亦利用以供军事通讯,帮助中国一派军阀得到胜利。国人习焉不察,每忽视外人在华之新闻宣传事业。实在,各国中从无许外人在内地自由传播消息的事(俄国即是一例)。此种新闻的侵略,只在中国才有。"[1]李大钊激愤地认为中国政府应该将在中国造谣生事的外国宣传机构全部取缔,将侮辱中国的外国新闻记者全部驱逐。

抗战爆发以后,新闻侵略的概念更为广泛地在国人尤其是新闻界人士中取得共识。时人对以日本帝国主义为代表的对华新闻侵略产生警惕,譬如有学者在文中指称:"这是一件关于新闻界切肤之痛的事,可是新闻界中人却还没有注意到;但这也关于整个中国文化的一个严重问题,而当局还没有注意

---

[1] T.C..新闻的侵略[J].向导,1924(71):4.

到。这问题,便是本文所提出的新闻侵略了。外人对于侵略我国,真可说无所不用其极,在总理的三民主义里,便已指出列强的暗谋毒计,他们的侵华政策,是政治侵略、经济侵略之外,还有文化侵略。现在的新闻侵略,当然只是文化侵略中的一小部门,然而问题的严重,却不容我们忽视。单看近年来外人所有关系的华文报纸的相继出版,便可知它的来势汹汹!"①任白涛对日本帝国主义的这种新闻侵略早有关注和认识,他曾在《给志在文艺者》一书中写道:"我以前研究新闻学曾发见帝国主义者从新闻——包括通信社和华字报馆——方面侵略中国的可惊的事实,近年来研究文艺,却不料又发见帝国主义者的侵略的毒手,竟伸入艺术里面了!"②《给志在文艺者》一书是任白涛辑译的一部有关文艺方面的著作,是他在文艺研究领域的一部重要成果,这部著作的撰写初衷在于唤醒、革除陈腐糜烂的社会风气,提醒时人时刻提防帝国主义者的文艺侵略。他在该书中分析了帝国主义者对中华民族及中国人民"艺术侵略"的四种方法:(一)雇用堕落的腐化已极的文人办小报,专门提倡堕落的,腐化已极的事情,与用鸦片、吗啡等等无奇不有的毒物以毒害中国一般人的性灵同样地以毒害中国青年的性灵,阻碍中国文化的进步;(二)在它们自办的宣传用的华字报的"报屁股"上传播与(一)同样目的的东西;(三)纵容中国流氓开办堕落的、腐化的民众娱乐场——即游戏场——摆布种种样样的堕落的、腐化的游艺;(四)足以陶冶性灵的地方,如公园、博物院之类,绝对地不许中国的民众进去,享受那性灵陶冶的恩惠,这一层受害最狠的,是可爱而又可怜的儿童。③在任白涛看来,帝国主义者的新闻侵略、毒品侵略、艺术侵略,这三大种很厉害的侵略是在密切地联系着的④。

  由于具有这种认识,任白涛抗日新闻宣传研究的直接动机就是抵抗日帝国主义的新闻侵略。这是他以一个知识分子为国家抗战事业和新闻宣传事业所能做出的最为切实的努力。解读帝国主义者尤其是日帝国主义者对华的恶毒新闻宣传政策,并以此警醒国人特别是新闻界人士的注意,是任白涛从事新闻学研究的动机之一。任白涛在日留学时即致力于新闻学研究,在此期间又亲历了"五七"留日学生运动,故对日帝国主义新闻政策的本质有着深刻的认识。在他看来,帝国主义者的新闻侵略是与其军事侵略、政治侵略、经济

---

① 灵犀.新闻侵略[N].社会日报,1936-08-28.
② 任白涛.卷头的三章[M]//给志在文艺者.上海:亚东图书馆,1928:5-6.
③ 任白涛.卷头的三章[M]//给志在文艺者.上海:亚东图书馆,1928:6.
④ 任白涛.卷头的三章[M]//给志在文艺者.上海:亚东图书馆,1928:9-10.

侵略、毒品侵略同等重要的侵略手段。王拱璧认为，德国新闻政策的目标在于欧美，而"日本于此项政策之用途，盖以我国为唯一之目的者也。其对我国内部也，若京满沪汉旅大等处，皆有其发行之日刊，更有东方通信、共同通信等社，以网罗传布于其间。其要旨在迷惑我国报界之聪明，混淆我国社会之视听"①。任白涛对他这位河南老乡、留日同学的论断颇为赞同，但这种现象恰为我国很多报人所漠视，所以任白涛痛心地斥责一些中国的报纸与记者竟然成了帝国主义者的"喉舌"和"佣人"。鉴于此，任白涛曾与友人王拱璧一道于1919年夏在东京暂停课业，专事对日本新闻政策的调查研究，以揭露日本帝国主义对中国的新闻侵略。由此可见，任白涛实际上已将新闻学研究上升到事关国家利益的高度。他的这种心情在他为《应用新闻学》所写的《三版的话》中体现得相当明显："我以为听凭帝国主义者自由地在中国的广大的境域里，借有线——尤其是——无线的电报，撒布侵略、挑拨、捣乱、诽谤，种种无谣不造，无奇不有的新闻通信，这是比听凭帝国主义者自由地在中国的许多的河流里航行他们横冲直撞的兵舰还要利害百倍也不止的事情！再爽快点说：这是与不平等条约一样地必须赶紧把它废弃的事情！"②任白涛寄希望于以学术研究来激活中国新闻界"性灵麻痹"的一班新闻记者，以匡导"吾国报业"的缺失。

第三节　任白涛对抗日新闻宣传研究的主要成果

抗战全面爆发以后，任白涛开始了不断辗转漂泊的羁旅生活。从1937年至1945年，任白涛的人生轨迹主要是追随中国共产党及其抗战事业发展，为抗战贡献自己的力量是任白涛坚定不移的人生志向。为适应战争局势的需要，任白涛的学术研究活动从先前的纯粹新闻学转向了战时新闻宣传研究，抗日新闻宣传成为他学术研究的重中之重，其不少学术成果在抗战期间陆续问世，形成他对抗日新闻宣传的独特理解与认识。

---

①　王璋.为今日报界进一言[J].东方杂志,1919,16(5):8.
②　任白涛.三版的话[M]//应用新闻学.上海:亚东图书馆,1937:3.

一、认识日本发动全面侵华战争前的宣传政策

日本帝国主义者很早就暴露出对中国的侵略意图。抗战爆发以前,日本帝国主义者便极力在中国主要城市发展新闻宣传事业,利用其在华遍布的新闻宣传机关,极尽造谣、挑拨、煽动之能事,试图影响中国政局稳定及人民思想。一旦战争爆发,这些经日本侵略者创办或扶植的各类新闻媒介便可以配合其军事侵略,成为侵略行动的有力帮凶。抗战全面爆发后,日本原本在华的许多新闻媒体立即撕下伪善的面目而贯彻其对华既定新闻宣传方针。日本帝国主义者对华发动的新闻宣传战是其总体战略上的一支尖兵。也因此,许多国人注意到了日本意欲借新闻宣传来掩盖战争真相、控制国际舆论的鬼蜮伎俩。

任白涛对帝国主义的这种恶毒的新闻宣传政策及行为表现出强烈的愤恨。他对此问题展开了细致的研究,重点剖析日本发动全面侵华战争前对中国的新闻宣传政策,揭露日本帝国主义赤裸裸的侵略本质。任白涛关于日本对华新闻宣传及其政策的研究是采取一种追根溯源、层层剥茧的方式展开的。对于日本对中国的新闻宣传政策及各种计划,任白涛依据多年的材料积累和刻苦钻研,以几近政治家的眼光和思维做出敏锐观察和详尽论述。他坚信自己的这番工作并非空谈,而是对抗战具有重大的价值和意义,这成为激励他以超人的热情坚持抗日新闻宣传研究的动力所在。在任白涛看来,"要想粉碎敌方的政治阴谋——包括宣传阴谋——必须首先明瞭敌方的这种阴谋的机构和阴谋的来历、计划等事"[①]。

(一) 日本对华新闻宣传始于东亚同文会与东亚同文书院的设立

明治维新以后,日本报纸由于得到了中央和地方政府的大力支持而蓬勃发展起来。日本政府之所以对报纸采取保护和支持态度,是因为它认定报纸可以成为政府推行文明开化政策的工具。那时的报纸大部分是政府的御用报纸,具有代表性的如《日新真事志》为左院御用,《邮政报知新闻》为邮政局御用。"报纸作为打倒幕府、推行文明开化、替政府进行上意下达的传播工具,对此不仅毫无疑虑,而且觉得光荣。"[②]因此可以说从一开始,日本报纸就与政府

---

① 任白涛.日本对华的宣传政策[M].长沙:商务印书馆,1940:8.
② [日]内川芳美,新井直之.日本新闻事业史[M].张国良,译.北京:新华出版社,1986:3.

之间保持着一种"良性互动状态",为政府或政党宣达政见、传递消息成了它们的常规性操作,报纸的宣传功用和为政党服务的性质体现得淋漓尽致。

至甲午战争时期,日本的新闻事业开始应用于军事宣传当中。在战争时期,日本国内新闻界便派有从军记者专门从事战地新闻报道,及时向日本国内民众发回有关战事的最新消息。在任白涛看来,我国在甲午战争中之所以惨败,其中一个重要原因就在于彼时的新闻事业和从军记者相较于日本方面太过落后与匮乏。所以,任白涛认为甲午战争时期日本从军记者的这种军事宣传是促使其后来对华正式发动新闻宣传攻势的诱因。同时,他认为,甲午战争期间日本从军记者的战事报道,其影响力还仅限于其本国内。由于日本当时的新闻事业还没有受日本军部直接统治,因此任白涛认为甲午战争期间日本从军记者的军事宣传报道并不能看成是其对华"新闻政策"的产物。任白涛对此在文中称:"所以这种从军记者的战事报道,除了当然偏于己方之外,不能说它对我方含着何种有害的毒素。所以我们只能认这种军事宣传为一国报纸应有的职分,不能认它为一种'政策';只是不能不认这种军事宣传成了以后的日军阀用作对外——特别是对华——的侵略工具的动因而已。"①

在任白涛看来,当时的日本军阀"对于我国还没有定下何种的宣传计划,设立何种的宣传机关",然而自"东亚同文会和东亚同文书院设立以后,种种阴谋诡计的宣传策略——特别是间谍策略——便算开了端绪"②。

东亚同文会创设于甲午战争结束后不久,即1898年。任白涛认为该会表面上标榜以增进中日两国之间的友谊和福利为宗旨,实则是对华最初培养侵略人员和阴谋宣传最大的机关。该会于1900年在上海设立东亚同文书院,并在东京设立调查部,刊行《支那》杂志及研究中国的图书资料。东亚同文书院的毕业生在毕业之前都需要分班到中国各地进行实地考察,所以在毕业之后都被选派到中国及南洋各地,以某种公务的名义进行政治间谍的活动。1916年10月,东亚同文会准备在上海创办华文宣传机关报,由日文《上海日报》社负责发行,定名为《东亚日报》。任白涛在东京留学期间从东京报纸上看到《上海日报》社所登创刊预告,其文略云:"本报是当作东亚同文会的机关报,在做华中的咽喉,扬子江的关门的上海,卜于本月三十一日天长节的吉辰而由敝社发行的……于中国内地的重要地点置通信员,特别是嘱托东亚同文书院出身而散处各地的人们,以报道中国内地的实况为特色。本报是与敝社经营多年

---

① 任白涛.日本对华的宣传政策[M].长沙:商务印书馆,1940:9-10.
② 任白涛.日本对华的宣传政策[M].长沙:商务印书馆,1940:10.

的日文报纸《上海日报》并刊,双方互相呼应,供诸我邦对华关系的公共机关。望我们对华有关系的人们,大其利用本报。"①任白涛对于《东亚日报》的虚伪之词嗤之以鼻,一针见血地指出"东亚同文会实在是个宣传侵华的干部人员养成所。其手段在藉名同文,其目的在侵略东亚"②。

1921年5月30日,东亚同文会在东京贵族会馆召开秘密会议,从担任当时青岛倭民政长秋山及驻北京公使小幡两人的演说中可见该会的真正面目。任白涛特将两人的言辞在文中加以译述,其中秋山之词为:"青岛系我日本人流血而得,且夺自德国之手,与中国无涉……今日人在山东者,已达二十三万。青岛距日本门司,只二百七十英里;较大连近七十英里;较天津、上海,均近二百余英里,为日本赴华之最捷径。加以物资丰富,远胜日本……日本欲图中国,宁放弃满蒙及西比利亚,决不可放弃青岛及山东。"小幡之词为:"余去国已二年半。此二年半中,目睹中国之乱象,难以言罄。世界各国,悉尽力以图中国。日本则每事皆步人之后尘。最可耻者,英、美等国所设之学校,遍于中国,而日本竟付缺如。予以为此后对华政策,藉文化宣传之名义为第一步,将来再图急谋中国之法;事颇迂缓,而效果必钜。同文会亦宜注意于此,谅诸君必表同情也。"③任白涛深感日本要人及东亚同文会对华宣传阴谋之险恶。"八一三"抗战爆发后,这个在华做主要宣传机关的东亚同文书院毁于战火,任白涛认为这是抗战当中一桩极为痛快的事。任白涛对于东亚同文会及其宣传本质的揭露,目的在于警示国人该会在没有完全没落以前必然还要做出许多对华阴谋宣传的鬼蜮伎俩。在任白涛看来,"这是研究日本对华宣传政策的我们,应该首先加以深切注意的要事"④。

(二)认清政友会对华确立的新闻宣传政策

随着抗战进行,国人对日本对华新闻政策的认识和探讨也越发频繁。关于"新闻政策"的意义,在抗战时期就有国人研究者指出:"所谓'新闻政策'(News policy)简言之就是以'新闻'为工具,而企图达到某一种目的之'阴谋';这就是利用'新闻'的机能,作实现那一切欺蒙的,反道德的,非伦理的勾

---

① 任白涛.日本对华的宣传政策[M].长沙:商务印书馆,1940:10-11.
② 任白涛.日本对华的宣传政策[M].长沙:商务印书馆,1940:11.
③ 任白涛.日本对华的宣传政策[M].长沙:商务印书馆,1940:11-12.
④ 任白涛.日本对华的宣传政策[M].长沙:商务印书馆,1940:12.

当,这根本就是玩弄新闻,叛逆了新闻的本质。"[1]在这位研究者看来,新闻纸本质上是对社会负有"文化教养"的意义和作用,而不能有任何超越这个意义上的其他作用存在。言下之意,将新闻与侵略联系起来显然是违背了新闻的本质属性。日本帝国主义的新闻政策是借新闻而达到其侵略中国的邪恶阴谋。

日本政友会是明治三十三年(1900年)以伊藤博文为中心人物而创立起来的。该会是伊藤博文纠合旧自由党系部分议员,自任总裁成立的新政党。1919年6月14日的《东京日日新闻》上曾登出一则正标题是"宣传机关缺乏"、侧标题是"政友会的对华策"的报道,正在日本留学的任白涛及时关注到了这条新闻。他将该文中关于对华新闻政策的部分摘录如下。

关于中国的排日问题,综合政友会最高干部的意见:排日暴动,事态诚然重大,政府在此际必须讲什么适当的方策。但是就日本来说,今日没有立即可行的积极手段。即对于目下中国的我国方策:

(一)以威力临中国吗?

(二)以能缓和中国民心的一种恩惠的方法,图该运动的终熄吗?

(三)依中国人自己的反省,以期该运动的镇静吗?

这三者必须采取其一。但若是采取(一)项办法,对中国加以压迫,中国人益发要误解我国的心事,民心益发要沸腾起来,同时排日的气势,必更其达于高潮。这于我国,断乎不是得策。(二)结局也要招来中国人的轻侮。因之当然须用(三)之方法。但此际我朝野要考虑的就是对华宣传机关的缺乏;而有心于我将来的对华政策的人,纵然什么都不办,这个事情的设施扩张是万不可缺少的。在中国,英美的宣传运动,所以能够非常巧妙地运行者,实在乎宣传机关的充实完备。……然而日本的对华政策,向不着眼于此,仅以彼时的政府为唯一交涉对手,这是使今日中日关系趋于决裂的一大原因。所以今后的日本政府与国民必须同举全力,企图对华宣传机关的充实,专依言论文章之力,传达日本的真意;在思想上、文化上讲求指导彼等的方途。[2]

---

[1] 剪初.日本对华新闻政策的检讨[J].三民主义月刊,1935(5):58.
[2] 任白涛.日本对华的宣传政策[M].长沙:商务印书馆,1940:14-15.

任白涛认为这篇新闻报道揭示出了政友会的对华政策是决定舍弃武力的侵略而转向新闻宣传的侵略。他愤慨地指出:"他们的宣传机关,既很完备,他们的宣传工作,既很积极,但还要说对华宣传机关不充实而要企图其'充实'。又,他们对华使用的宣传方法,明明是一种所谓'攻心'的毒辣已极的侵略方法,却欺骗我们说是要'传达日本的真意',并且要大言不惭地说要'指导'我们。暂且不要说这种日本式的政治家们的虚伪狡诈,单说日本对华的宣传方法,经过这一回决定政策之后,当然是比以前更猛烈、更积极了。"①应当注意的是,日本政友会的这份"宣言"提出时间是在中日签订"二十一条"之后、五四运动之际,日本帝国主义者的侵略野心已经昭然若揭。在此背景之下,任白涛认为政友会的对华宣传政策是极为阴险、虚伪的,而国人应当对此保持足够的警惕。

(三) 日本对华新闻宣传政策来源于德国

关于日本对华新闻宣传政策的渊源,任白涛认为是德国。在任白涛看来,日本帝国主义者对华运用的宣传策略从根本上来说是受到了第一次世界大战期间的德英宣传战的影响。任白涛指出,欧战期间日本外务省机关杂志《外交时报》以及其他报纸杂志时常刊载关于德英宣传策略的言论和记述。日本民族具有一种天然的模仿喜好。因此,长于模仿的日本民族便从理论上将欧洲的新闻宣传政策付诸实践,同时对于欧洲新闻宣传政策的理论和技术方面,日本朝野上下始终在不断地考察和研究。任白涛认为,日本这种从欧战期间向西方世界汲取来的新闻宣传政策,在不久的将来便全盘地施加于中华民族和中国人民身上。

任白涛以 1921 年 5 月 20 日《东京朝日新闻》关于"德国战时标点及国内各种标点展览会"的启事为例加以进一步阐释,该启事称标点在德国战时新闻报道中起到了极为出奇的效果,该社将组织人力对德国战时新闻标点加以比较研究。可见,日本对德国新闻宣传的研究之细致。任白涛痛切地指出:"德英——特别是德国——在欧战期间的宣传术,可说就从这时候起给予了倭人以真切的榜样,成了后年——特别是实行侵华的近年——的帮助军事的有力的侵略工具,遂使不明白这种战事宣传术的我方军民,受其莫大的迷惑,造成无数利害——特别是广州失陷和长沙大火——的失败纪录!"②

---

① 任白涛.日本对华的宣传政策[M].长沙:商务印书馆,1940:16.
② 任白涛.日本对华的宣传政策[M].长沙:商务印书馆,1940:18-19.

任白涛在看到日本对华新闻宣传政策取法德国的同时,也看出了日本与德国新闻宣传政策的根本区别:"日本历年对华所用的宣传政策,虽然是脱胎于德国,但同德国有个相异点,就是德国的主要目的,是在对国际间的挑拨煽动,日本的主要目的,是在对中国内部的挑拨煽动,渴望收得'渔人之利';虽然在国际间也不放松它的宣传政策,但说来说去,主要的目的仍是侵略中国。"[1]这是对日本对华新闻宣传政策十分透彻的揭露。河南新闻学家、教育学家王拱璧于1919年在《日本新闻政策:乃日货中之最大最毒者》一文中指出,"自来以新闻政策制人之阴谋,德国政府颇奖励之。日人尤而效之,又加励焉。德与我国利害冲突之点较疏于日,然其使用之目标亦不在远东。日人乃以我国为当面之对手者也",又说"挑拨我南北,颠倒我是非,污蔑我文明,堕落我社会,当拓殖倭种之先锋,作推销日货之利器,宣传其实行亡我之策,粉饰其不敢告人之政,皆此项新闻政策唯一之使命也"。[2] 王拱璧与任白涛是挚友关系,五四时期在日本一起从事过对日本新闻宣传政策的研究,因此在此问题上二人产生共鸣。不可否认,他们二人在五四新文化运动时期就对日本新闻宣传政策展开研究,足见他们眼光十分敏锐和忧国之心十分强烈。

二、揭示日本对华新闻宣传工具的侵略本质

在对华侵略战争中,具体承担对华新闻宣传任务的是日本在华遍布的各类新闻媒介组织。日本帝国主义者动用了当时条件下所能利用的一切媒介技术,对中国展开了严密的宣传攻势。任白涛认为,日本对华常用的新闻宣传工具主要包括报纸、通信社、无线电广播、电影四大种类。日本帝国主义者以此为基础织就出了颇为严密的新闻宣传网。

(一)日本对华新闻宣传工具之一:报纸

任白涛认为报纸是日本侵略者对华新闻宣传的主要工具之一。从华北、华中乃至华南,日本在华的报刊系统几乎遍布中国的主要省市。他认为这类报纸都是日本帝国主义者在华创办或扶植的伪华报和汉奸报。他指出,"日本帝国主义者在华创办的'挂羊头卖狗肉'式的伪华报,那最大胆、最无耻、最'露出原形'的,便是一九〇一年创刊,在中国舆论界整整搞乱了三十年方才归于

---

[1] 任白涛.日本对华的宣传政策[M].长沙:商务印书馆,1940:19.
[2] 王璋.日本新闻政策:乃日货中之最大最毒者[J].心,1919(2):27.

消灭的《顺天时报》"①。据任白涛记述,他与《顺天时报》的第一次接触是在留日期间一位熟人的寓所内,震惊于该报的不实言论,于是便对该报对华的宣传阴谋和造谣伎俩特别加以关注和研究。他在日时期曾连续订阅三个月的《顺天时报》,对其挑拨造谣事实加以整理收集,并在其著述中做了详细剖析。譬如他在《日本对华的宣传政策》一书中,从新闻电讯、副刊文章等方面将该报对华的宣传阴谋——加以节录和解释。埃德加·斯诺在《西行漫记》中也揭示了日本在华报刊的造谣本性,他认为关于1936年西安事变中的种种谣言,"许多最最荒诞不经的谣言也起源于日本人在中国办的报纸,甚至日本高级官员。关于西安'赤色威胁'的'目击者'的异想天开的报道,日本人特别多产"②。斯诺的记述从侧面印证了任白涛对于日本新闻宣传工具侵略本质的深刻认识。

任白涛指出,《顺天时报》是日本帝国主义者在华设置的一个阴险狠毒的机关报。这样一个专事对华造谣生事的宣传机关为何能在中国本土存在达三十年之久？任白涛援引作者起明在第八十六期《语丝》上的观点:"《顺天时报》是日本军阀的机关报,平日幸灾乐祸,造谣生事,多替中国的反动势力说话,这是共见共闻的事实。我常说,日本如真有与中国和好的意思,第一著便应自动地废止这种汉文报,否则什么事都无从说起。但是,在此刻的北京,《顺天时报》倒反要算是最好的报纸了。你说这是多么可怜的事？一向以报界明星自居的报纸,到现在都紧闭起鸟嘴,什么都不管,……惟有《顺天时报》在社说中屡次表示对于北京现状之不满,真有朝阳鸣凤之概,北京报界唯一明星,于是不得不推这个日本军阀的机关报了。"③由此可见,《顺天时报》能够在中国新闻界长期存活,原因在于其能借揭露和抨击社会黑暗现实,以获取公信力。任白涛认为《顺天时报》的这种"敢言"行为是为了收买社会人心,而当战争爆发,它便会撕下其虚伪狡黠的面具。

在战时新闻宣传活动中,报刊无疑是日本侵略者对华主要宣传工具。任白涛指出,日本在华创办或扶持的这种伪华报可谓是极其广泛而猖獗。除《顺天时报》之外,最露骨地表现出对华新闻宣传野心的华文报纸还有沈阳的《盛京时报》、大连的《泰东日报》《满洲日报》及北平的《新民报》《亚洲民报》、天津的《庸报》《东亚晚报》《满洲报》《冀东日报》等。任白涛认为这些伪华报犹如一

---

① 任白涛.日本对华的宣传政策[M].长沙:商务印书馆,1940:61-62.
② [美]埃德加·斯诺.西行漫记[M].董乐山,译.北京:生活·读书·新知三联书店,1979:369.
③ 任白涛.日本对华的宣传政策[M].长沙:商务印书馆,1940:69.

丘之貉,专事登载对中国人民挑拨、捣乱、愚弄、造谣一类的文字。然而随着国人民族意识的觉醒和智识的提升,尤其是新闻学识的普及,这些伪华报和汉奸报终将不封自闭,根本地失去自身的生命。任白涛对这些报纸在战时新闻宣传中的重要作用也有清醒的认识,他说:"日本侵略我东四省,无论采取何种方策,都是积极的、整齐的、有系统的。分析言之,所谓政治侵略、军事侵略、经济侵略、文化侵略;但无论何种侵略,都是用报纸做侵略的先锋。这种先锋,日本军阀及其走狗们,看作'侵略满蒙的无上劲旅',拥护扶植,不遗余力。进一步说,东省的日本报社都是间谍机关,它们的新闻记者,都是日本军阀的谍报人员;因此,可知他们所处的立场了。至于伪华报,简言之,是日帝国主义的警犬,它们的工作,仍是照例的造谣、挑拨、鼓吹我国反动势力,藉以助成内争。"[1]任白涛认为日本帝国主义的这种报纸宣传是造成东北失陷的主要原因之一。九一八事变以后,日本侵略者通过报纸对华进行新闻宣传的意图更为明显。任白涛指出:"要而言之,敌人每占据一地,伪华报的发刊是与他们工事的构筑同时进行的;因为敌人很是积有所谓'侵略满蒙之无上劲旅'的经验,深知道这个纸弹的效力大过钢铁弹。又,在今日敌人在广州的出版伪华报,已绝非昔年的偷偷摸摸可比,是已经在光天化日之下,现出魔物的真形了。我们与摧毁敌人的攻城堡垒同时,必须摧毁敌人的攻心堡垒。这决不是仅对广州一地而言,对其它各地都应如此。只有这样,才能得到抗战的最后胜利!"[2]从上述话语中,可见任白涛认为日军用于宣传的报纸与其战争武器具有同等的威胁。但是,他对我国抗战胜利是怀揣着坚定的信念和强烈的信心的。在他看来,在军事作战中我们不仅要摧毁敌人的军事力量,还应当摧毁敌人的新闻宣传力量。

(二) 日本对华新闻宣传工具之二:通信社

任白涛曾撰写过《国际通讯的机构及其作用》一书,在书中他系统地分析了世界各国通信社的组织机构及其在华言论立场。任白涛认为实力强大的通信社是比报纸还厉害的执行新闻宣传政策的武器。

1. 对于国际通信社对华言论立场的应有认识

20世纪后,世界政治经济形势发生重大的变化,新兴的帝国主义国家美国在两次世界大战中迅猛发展,新闻通信事业随之繁荣,出现改变世界通信格

---

[1] 任白涛.日本对华的宣传政策[M].长沙:商务印书馆,1940:82-83.
[2] 任白涛.日本对华的宣传政策[M].长沙:商务印书馆,1940:112.

局的趋势。在任白涛看来,20世纪的世界通信网主要可以分为两个系统:其一,代表世界各主要国家的"国际通信联盟",其骨干通信社包括英国路透电报通信社、法国哈瓦斯通信社、德国德意志通信社、苏联塔斯通信社、意大利斯蒂芬尼通信社、美国联合通信社和日本同盟通信社;其二,以美国的合众通信社为主体的通信网。任白涛指出这两个系统的国际通信网的本质差异在于:"前者是各有完备的国内通信网的国家的通信社;是在一国一社主义的原则下互相组织的国际新闻的交换体系;后者除海通社外,是以合众社为盟主,是主要地依靠该本社的新闻采集网的近乎单一组织的通信体系。"①

任白涛直陈目前我国报纸的国际新闻来源全由上述各国家通信社所供给,认为这是半殖民地半封建的中国所特有的怪现象;并认为在抗日战争取得最终胜利以前,在各帝国主义在华势力收缩以前,这种怪现象是不会消失的。对于这一无可奈何的事实,任白涛做出一段极其切中肯綮的阐述,其内容如下。

> 要之,各国的国家通信社,或私营的通信社,它们的背后既各有一个国家,那末,纵然平常时候能够在通讯上保持住公平报道的原则,一到非常时期——特别是逢着对于其国家有利害关系的事变的时候——便不能不站在自国的立场来说话,这也是当然而应该的事情。但站在自国的立场来替自国辩护,或是为着自国的权益而攻击、指斥他国,这种宣传因为其中并不含多么厉害的危险性,所以也没有多么可怕,最可怕而应该特别注意的,就是次章列举的反宣传——尤其是外国通信社侵占了中国的通信自主权而在中国各地任意制造传布的种种谣言!②

各帝国主义者利用其在中国的政治、经济特权,在中国组建了强固且严密的新闻通信网,控制和垄断着中国的通信事业,中国的许多报纸和刊物正是仰给于这些帝国主义国家通信社的信息供给。这在任白涛看来是一种"中国的通信自主权"的彻底丧失。为此,他昭告国人对于列邦各大通信社发出的新闻电讯,必须保持时刻的警惕,要具有正确而清醒的认识。尤其在当下战争环境,西方其他帝国主义者尽管没有对华发动直接武装侵略,但为了各自在华利

---

① 任白涛.国际通讯的机构及其作用[M].长沙:商务印书馆,1939:3.
② 任白涛.国际通讯的机构及其作用[M].长沙:商务印书馆,1939:69.

益,他们必然会以压制中国抗日新闻宣传、牺牲中国的民族利益来换取日本人对自己利益的默认和保护。因此,任白涛主张要对除日本之外的其他帝国主义在华新闻通信社偏袒日本侵略、压制中国抗日新闻宣传的心迹和行动保持充分的认识。

2. 警惕日本帝国主义者在华通信社的恶毒宣传行为

清同治十一年(1872年),英国路透通信社上海远东分社建立,成为第一个进入中国的外国通信社。20世纪初,日本通讯事业率先向中国渗透,积极培植通讯人员和建立新闻通信机构,许多通信社逐渐演变成日本政府在华官方通信社。任白涛对于日本在华不断壮大的通信事业极为忧心,他认为:"日本帝国主义者在华创办的造谣通信社,实在是极乱暴的新闻宣传政策的武器。"①同时他指出日本在华的足以鼓动全国舆论、挑动中外人心的邪恶通信社主要有"东方通信社""电报通信社""日本新闻联合社""同盟通信社"四者。

任白涛指出,日本通信社的对华新闻宣传策略仍不外乎是煽动、挑拨、捣乱、愚弄等卑劣手段。它对中国政治的最大方针则是"援甲倒乙""援丙倒甲""援丁倒丙",以使中国的整个社会政治秩序陷入无限混乱的状态。自民国始建,中国社会的常年内乱在很大程度上是由于这些阴险狠毒的日本通信社的有意煽动。譬如关于东方通信社,任白涛直陈:"要想检讨日本通信社的通信,当然首先要开做日本外务省的宣传机关的东方通信社。查东方社自从设立以来,经过欧战、华盛顿会议、济案乃至多次的中日交涉和内战等等过程;对于我国以挑拨内讧为能事,对于欧美以捏造谣言,希图降低我国的国际地位,以遂其侵略的野心;要说中国的内战大半是由它挑拨而成的,也非过言。"②对于日本通信社的歪曲事实、无端造谣、淆乱听闻的恶毒行为,任白涛极其愤恨。在1916年东渡日本留学之前,他曾道经上海特意去拜访《神州日报》社长汪允宗,向其解释日本通信社宣传电讯对于中国人民和中国社会的毒害,劝他不要采用"东方社"的电讯稿件。但汪允宗却称,由于中国没有像样的通信社,加之军阀政府对本国通信社拍发电讯的严厉限制和阻碍,有些消息只得刊登外人创办的通信社稿件。任白涛感叹汪允宗的说法符合中国当时新闻通信的现实情况,指出这种"无可奈何之举"是"我报界的一种饮鸩止渴的危险的取材方法"③。他痛斥造成这种局面的根本原因是当时的军阀政府只知道一味地争

---

① 任白涛.日本对华的宣传政策[M].长沙:商务印书馆,1940:112.
② 任白涛.国际通讯的机构及其作用[M].长沙:商务印书馆,1939:74.
③ 任白涛.日本对华的宣传政策[M].长沙:商务印书馆,1940:1.

夺政权、抢夺地盘，而对政治和新闻宣传一无所知。在中国半殖民地半封建社会性质没有彻底改变之前，在列强强加于中国人民头上的不平等条约取消之前，中国的新闻通信现状是得不到根本改变的。

这种情况就给了日本通信社以造谣、挑拨的机会。日本帝国主义者借助其较为完备的新闻通信网，向中国国内各大报纸散布战事消息。中国报纸可以说在一定意义上成了日本帝国主义通信社的"传声筒"，不少不利于我方的战事新闻竟然由我国的报纸传播出去。由此，这类通信社便成了日本帝国主义者对华的新闻宣传政策的执行者和传播者。对于日本帝国主义者的通信社之所以能够在中国领土横行无忌，任白涛总结如下几点理由。

> 这些以煽动、挑拨、捣乱、愚弄等等为宗旨的日帝国主义者的通信社，所以能够在我国横行无忌的最大理由，有三：
>
> 第一，中国没有能够代表一国的通信社。照现代的规例，甲国的通信社要想往乙国发稿，必须由乙国的国家的通信社经手代发；乙国对甲国也是这样。
>
> 第二，中国政治领袖常好压迫自国的新闻通信机关，而绝不敢干涉外人所设的新闻通信机关，尤其是日人的通信社，是以他们的政府为后盾，凭借不平等条约的庇护，利用中国广大的天空，随便发报，正和他们使兵舰、商轮在中国的江海任意通航完全一样。
>
> 第三，中国报馆编辑缺乏，或者可以说是完全没有新闻学识，尤其是不知道某种的国际宣传会在某种的外交上起某种的作用。……中国的报馆既没有通新闻学的编辑，更没有组织完备的编辑部，因之对于外来稿件，大都以"牛羊何择"的手腕而把它黏辑（我常说中国报馆的编辑多应改作这种名目）起来发给"手民"去排，就算完事。没有新闻学识，当然不会明白国际宣传怎样能够影响于外交了。要之，中国报馆的编辑方法，是杂乱的，是盲目的。①

任白涛较为客观地点明了日本帝国主义者通信社在华肆意传播不利消息的主要原因。从他对第三点原因的分析来看，他认为中国报馆编辑由于新闻学识的匮乏，不明白外人对华新闻宣传的微妙作用。这种观点体现了任白涛鲜明的新闻学者身份和学术底蕴。任白涛对日本帝国主义在华新闻通信的分

---

① 任白涛.过去日本对华的新闻政策（上）[J].社会导报，1932(5):3.

析是极为细致的,他的研究视角甚至深入日本新闻通信的具体措辞之上。在他看来,日本通信社所发出的通信常采用一套惯用话语体系,这种话语体系常常带有浓厚的主观色彩。其中譬如:

> 现从过去的若干条电报中,检出他们惯用的抽象和模糊影响,即煽动、挑拨、捣乱、愚弄的语句,那就是:"关于……说""本埠人士对于""本埠一般同情""竟不闻""颇为""并不生何等好影响""一般均以""至……方面""则以""加以""而故为""是明示""咸以""实为""多数人士均""表面上虽……然其实""如此则""此间人士……皆谓如斯则""啧有烦言""声势""日内将""均有""似与"……之类了。①

在任白涛的眼中,这类用词是日方通信社所惯用的笔调,而在世界其他各大通信社的新闻电报中是很难被发现的。对于日方通信社的这套话语体系,任白涛痛斥其为"不义不德不要脸之举动"。相较世界其他通信社,日本通信社为何惯于采用这种文句?任白涛认为应当从两个方面去考察:一是国民性方面,即所谓大和民族性,绝没有安格鲁撒克逊或日耳曼或斯拉夫诸民族性那样的优良;二是外交政策方面,日本近年的对华外交有项固定的方针,即如何使我国的秩序纷乱,如何使用渔人的手段以达乘机侵略的目的。本来所谓的新闻政策,是常随外交方针而转移的,外交方针若是野心的、侵略的,那么新闻政策便是替代攻城炮火以攻民心的锐利无比的战器。确如任白涛所言,新闻政策常常随着外交政策的变动而变动,日本对华新闻宣传政策固然会受到其外交政策的影响和支配,但是将日本通信社倾向性报道归责于日本国民性的低劣或许失之偏颇。

(三)日本对华新闻宣传工具之三:无线电广播

19世纪后半叶到20世纪初,人类科学技术突飞猛进,无线电广播得以诞生并很快被运用到新闻传播事业之中。相比报纸,无线电广播在传播成本和传播速度上具有优势,特别是在社会危急时刻,它的快速宣传作用更为明显。无线电广播由于超越了时空的限制和阻隔,经它发出的新闻消息可以在世界范围内迅速传播。因此,一旦将无线电用于战时新闻宣传,则它的影响力将可以"无远弗届"。我国无线电广播事业在进入20世纪以后逐渐发展起来。

---

① 任白涛.过去日本对华的新闻政策(上)[J].社会导报,1932(5):4.

1926年10月1日,哈尔滨无线广播电台开始正式播音,标志着中国人自办的第一座无线广播电台的诞生。1927年以后,天津、北京、沈阳等地的广播电台陆续出现。抗日战争爆发以前,国民党还在一些主要城市建立了一批地方性广播电台。任白涛看出了无线电广播的强大的传播效果,指出无线电广播是日本对华新闻宣传的重要工具,认为日本侵略者在占领我们国内的重大城市之后,分布在城市中的各类电台将会沦为其对华新闻宣传的重点机构。

任白涛认为,日本无线电广播的对华新闻宣传内容和邪恶策略主要体现在捏造日军对华战争胜利消息和制造对华挑拨离间的谣言。这"一正一反"的两面宣传可谓是日本对华新闻宣传的主要策略和手段。日本之所以能够利用无线电广播在其占领区对中国人民进行猖獗宣传,任白涛认为主要有两点原因:"一个主要的原因就是我各大城市——比如重庆——对于收音机还没有施行严格的调查登记和限制,因之,人人都可以随意收听敌人的广播——尤其是同盟社的造谣电讯。另一个主要的原因,就是公共机关——特别是军事情报机关——多经常收听敌人的广播。"①在战争期间,收听敌人广播本来应是我方军事情报机关应该做的工作,因为可以从敌人广播当中获取一定的情报信息,以备战争之需。但任白涛认为我方军事情报人员搜集的敌人广播信息存在严重泄露现象,指出这类机密文件"名义上是送给那个机关的高级长官阅看的,实则那机关的高级长官未必有功夫去阅看这种东西,多被低级职员拿去。流弊就从这里生出;即首先把这种广播的谣言传诸公务员的太太;再由太太传诸亲友,以及女仆等人;于是以一传十,以十传百"②。这等于变相地为敌人宣传。任白涛的看法表明他期望国民政府能够对战时无线电广播进行适当管理,以杜绝民众对敌人谣言的接收,同时他也指斥了国民党军政人员在处理军事情报上松懈、恣肆和不负责任的态度。

(四)日本对华新闻宣传工具之四:电影

抗战全面爆发之后,毛泽东在阐述反对日本进攻的方针、办法和前途时称:"新闻纸、出版事业、电影、戏剧、文艺,一切使合于国防的利益。禁止汉奸的宣传。"③在此指示下,中国电影界大力开展抗日救亡文艺运动,鼓舞和动员了

---

① 任白涛.关于对敌宣传[J].中国青年(重庆),1940,3(1/2):83.
② 任白涛.关于对敌宣传[J].中国青年(重庆),1940,3(1/2):83.
③ 毛泽东.反对日本进攻的方针、办法和前途[M]//毛泽东选集:第二卷.北京:人民出版社,1991:348.

各阶层的人民投入抗战洪流当中。这表明电影这一传播媒介可以成为战时新闻宣传的重要载体,当然这一媒介也为日本侵略者所利用。任白涛认为,在抗战期间,电影也是日本用以对华新闻宣传的工具和武器之一。用电影进行的战时新闻宣传,尽管没有多少真实性与时效性,但在敌后沦陷区却是一种极富煽动力和感染力的宣传方式。譬如,日本帝国主义者利用电影将日方战争"胜利"的消息以影片的形式表现出来,向沦陷区的中国人民播放,从而在中国人民心中制造出一种中国必败的亡国观念,以此来消减中国人民的抗战热情和胜利信念。因此,任白涛指出,日本的战时电影是一种不能忽视的恶毒的新闻宣传手段。

伴随日军在华势力的扩张,电影这种新兴事物逐渐被运用于战争宣传并推广到中国许多的沦陷城市。"其内容,在以前,是拍摄中国人的'恶习'和'劣点',借以引起它国人对中国人的憎恶观念;在现今,当然极力拍摄寇军'胜利'等虚伪的事迹在伪满和其它沦陷城市免费——甚至加送糖果——诱人观看,决不像我们拍摄的抗战影片,仅在试片那天,请好些知识分子免费看看,随后便定出相当昂贵的价目,致使一般大众无力鉴赏所可比拟。"[①]由此可见,日本侵略者十分积极地用电影对沦陷区的中国人民进行欺骗性与麻醉性的宣传,进行恶毒的奴化教育;而国内往往将电影看成上层社会的娱乐消遣品,电影并未真正走向一般大众,更遑论为动员抗战做出贡献。从任白涛的论述中,我们常常能够看到他对敌我宣传情况做出的对比,这种阐述更能鲜明地表现出抗战时期我方新闻宣传的不足,同时也反映出了国民党领导下的抗战活动的虚假与腐败。从中不难体味任白涛对我国拍摄的抗战电影不能向社会大众免费普及而感到相当失望和不满,他认为中国在利用电影进行战时新闻宣传中的做法显然不及日本那样"不遗余力"。

任白涛指出日本帝国主义者的战时电影呈现出一种新型宣传态势,"即利用歹徒在租界各地,开设影片公司,专意拍摄封建、神圣、色情——特别是足以挑起我们的民族历史恶感的东西——借以麻醉、欺骗、毒害我们的民族;比如在满清早已倒去的今日,在废帝被倭人强制挟去做伪满傀儡的今日,在倭国蓄意吞并满蒙并积极分化满汉蒙间的团结的今日,他们竟会设计拍摄一种叫做什么'明末遗恨'的'历史影片'"[②]。日本侵略者利用汉奸、歹徒拍摄的"足以挑起我们的民族历史恶感"的影片是一种赤裸裸的汉奸文化,企图将中国人民

---

① 任白涛.关于对敌宣传[J].中国青年(重庆),1940,3(1/2):82.
② 任白涛.关于对敌宣传[J].中国青年(重庆),1940,3(1/2):82.

拉回至愚昧无知的封建时代,对我们的民族进行麻醉、欺骗、毒害,是对抗日民族统一战线在思想上的破坏,其用心不可谓不阴险。任白涛以敏锐的眼光对这类汉奸拍摄的影片做出观察、审视,是对人民抗战信念的一种有力警示,对巩固全民族抗战的思想文化战线具有积极的意义。

三、提出战时新闻宣传活动的主要原则

抗日战场上中国军队的失利局势势必会对中国人民的抗战决心产生负面影响,使其对抗战前途失去信心。为了消除笼罩在人民心头的对抗战形势及前途的悲观主义和消极情绪,任白涛认为需要在思想观念上确立对日新闻宣传的基本原则,树立起反对日本新闻侵略的思想,坚定抗战必胜的信念。在任白涛看来,新闻宣传是抗战时期不容忽视的一股重要力量,他将日本对华的军事力量称为"攻城堡垒",而将日本对华的新闻宣传力量喻为"攻心堡垒"。由此可见,任白涛对于战时新闻宣传活动的重视。基于对日本对华新闻宣传政策及行为的剖析与认识,任白涛主张我国军民应当秉持"对敌宣传"和反对"败北主义"的原则与立场。

(一) 坚定"对敌宣传"的原则

在任白涛看来,宣传是战争期间敌我两国之间最为通用的手段。就我国而言,抗战期间的对日宣传应当是一项持续性的工作,因为它能及时粉碎敌方谣言,最大限度地调动民众投入抗战事业。正如郭沫若所说"对敌人的宣传是我们宣传工作最重要任务"[1]。任白涛认为:"所谓宣传,是能诱导某种事物的方法的表现。它的第一目的,便在造成良好的空气。所以宣传对于政治的、军事的、经济的局面的发展,以及关于敌国民的心理状态的事实,必须立到广泛的知识上头……因此之故,宣传的第一要则是单只照着真实来宣布;第二要则是在宣传里面不可有矛盾撞着的事情。因之,必须严重遵守所定的政策,希求总体的最坚固的协同。玩弄虚伪会招致难以回复的失败。"[2]任白涛认为宣传有两个特性:其一,宣传对于敌国政治、军事、经济乃至人民的心理状态具有着重要的影响力;其二,宣传效力的发挥取决于其所传播事实的真实程度,因此宣传内容要有理有据、真实可信,像日本帝国主义者的那种虚假宣传是不足取

---

[1] 郭沫若.战时宣传工作[M].重庆:黄埔出版社,1938:71.
[2] 任白涛.抗战期间的新闻宣传[M].广州:新闻研究社,1938:9.

的,同时宣传活动应当严守既定之宣传政策。任白涛的这种宣传思路是具有相当合理性与可行性的。

任白涛认为对于近代战争而言,宣传战线与军事战线、经济战线等处于同等重要的地位。他说:"宣传对于战争,是同炮火一样要紧的事情。更申言之,在近代的战争里面,必须要有三战线的协调一致:第一是军事战线,第二是经济战线,第三是宣传战线。但这种次序也只是为图行文的便利起见,其实三条战线同一重要;尤其是这条宣传战线,实在可说是近代世界战争的一大特色;与战事的规模振古无比同样地,这种宣传的规模也是空前的。"[1]由此可知,任白涛认为宣传与近代战争具有不可分的关系。在任白涛看来,如果能够利用好宣传这一武器,那么在战时则能取得如下四种效果:第一,煽起自国民对于敌国的敌忾心;第二,努力维持与同盟国的友情;第三,保持与中立国的友情,尽力使它们参加到己方;第四,阻丧或减削敌国民的志气和敌军的战意。因此他主张中国在抗战中要将"对敌宣传"原则贯彻到底,充分发挥宣传的力量。

在日本对华发动的侵略战争中,日本方面的新闻宣传实在发挥着巨大的辅助作用。有鉴于此,任白涛指出全国军民都应当树立起坚定的"对敌宣传"思想观念,培养起敏锐的宣传意识,以宣传为武器来对抗敌方宣传。这是抗战期间对日新闻宣传的原则性问题。关于"对敌宣传",任白涛认为应当从广义与狭义两个层面上来加以认识。狭义层面上,"对敌宣传的一般的解释,不外是对敌方散布或推广我方的文字宣传,如报纸、传单、杂文、小册、标语之类,和口头宣传,如无线电广播、演讲之类";广义层面上,"就是对于当前的敌人——倭寇——对我施行的种种,无孔不入,无微不至的阴谋宣传政策及其对策的研究"。而关于为何从广义和狭义两个层面认识"对敌宣传",任白涛解释称,"如果我们仅以敌人做宣传的对象,虽然也能收得效果,但在另一方面,则有失去多数民众之虞;还有一层,就是倭寇对我施行的宣传政策,已经有了四十余年的历史,即早已在我国插下很深远的根蒂,筑起很强固的基础。所以在今日——在抗战第四年的关头——讲对敌宣传,若是不从根本上着手,即设法挖掘它的宣传根蒂,拆除它的宣传基础,单知从事枝节的、外表的对敌宣传,是难以见着功效的"。[2] 这再次表明了任白涛对战时新闻宣传的重视,他期望全国军民在英勇抗战的同时重视对日宣传,利用好新闻宣传这一有力的武器。

---

[1] 任白涛.抗战期间的新闻宣传[M].广州:新闻研究社,1938:15.
[2] 任白涛.关于对敌宣传[J].中国青年(重庆),1940,3(1/2):81.

(二)反对"败北主义"的原则

在旷日持久的反侵略战争中,中国人民进行了艰苦顽强的抗争,但由于国民党的片面抗战,中国军民付出了沉重的代价。1938年10月武汉沦陷后,国民党内部对抗战前途抱悲观情绪的人逐渐增多,暗藏的汉奸和亲日派公开散布消极情绪和抗战必败的亡国论调,甚至公开主张向日本投降。战场上的失利和国民党内部的悲观论调影响了当时的新闻界,致使我们新闻界的对日新闻宣传活动弥漫着一种消极态度。任白涛认为我国战时新闻宣传的消极面貌固然一部分是由于替敌方做宣传工作的汉奸、败类的存在,然其根本原因还是我方的战时新闻宣传"中了败北主义的毒"。因此,他提出抗战期间的对日新闻宣传的另一项重要原则就是应当坚决反对和抵制"败北主义"。

任白涛主张我国新闻机构应该在宣传战线上给予日本帝国主义者以猛烈的打击,驱除悲观的抗战情绪,鼓舞人民抗战到底,正确引导舆论。他指出:"宣传的真正目的,乃是要使这个宣传的效力至少等于炮火的效力。即与筑起炮火堡垒同时,还须筑起宣传堡垒。假若那战争是一种抵御国际强盗的战争,或是一种吊民伐罪的战争,则做宣传工作者的笔杆,当然都须一致地采取像枪杆一样的姿势。所谓'投笔从戎'一语,在今日来说,是应改为'执笔从戎'的。"[①]由此可见,任白涛认为战时新闻宣传工作者应当与前线战士一样肩负起保家卫国的时代重任,要以积极饱满的精神投入抗日新闻宣传事业。

关于"败北主义"的概念和内涵,任白涛认为:"败北主义,是政治学上的一个名词。它的内容:第一,是常把敌人的力量看得非常大,自己的力量看得非常小。第二,常取守势,敌若不攻或临到机会,便与敌人妥协;敌若攻时,则行退却。第三,总希望敌人内讧不一致,或敌人自己破裂。敌人若不内讧破裂时,则希望第三者来干涉,打不平。第四,希望敌人受意外的损失,盼天公打雷下雹子,把敌人打死。譬如对日本吧,则希望日本地震,把日本来灭亡;或自己出一员猛将把日本人杀尽。第五,希望自己一点也不牺牲,不劳而获。要知,凡是斗争没有不牺牲不损失的,除非是不斗争。第六,无斗志,虽口头宣战,但不作战争的准备。第七,主观的胜利:自觉着不战则已,战则必胜;不幸而败,将来亦或胜;将来不胜,则精神上也受胜利!第八,本无斗志,到了万不得已,为维持面子起见而战,结果是失败。这是败北主义的内容。"[②]

---

① 任白涛.抗战期间的新闻宣传[M].广州:新闻研究社,1938:17-18.
② 任白涛.抗战期间的新闻宣传[M].广州:新闻研究社,1938:20-21.

任白涛提出"败北主义"的思想特征在于缺乏自信、消极妥协、心存侥幸、不劳而获、毫无斗志,并清晰地指出了我国战时新闻宣传的诸种缺点和弊端,对我国在抗战期间的对日新闻宣传的观察和剖析是极其敏锐而深刻的。他指出的"败北主义"的八点内涵,是他从新闻人角度所提出的个人之见,在一定程度上反映了抗战时期我国新闻界的战时新闻宣传现状。这种"败北主义"思想在我国当时的报刊上是有所呈现的。譬如,《奋斗》周刊在1931年第12期中刊文介绍日军占领沈阳的经过,其副标题为"大好河山成血海!磨利快剑论恩仇!",文中详载日军第二师团长多门中将对沈阳商民通告:"即一本军纪律善良,尔商人各自营业,二但有阻碍本军之行动,杀无赦,三有侦察本军行动者杀无赦……"①又如,《东方杂志》在第28卷第22期刊登"日本重炮队在红顶山射击""中国军队遗下物件,被日军烧毁""沈阳财政厅被日军占领,金银财货抢劫一空"②等多幅照片;《民众周报》亦刊登多幅日军占领后的沈阳街市情形照片,其中包括"沈阳被占后中国军人被杀者尚无人掩埋"③等此类照片。这些文字报道及新闻图片真实记录了日军对华实施的野蛮侵略,令人触目惊心。我国媒体的报道与宣传固然有利于激发民众的抗战热血,但也可能造成人民对日寇的恐惧心理。任白涛提出的"败北主义"思想即是对此的警醒,即我国新闻界的抗战宣传不可缺乏自信,不可"为敌宣传"。再如,当日军侵略步伐深入中国腹地,中国军民的抗战迈入战略相持的艰难阶段,我国部分报纸的抗战宣传频频出现"美国援助"的论调。例如,《新湖北日报》在1941年1月1日至3日的要闻版连续刊登《罗斯福广播痛斥轴心集团》《"炉边谈话"掀动全球,美决心维护正义》《美舰集中夏威夷》等文章;《前线日报》也表示中国需要美国援助,直言"中国欲于将来成为自由独立之国家,所需于美国迅速切实援助者甚多",声称"今日当前之亟务厥惟中美英三国间合作之方法若何"④。任白涛指出在自己没有强大起来之前,寄希望于他国援助简直是自欺欺人。因此,他对我国部分报刊对日新闻宣传出现的心存侥幸、不劳而获等行为表示坚决的反对。抗战时期我国新闻界的新闻宣传缺陷,一方面反映出新闻记者自身知识储备及宣传素养的不足,另一方面也反映出我国战时新闻宣传事业缺乏统一的领导与指挥。由此所可能导致的宣传效果的"缺位",引起任白涛的深深忧

---

① 编者.日军占领沈阳之经过[J].奋斗,1931(12):42.
② 成之.暴日占领下之东北(三)[J].东方杂志,1931(22).
③ 沈阳被占后中国军人被杀者尚无人掩埋[J].民众周报,1931(196).
④ 中国需要美国援助[N].前线日报,1941-05-03.

虑,他关于"败北主义"的论述表明他愿为抗战宣传贡献力量的积极心态。再者,任白涛认为单是宣传对日经济绝交也是"败北主义"的表现,因为日本侵略者在其占领区的搜刮、抢夺等可以在一定程度上弥补其经济损失。因此我们还应对日发起政治绝交,以此坚定中国军民的对日作战决心。①

这种"败北主义"新闻报道的结果为何呢?任白涛指出:"败北主义的结果,是敌力日大,己力日小,将民意消沉下去,战争无准备,一战则崩溃瓦解,国亡家败。"②任白涛认为,"败北主义"持续蔓延下去最终会导致国家的败亡。我国部分新闻媒体尤其是日本在华的伪华报与汉奸报对这种"败北主义"思想的渲染,增添了国民心理上的"恐日症"。至于在新闻宣传中如何革除"败北主义"现象,任白涛指出:"第一,全国上下应认清败北主义即亡国主义;第二,不但认清败北主义,且进一步起来干非败北主义,将现在谬误的宣传等,重新改造一番;第三,要时时刻刻看看自己的抗日救国运动,是否走向败北主义的路?"③

由此,任白涛主张抗战时期的新闻宣传应当秉持"非败北主义"的原则,坚定抗战必胜的新闻宣传信念。但现状却令任白涛颇为痛心,"在八一三抗战发动后,我们的报纸对于这个伟大的时代的莅临,在报导上是持着怎样的态度呢?单就申新两报来说,可说依然是走的败北主义的路线:无中生有的战事报导,每天都有,而千真万确的敌方被击落或焚毁的飞机以及俘虏的照片等,仍只让一般临时出版的画报去登载,申新两报是绝不登载的,它们所登的几乎全是敌方的轰炸或残杀的'战绩',这不是败北主义是什么?"④对于这种对日新闻宣传的"败北主义"现象,任白涛认为一部分原因是我国新闻界风气的败坏,他指出在国难当头的今日,我国新闻界的新闻工作者竟然还有贪图享受、苟且偷生之辈。对于这类时刻想要"酒肉一番"的新闻工作者,任白涛愤慨地斥责其玷污了新闻记者职业,有负国家与人民的重托。任白涛关于抗战期间新闻宣传应当反对"败北主义"的认识有利于扫除悲观消极的情绪,振奋抗战精神,激励民众利用好舆论宣传阵地。

---

① 任白涛.抗战期间的新闻宣传[M].广州:新闻研究社,1938:24.
② 任白涛.抗战期间的新闻宣传[M].广州:新闻研究社,1938:25.
③ 任白涛.抗战期间的新闻宣传[M].广州:新闻研究社,1938:35.
④ 任白涛.抗战期间的新闻宣传[M].广州:新闻研究社,1938:37.

四、提出中国对日新闻宣传的具体措施

任白涛关于对敌宣传的研究不仅包括对日本帝国主义阴谋宣传政策的揭露,还包括相关对策的提出。他在考察日本对华新闻宣传的种种表象之后,进而提出了抗战期间我方对日新闻宣传的具体方案,这在当时来看具有一定的现实意义。

(一)构建战时新闻报道话语体系的具体方法

抗战期间,中国各类新闻媒介肩负着战时新闻宣传的重要任务。任白涛认为战时新闻报道相比平常时期的新闻报道,前者在报道立场、语言风格与话语逻辑上与后者应有明显差异。战时新闻报道应拥有一套特殊的话语体系。

1. 在标题文句的构成上,应以我方为主格

任白涛主张战时新闻报道在标题文句制作上应以我方为主格。他认为以敌方为主格的新闻报道是"败北主义"的象征,他说:"将本应该用大字标题登载的我方军事真实的活动,却仅以寥寥数语,排列到极不重要的地位,而对于敌方的一举一动或在未动以前所放出的'扬言''预料''企图'一类的空气,都认为重要消息而列入当天新闻的首条,即遮掩我方的战绩,夸饰敌方的战绩,乃至有如后项所述,在标题文句的构成上常拿敌方做主格,即看不起或不相信自己的实力,这才算是十足道地的败北主义哩!"[①]

具体如何以主格化处理战时新闻报道的标题文句,任白涛认为在标题中应当以"我方""我军"为主语,突出我军对日寇的猛烈攻势,体现了在战争中我军的主动和主导地位。任白涛举例,譬如在八一三事变之后的上海报纸上刊载的《我坚守第一道防线,敌数度进犯未得逞》的标题文句就是犯了以敌方为主格的毛病,认为应当改成《我军猛烈炮攻敌海军司令部,日本小学校以北一带在延烧中》。任白涛认为这样一改就使标题语句更能吸引公众的注意,鼓舞和振奋我国军民坚持抗战到底的勇气和决心。任白涛认为标题对于报纸来说是最先映入读者眼帘的文字,因此战时新闻报道的标题文句绝对不能持有一种含糊中立的立场,而应当体现出它鲜明的战斗性。任白涛的这种观点表明了他十分注重新闻宣传的"战斗性"和"工具性"。他的这种认识在同时期的任

---

① 任白涛.抗战期间的新闻宣传[M].广州:新闻研究社,1938:42-43.

毕明那里得到共鸣,后者也认为:"在现阶段反抗侵略战争中,固然有赖于军事上的武器,但同时也有赖于政治上的文器。比方新闻宣传,它的意义就是另一战争的方式。因此,新闻学就是战争中的有力的文化武器。我们要把这文器,成为武器化的战斗工具。"①

2. 在新闻记事的取材上,不可泄露军情

任白涛认为战时新闻记者对新闻记事的取材要慎重处理,绝对不可泄露军情。他认为在战时新闻宣传工作当中,有些战事消息可以在报端刊载,有些却需要做暂时的保密而不能随便披露。他常指摘我国战地新闻记者群体的缺乏及现有战地新闻记者军事素养的不足,认为战地记者军事素养的匮乏可能直接导致战争情报的泄露。因此,任白涛提出战时新闻工作者应对新闻记事的选择、报道做慎重的处理。

任白涛认为战争时期的新闻报道,即使是一个很细微的信息披露都有可能泄露军情。譬如:"前数日,有某报用实地摄影传递火线情报相号召,于无意之中,给敌人以情报,使我火线将士处于焦头烂额的境地,几致我神妙布局,完全逆转,只为了糊涂虫一纸相片而已!战地一战壕一大炮,原不足异,假若衬托了背境,烘染了荫蔽,那么敌人便可推算地位,测知藏集,加之现代立体战术,就不难立时毁灭了。"②任白涛对此种现象表示深深的忧虑,感叹我国相关文化机关及部门竟然并未稍加注意、稍加论列。任白涛指出:"这不是关于一两家报纸的问题,而是关于整个抗战宣传的问题,即不是一两家报社应负担的责任,而是主持整个抗战宣传的机构的人应负的责任。"③

在新闻记事的制作上,任白涛指出我方对日新闻宣传的另一个弊病在于替敌方虚张声势,认为我国部分报纸的战时新闻报道总是会对敌方的进攻进行详尽的描写。他举例,比如:"向我军某某阵地轰击,达七八百响""估计昨日敌机及大炮,轰击,数在八百次以上"这样的新闻记事文句既不符合事实,又存在为敌方宣传、助长敌方气焰的危险。再如,"犹忆某次申报报告日寇侵热河战事的北平电的末句,是'日甲车因我抵抗退朝阳'。这完全算是多用'因我抵抗'四字耗费报费事小,增加民族惰性事大;若是简捷地用曰'日甲车败退朝阳'的字句,不是既然足以增长民族的勇气,又复节省三个方块字的报费

---

① 任毕明.战时新闻学[M].广州:光明书局,1938:4.
② 任白涛.抗战期间的新闻宣传[M].广州:新闻研究社,1938:50.
③ 任白涛.抗战期间的新闻宣传[M].广州:新闻研究社,1938:52.

吗?"①任白涛认为诸如此类的战时新闻宣传报道都是不可取的。关于战时新闻记事,新闻工作者应当做到在选材上避免泄露军情,在制作上摒弃为敌宣传之嫌。

3. 在报纸社论立场上,应当坚决摒弃含混中立的态度

任白涛认为报纸社论在战时新闻报道中是比新闻记事更为重要的内容。他主张战时报纸社论应当态度鲜明、立场坚定,始终不移地为"团结抗战、抵御外侮"大声疾呼。因此他对那些态度模棱两可的报纸社论相当不满,对此嗤之以鼻。任白涛的这种观点主要体现于他对新记《大公报》社论立场的批判。对于新记《大公报》在抗战期间的社论立场,任白涛这样说:"概括地说,在八一三抗战发动后,单就上海报纸的社评来说,如申报和立报的,态度和立场都还不错,新闻报的社评虽然常发挥所谓'过后见识'——比如在市中心区被占后,它的社评中便会说'在国防不巩固的都市中,从事于巨大的建设,终感觉有些失策'……但是这种社评虽然没有益处,可是也没有害处。最要不得的,而且必须在这里取作检讨的对象的,便是上海大公报的社评。但是上海大公报与天津大公报是同一系统,所以它们的社评,原都可说是'一个鼻孔出气'。"②可见,在任白涛看来,新记《大公报》的社论对于抗战宣传来说不但无益而且有害。这种表述就鲜明地表明了任白涛对于新记《大公报》的言论立场是持一种否定态度的。

上海当时某小型报对《大公报》的社论曾做出过这样的一种赞辞:"大公报在华北最受一般人欢迎的,就是它的评论。大公报的评论显然与各报的评论不同,它是能够以锐利的目光来批评政治、经济、社会等重大问题,不像其他各报,有点评而不论,论而不评。所以大公报的销数一大半建筑在评论身上。说它靠评论卖钱,并不为过。"③然而任白涛对《大公报》的言论却并不买账,他曾对此略带自嘲地说:"但是不幸运得很,我每向该报社评领教一次,便要大触一次的霉头。也许因为不是该报的固定读者,所以没有看见过它的好社评。"④由此可知,任白涛对于《大公报》的战时言论与当时一些评论家、观察者的观点是截然不同的。

任白涛指出,战时新记《大公报》的抗战言论表现出一副吞吞吐吐、扭扭捏

---

① 任白涛.抗战期间的新闻宣传[M].广州:新闻研究社,1938:57-58.
② 任白涛.抗战期间的新闻宣传[M].广州:新闻研究社,1938:67-68.
③ 任白涛.抗战期间的新闻宣传[M].广州:新闻研究社,1938:68.
④ 任白涛.抗战期间的新闻宣传[M].广州:新闻研究社,1938:69.

捏且阴阳怪气的腔调。譬如,1932年12月27日,天津《大公报》刊载了《何成濬入陕剿匪徐向前》的社论,指责徐向前及其部队为"赤匪",号召中央政府当局"督责鄂陕甘川四省,通盘防剿"[①]。1935年10月28日,天津《大公报》再发社论《防共欤? 长共欤?》。文章称:"中国共祸之起,本极复杂,历久未平,复多因素,若不根据客观事实,出以周到肆应,则防共不成,转成长共,此在中国过去,失败之例,不一而足,现在外人既着眼及此,自应深思熟虑,策划万全,不容稍涉感情,流于偏急。"[②]1936年12月9日的《大公报》又发表《国民与国军》社论,称赞国民党政府对中国共产党的围剿:"此等国军为保持中国之独立统一自由在共党放弃武装的赤化组织以前,不得不尽战乱责任。"[③]当抗战全面爆发,《大公报》则又号召各党派捐弃前嫌,以抗战救国为中心,社论《对日须为整个的行动》中写道:"对日须为整个的行动,张弛进退之间,须在一定计划之下,以全国一致之力行之,勿枝枝节节零零碎碎以为争!"[④]对于《大公报》的这种前后矛盾、一口两词的悖谬言论,任白涛认为该报实在是有负于其"执华北舆论界权威"的称号。任白涛认为,像《大公报》这样的报纸,应当鲜明爽快地表现出支持抗战、团结抗战的态度。有鉴于此,任白涛对于抗战时期报纸社论态度及立场下如下的结论:"要之,社评是报纸的灵魂,即报格的表现,决非故意卖弄主张或文墨的所在。与一个人须有人格同样地,报纸也是须有报格的。要想维护报格,社评的主张,万不可仿效泼妇,一口两舌,或是仿效顽童,反覆无常。若是说为着适应环境,不能不随时改变一下,但最低限度也应该在立论和措辞上持较客观的态度,像前引的大公报的数评那样的像皇帝下圣旨或老子教训儿子一般的措辞和态度,是万不足取的。"[⑤]

4. 在新闻报道的内容安排上,既要关注到我方也要兼顾到敌方

任白涛认为抗战期间的新闻报道与平常时期的新闻报道不同,战时新闻报道应当从敌我两个方面来加以权衡和取舍。在我军方面,要注重表现我军军事部署的完善、战绩的辉煌和军人的英勇气概;在敌军方面,则要重在表现其军事的溃败、士气的低落以及内部矛盾的加剧。以"一扬一抑"的原则来安排新闻报道的内容。为此,他从敌我两方对战时新闻报道加以条分缕析的阐述。

① 何成濬入陕督剿徐向前[N].天津大公报,1932-12-27.
② 防共欤? 长共欤? [N].天津大公报,1935-10-28.
③ 国民与国军[N].天津大公报,1936-12-09.
④ 对日须为整个的行动[N].天津大公报,1932-01-13.
⑤ 任白涛.抗战期间的新闻宣传[M].广州:新闻研究社,1938:82-83.

关于我方的

第一,前线我军动态;但须略去防务实在情形,如阵地形势等。

第二,亲眼看见——最低限度也要亲耳听见——的战记,不要空洞无物的闭门造车一类的东西。

第三,重要军事长官会见记者之类,应附带照相或题字,藉以表现其人的风姿和意志。

第四,伤兵谈话之类,虽可表白在他受伤以前的战况,但易泄露防务情形,用时务须慎重。

第五,难民谈之类,如系亲身经历、亲眼所见的,在不宣泄我方防务情形的范围内,可以采用,作为一种战时软性的记事。

第六,关于难民救济事宜的报道;内容当然要注意到具体的实惠的方法上。

第七,对于战士的救护和医疗的报道,因为除伤兵数目、受伤情形、救护方法乃至医院名称、地址等都须严守秘密,故可报道的事情,只有战士们在疗养中的生活。

第八,遇有重要的慰劳队,比如从远方来的慰劳队,则应取该慰劳队的人物、慰劳物品、慰劳的特殊行动——如演剧、歌唱等——为记事材料(附带照相)。

关于敌方的

第一,敌方军事配备及工事;在不替敌方虚张声势的范围内,须尽力报道。

第二,敌方的作战计划;这是必须使大众知道的事情。

第三,关于敌方死伤数目,特别是敌尸的处理等事,务必采取根据具体的事实的详细报道,避免夸大的空话。

第四,我军对于敌方工事的破坏情形,即大炮飞机炸弹的效果。

第五,俘虏的姓名、人数、职位以及审问情形,日常生活和谈话,对战事的感想等,可取俘虏的家书等做报道参考资料。

第六,所获敌方的战利品,务须像记账一般,详细报道。

第七,与军事有关的敌方内部情形——尤其是所起的某种事变——务取实在材料,不要捕风捉影或无中生有之谈。

第八，在敌方的报纸上尽量采取关于敌方军事失利的种种事实。①

在任白涛看来，上述诸项所列举的内容都是抗战时期对日新闻宣传报道所不可忽略的重要内容。任白涛对战时新闻报道的具体操作方法的探讨是相当细致且具有可操作性的。任白涛对战时新闻报道的研究是基于他自身的新闻实践经历和战时所见所闻，他认为中国新闻界的战时新闻报道实在是不能算得上称职，故而从新闻学者的角度为战时新闻记者的实际工作提供可循之法。且不论他的这种构建是否足够全面、系统，在多大程度上适用于抗战新闻宣传，但他这种"知识救国"的精神和理想是值得称许的。

（二）创办多种有规模的日文报纸，"以报还报"

由于民国时期的中国社会仍属于半殖民地半封建社会，新闻事业在某种意义上说也具有半殖民地半封建的性质。"殖民性"在新闻事业中的表现为：第一，各帝国主义国家在中国开办报纸、通信社、广播电台以进行新闻侵略。第二，帝国主义国家借助新闻宣传的力量来干涉中国内政。其利用其在华特权积极发展新闻事业，创办或扶植了多种报纸、杂志、电台和通信社，导致中国新闻通信主权的丧失，压缩了中国本土新闻事业的发展空间。这种现实则导致抗战爆发后，日本得以利用其新闻宣传机关操纵和影响舆论，使中国媒体的声音得不到应有的重视。

对此，时人曾指出，"就由于一百多年来帝国主义者在中国新闻园地里，种下了如此广大而深植的根，播散着广泛的种子，中国人民深受了帝国主义在文化与新闻上的荼毒与麻醉"，因此"为了新闻的正确与纯洁，更为了自由独立，民主统一的新中国的实现，帝国主义在华这种新闻的文化的侵略自必在扫除之列"，"一句话，为了人民的彻底解放，粉碎帝国主义对中国的奴役，必须在新闻事业上扫清帝国主义的努力，要使一切过去遂行帝国主义侵略活动的报纸、通信社、新闻处、电台以及新闻刊物停止活动"。②

任白涛认为日本帝国主义者尤其擅长对中国施行文化渗透，以其广布的新闻宣传触角来打击和瓦解中国军民的抗战信念。为了扫除"这种新闻的文化的侵略"，使中国人民从受帝国主义精神上的蒙蔽中解救出来，他主张应当

---

① 任白涛.抗战期间的新闻宣传[M].广州：新闻研究社，1938：92-99.
② 小鱼.肃清帝国主义的新闻侵略[J].光明报，1949，新3(1)：17.

创设多种日文报纸,针对性地进行对敌新闻宣传。他认为,"我们自从全面抗战以来,虽然也曾筑起强固的军事堡垒来对抗敌方的军事堡垒,但未曾筑起强固的宣传堡垒来对抗敌方的宣传堡垒"①。我方的抗日新闻宣传力量就显得过于脆弱,而这或许是比军事脆弱更危险的事情。反观日本方面,"近观敌人在沦陷区所办的伪华报或汉奸报,数大张的定价不过数分,而且除由邮分寄之外,还免费送给报贩,又每占我一城市,那些伪华报更差不多是同敌人的炮弹同时散发出去;另外敌机还时常运送这些伪华报分散到我们的前后方","由此可见敌人是把报纸当作攻心的工具,而与他们的攻城工具双管齐下地来使用的"。② 任白涛认为日本帝国主义者在华创办的报纸是其对中国进行新闻宣传的最有力工具。

在这种情况之下,创办多种有规模、有系统的日文报纸就成为抗战时期对日新闻宣传的重要任务。创办日文报纸进行战时新闻宣传不仅能够起到直接瓦解在华日军军心的作用,一旦报纸传入日本国内,也会对日本国民心理产生一定影响。因此,任白涛力倡"在对敌宣传上更应仿敌人对我所办的伪华报办法——即以报还报——则办多种的规模像样的日文报。像敌方向我方逐日散布伪华报一样,逐日散布到敌方(或用飞机散布),好使敌方寇卒和民众得悉我方抗战的真情,和彼国军阀财阀压迫民众,欺骗民众以及民众同他们斗争的真情"③。

关于对日新闻宣传的日文报纸,任白涛认为它可以从以下几个方面加以取材:(1) 在华倭寇的溃败情形及反战情绪;(2) 日本军阀财阀横征暴敛,祸国殃民的罪行;(3) 在阵地拾得或在敌尸上搜出的反战、厌战的日记和信件(应附印照片真迹);(4) 我方驳斥敌方造谣的文件;(5) 敌寇或俘虏的反战反军阀的文章;(6) 日本反战人物事略或传记;(7) 在华俘虏的生活和谈话;(8) 倭军阀财阀丑史(可用小说体裁刊入副页);(9) 其他,如用"谣言攻势"来对抗敌人对我的谣言攻势等。总之,凡足以长敌方反战的情绪,馁敌方侵略的士气的稿件,都是此报的良好材料。④ 可见,任白涛对于日文报纸取材的观点颇为成熟、详尽,具有相当的现实价值,其中很多提法如果付诸实践,都能够起到瓦解敌人军心、争取国际同情的作用。

---

① 任白涛.关于对敌宣传[J].中国青年(重庆),1940,3(1/2):84.
② 任白涛.关于对敌宣传[J].中国青年(重庆),1940,3(1/2):84-85.
③ 任白涛.关于对敌宣传[J].中国青年(重庆),1940,3(1/2):85.
④ 任白涛.关于对敌宣传[J].中国青年(重庆),1940,3(1/2):85.

（三）创设能够独立自主的国际通信机关——通信社

国家通信主权的取得离不开完备而强大的国家通信机关，尤其是具有一个能够代表国家的通信社。任白涛认为爆发于20世纪的这场世界大战，不仅是各国的军事较量，而且使各国进入了国际宣传战的时代，宣传对于战事的影响有时甚至会超越军事。他指出："'国际宣传战'这个语句，已成近时的流行语，因为现世界已经到了国际宣传战的时代。只要能够巧妙利用具有强力的宣传机关，便可指白为黑、指鹭为鸟、指鹿为马、指兵为匪……所谓'国际宣传战'的本质，就是在国际新闻上反映着国际政治经济的情势。参加这个国际宣传战的机关便是前述各国的国家的通信社。"①任白涛指出彼时的世界通信网络主要掌握在几个资本帝国主义国家手中，并成为他们战时新闻宣传的有力武器。而我国的情况则是："就中国来说，与大部分的国土做诸外国的半殖民地一样地，大部分的国际通信也自然形成做诸外国通信社的半殖民地！"②在这种情况下，中国的国际信息源只能仰仗于外国通信社，而若想对外传播战事消息也必须经过这些外国通信社的筛选和过滤。外国通信社对中国抗战情况的传播往往基于其本国的立场而做出选择性报道，致使中国"抗战声音"传至国际社会已经发生扭曲和变形。这是中国缺乏自主性国际通信社的必然结果。

反观日本在国际通信社的布置方面，其国际通信社的触角不仅遍布国内而且伸向了世界，尤其是在华设置大量通信机关以为战争宣传。在日本发动对我国的侵略战争期间，同盟社便是其在国际国内制造对华新闻宣传的最有力者。正如马星野在《日本报纸之罪恶》一文中所说："在言论上，在报道上，日国报纸已无自由之可言。一则一切新闻，源出于同盟通讯社，全国千余家报纸，已完全为同盟社之社员，而该社又受控于政府，其资本来自外务省及递信省，其任务一则为传播官方消息，统一全国新闻记载，而使人民舍有利于政府之消息以外，实无所见；二则为对外作宣传工作，凡每日之对外新闻广播，日文英文，均由同盟社主持。"③由此可见，日本军阀政府对通信社在战时新闻宣传的作用的重视程度。同盟社事实上在日本对华新闻侵略中扮演着重要的角色。相较于国民党中央社，日本同盟社组织结构更为完备、新闻网络分布更为广泛，其国际影响力远高于中央社。

---

① 任白涛.国际通讯的机构及其作用[M].长沙：商务印书馆，1939：70.
② 任白涛.国际通讯的机构及其作用[M].长沙：商务印书馆，1939：38.
③ 马星野.日本报纸之罪恶[J].十日文萃，1939(7)：5.

我国在国际通信事业中的滞后,使得我国在国际通信中丧失主动权,这对于抗战宣传来说极为不利。因此任白涛主张我方当局应当创设一个能够独立自主的国际性通信社。他认为在这样一个打响国际宣传战的时代,要想掌握一定的国际话语权就必须拥有一个独立自主的国家通信社。我国却没有一个能够真正代表国家且在国际上具有一定影响力的大通信社,这种情况导致的后果是"不仅中国的国际新闻消息为外国通信社所包办,就连本国内部的新闻消息也在受着外国通信社的供给。这在平常时期还没有多大的关系,一到非常时期定要感受利害的影响",而"这个祸患的主要症结,就是我们没有独立自主的国际通信机关。但是要想取得国际通信的自主权,至少必须先行建立在国内有完备的通信网的通信机关,然后才能企图取得国际通信网的均势。即就中国的实际情形来说,国际通信自主权的取得当然要紧,而国内通信自主权的收回更其要紧。再申言之,为图永久的安全起见,国内通信以不采用外国通信社稿为上策;因为这种报道常对中国各方施行挑拨离间等等惯技自不必说,即使该报道在表面上看是说我国的好话,或代我国做出某项的辩正,但也难保骨子里没有含蓄什么反宣传的作用的缘故"。[①] 我们可以清楚地看到,任白涛对资本帝国主义通信社本质的认识是非常全面和深刻的。这番论断充分地体现了他对外国通信社所传播的国际消息的不信任,这也是他为何坚持要创办拥有独立自主权的国际性通信社的原因之一。这是任白涛作为一个新闻学者通过细致观察和深入研究得来的理论认识,是他对新闻通讯事业国家属性的准确把握。

任白涛的这种警惕性在其好友王拱璧这边再一次得到了共鸣。王拱璧在题为《为今日报界进一言》的文中也认为中国政府当局"宜亟自设大通信社",认为"吾国报社国际消息大都取自英国路透,东亚及国内消息大都取自日本东方通信及共同通信,近又有美国纽约报界合组而设之中美新闻,颇为吾国报界所欢受,大有取代日本通信之势力",感叹"若吾国能自办良好伟大之通信机关,各报社取材有源,又何至引狼入室,饮鸩止渴"。[②] 王拱璧的观点反映出了新闻界人士对中国新闻通讯现状的普遍忧虑。导致这种忧虑的原因,一方面是来自帝国主义国家通信事业的倾轧,另一方面是本国通信社的"消息不遍世界","眼光不脱党派",结果使得言论权被外人垄断。抗战期间,中国通信事业的落后给战时新闻宣传带来了巨大压力,任白涛作为熟知

---

① 任白涛.国际通讯的机构及其作用[M].长沙:商务印书馆,1939:102.
② 王璋.为今日报界进一言[J].东方杂志,1919(5):8-9.

新闻理论与实践的进步新闻人对此是感同身受的。因此,他极力主张中国政府当局创建一个能够代表国家的独立通信社,维护中国通信主权,传递中国抗战的真实声音。

第四节　任白涛抗日新闻宣传研究的主要特征

抗战爆发以后,中华民族陷入生死存亡的危急关头。在日本帝国主义者向中国发动侵略战争之际,中国许多进步知识分子开始以自身学养为抗战贡献智慧,其中就包括大批新闻学研究者。时代环境的改变是迫使中国新闻学研究者突然调转研究方向的主要原因。在国家危难的时刻,他们以空前的热情自发地将学术研究融入"抗战建国"的伟大事业,十分主动地转变学术思维,力图为战时新闻宣传和战时新闻事业发展提供思路或方案。任白涛的抗日新闻宣传研究正是在这种时代环境下应运而生,他从自己亲身经历和常年研究出发积极地为战时新闻宣传建言献策。从总体上看,任白涛的抗日新闻宣传研究主要有如下几个特征。

一、强烈的民族主义情感

对于任白涛这样一个具有留日背景的新闻学者而言,他更能直观而深刻地体会日本侵略者亡我之心的歹毒、险恶。关于日本对华新闻侵略的种种事实,任白涛始终保持着一颗强烈的警惕心,并及时加以关注和研判。他在留学日本之时,曾将部分精力放在日本帝国主义者对华宣传政策的研究上,从那时起便开始着手搜集资料,以备将来系统整理和发表。1927年,国民革命十七路军到达杭州时,任白涛"再也不能忍耐住那种帝国主义者的破坏阴谋"[①],主动去向他的旧交,即时任国民参政会秘书的罗霞天申述帝国主义宣传政策的恶毒性质及取缔的必要。而罗氏给他的回复则是在不平等条约没有废除之前,取缔是无效果的。面对罗氏的消极态度,任白涛关于写作取缔日本对华新闻宣传政策的计划未能付诸实践。在当时"中日亲善、敦睦邦交"的外交环境下,发表关于日本对华阴谋宣传政策的著述在事实上存在着极大的困难。

---

① 任白涛.日本对华的宣传政策[M].长沙:商务印书馆,1940:3.

1926年，戈公振在撰写《中国报学史》时曾去杭州向任白涛借阅史料，任白涛慷慨地将多年收集的资料拿出任其挑选，同时花费"半天加一夜"的时间将该书阅看一遍，并当面对戈公振郑重地说："尊著《中国报学史》未曾揭发关于帝国主义者的通信社——特别是东方通信社——的宣传阴谋，实在是个最大的缺陷，请务必补充……"[①]但在出版后的《中国报学史》中，戈公振对任白涛的这一建议似乎并未采纳，任白涛对此颇为失望和遗憾。他认为戈公振不应当对像东方通信社这样的对华阴谋宣传机关"噤若寒蝉"。九一八事变以后，任白涛对于日本侵略者新闻宣传机关的造谣文电更为担忧，于是联合新闻界同人向邵力子发出"永绝日电"的声明。这是任白涛以一位新闻学者的身份向政治当局公开的献议，是对新闻学者职责的践履。一·二八事变上海沦陷后，任白涛终于在《社会导报》上发表了《过去日本对华的新闻政策》一文，这是他从事此研究以来首次发表的较有系统的文章。他乐观地称："虽然此文终于又成了空谈，但它给予若干方面的印象，我想是相当深刻的。"[②]任白涛这种急于发表关于抗日新闻宣传文字的心情表现出他对日本帝国主义者侵略行径的痛恨和对国家命运的关心，而此前的发表困境主要是受到当时社会政治环境的影响。因此，任白涛关于抗日新闻宣传的研究明显地浸染着强烈的民族主义情感。他对于战时新闻宣传研究态度严谨，指出："在平时，我们对于报纸上的错误，大可一笑置之；但在战时，尤其是在对抗外敌侵略的民族解放的战时——因为对于一切事物，都应像战场抗敌的机关枪手的动作一样，要用极爽利的方式来一个新的清算和估定，而对于有关战时宣传者很大的报纸，更不可随便忽过。"[③]正是基于这种强烈的民族义愤，任白涛才期望能够通过学术研究来彻底暴露日本帝国主义者的对华侵略野心，撕下其狡黠伪善的面具。对于《国际通讯的机构及其作用》一书的出版动机，任白涛这样阐述："抗战时期我方的新闻宣传的种种缺陷，以及地方宣传小丑的猖狂情形，却是一天天地加甚起来！这可如何是好呢？……对于新闻学花费了二十多年的功夫的我，欣逢着这个可说是千载一时的对倭抗战的机会的我，能够随便放弃自己的责任吗？"[④]从任白涛的话语中不难体会他对日本帝国主义者的痛恨之心，也因此他将抗日新闻宣传研究看作自己义不容辞的责任，

---

① 任白涛.日本对华的宣传政策[M].长沙：商务印书馆，1940：4.
② 任白涛.日本对华的宣传政策[M].长沙：商务印书馆，1940：6.
③ 任白涛.开头的话[M]//抗战期间的新闻宣传.广州：新闻研究社，1938：3-4.
④ 任白涛.序[M]//国际通讯的机构及其作用.长沙：商务印书馆，1939：1.

其目的在于挽救民族危亡,争取民族解放独立,体现出他深沉而强烈的民族主义情怀。

二、注重新闻的宣传功用

新闻与宣传存在一定的共性。从传播学上讲,新闻和宣传都是一种信息传播活动,都具有传播信息、反映客观现实、影响社会舆论的目的。同宣传一样,新闻传播也具有鲜明的阶级性和工具性,这决定了新闻传播要承担宣传的任务。有时常常是新闻用于宣传,宣传寓于新闻。特别是在战争年代和阶级斗争比较尖锐、激烈的情况下,新闻传播与政治宣传几乎没有多大区别。[1]

新闻强大的宣传功用在20世纪30年代的中国新闻人那里是十分明确的。在中国人民进行伟大抗战的年代,新闻是有如枪炮一样的战争武器,在宣传阵地上发挥着重要作用。从任白涛关于抗日新闻宣传的相关论述中,我们可以看出他对新闻宣传功用的高度重视,他认为新闻宣传是在我方和敌方对立的战争或类似战争的时候最通用的手段。因为,"现代战争绝非军事上的单纯动作,而是所有军事、政治、经济、外交、新闻等综合力量的抗衡"[2]。

任白涛认为新闻宣传在战争中扮演极为重要的角色,他在论述第一次世界大战中德国战败的原因时说,英国之所以能够在战争中取胜,"是由英国的新闻宣传而得到胜利"[3],是由于《泰晤士报》发挥了重要作用,德国没有英国那样巧妙而成功的新闻宣传。关于新闻的宣传功用,当时中国不少新闻人是有共同认识的,譬如杜绍文主张我国在此次神圣抗战当中应当充分使用"纸弹"的威力,认为"金钱和钢铁,虽是战争中制胜的因素,但是其最后的决胜工具,则有赖于报纸的宣传"[4]。可见,在任白涛这一代新闻人的眼中,新闻宣传对于抗战具有举足轻重的作用。

同时,任白涛又强调了战时新闻宣传要用事实来揭穿敌人的阴谋诡计,以真实的内容作为新闻宣传的材料和依据。从任白涛早期的新闻学观点来看,他是一位客观、理性、追求真理、崇尚言论自由的新闻学者,他指出新闻应当反映真实情况,不含个人主观色彩。但及至抗战爆发,他又做出"宣传与报纸,算

---

[1] 柯楚.大国崛起:舆论传播策略[M].西安:世界图书出版公司,2016:143.
[2] 杜绍文.中国报人之路[M].北京:中国传媒大学出版社,2018:14.
[3] 任白涛.抗战期间的新闻宣传[M].广州:新闻研究社,1938:10.
[4] 杜绍文.中国报人之路[M].北京:中国传媒大学出版社,2018:15.

是完全打成一片,既然有人反对说这妨碍着报纸独立自由的立场,但终于为了敌国外患的利害,反而不能不忍报纸登载这种对敌宣传品是一种爱护国家的行为"①的言论。这说明任白涛对新闻宣传功能的注重,也体现出他对新闻事业社会地位和作用的认识的与时俱进。

三、适应时代环境的需要

任白涛在抗日新闻宣传研究当中具有一种明确的问题解决意识,他的研究归宿并不局限于暴露日本新闻的侵略野心,警醒国人思想,他迫切地希望能够为对敌新闻宣传提供可行方案。这一研究特点可以说是为了适应战争环境的需要,试图为抗日新闻宣传提供一些实用性的意见和建议。任白涛认为学术研究并非单纯地坐而论道、空谈理论就能圆满,而是必须将理论与实践结合,将理论和技术运用于实践。这也是他始终强调他的一切学术研究活动最终目的在于实用的原因。在任白涛的抗日新闻宣传研究当中,他不止一次为抗战新闻宣传做出实际性和明确性的建议。譬如,关于如何应付日本帝国主义者对华宣传策略,他明确提出:从"消极的对策"角度来说,第一,照国际间的通信社交互收发稿件的办法,中日两方的通信社向对方发出的稿件,各须先发交对方的通信社,经过严格的审查之后,再行发出。如彼方不愿收发我稿,我方绝不收发彼稿。但在彼方的侵略行为未完全停止以前,此项绝不适用,须用积极的对策。第二,前项是对寻常的新闻通信而言,此外更须专设以对抗日方在国际间的虚伪宣传为目的之宣传机关。第三,兴办新闻教育以培养具有新闻常识的国民,尤其是具有完备资格的新闻记者。第四,如我军都抱定蔡廷锴军长的"对外不屈服,对内不作战"的主义,彼方宣传的根本效用,便算失去,自然无法或不愿再试其伎俩。②

从"严格""绝不""积极""专设""对抗"等措辞中可见任白涛抗日新闻宣传研究体现出的鲜明的战斗性。他曾将新闻宣传力量看成是对日本侵略者的"攻心堡垒",主张对日发动积极宣传攻势,在舆论上彻底摧毁日寇的侵略阴谋和对战争的美化。

此外,任白涛还主张我军政当局要在战时新闻宣传工作上采取强硬措施,指出:从"积极的对策"角度来说,第一,永不采用日方通信社的稿件(此层希望

---

① 任白涛.抗战期间的新闻宣传[M].广州:新闻研究社,1938:8.
② 任白涛.过去日本对华的新闻政策(续)[J].社会导报,1932(7):3.

吾报界能够应用同业公会法互相制裁，免得丧失舆论机关的尊严的地位）；第二，对于造谣有据的日方新闻记者或报纸，前者驱逐其出境或停止其发电权，后者禁卖或停邮（此层去年南京政府曾施行过颇为功效）；第三，禁止"柜台中均为日人"的"中国报"的发行或停邮，或是对"阅读者处八年徒刑，派销者处十二年徒刑"；第四，禁止国人自办的"挂羊头卖狗肉"的大小报纸的发行。①从上述条分缕析的对策来看，任白涛的抗日新闻宣传研究紧扣时代脉搏，切中现实需要，具有较强的实际指导价值。他提出的许多建议在当时中国社会条件下都是能够实现的，而且他的不少提案同时带有鲜明的民族主义情愫。这充分体现了一位爱国新闻学者对自身职业责任的坚守，对国家前途命运的关切。抗战时期的新闻学术研究活动的一个基本出发点在于服务抗战需要，注重战时实用性，任白涛的研究是具有这种鲜明色彩的。

四、将学术研究融入抗战实践

抗战爆发之后，中国新闻界人士积极投入抗战洪流当中，以多种多样的形式为抗战贡献力量。在新闻界，无数爱国新闻从业者利用手中的报纸、无线广播、通信社等新闻媒介手段大力鼓吹"抗日救亡"，共筑"新闻长城"。在新闻学界，中国许多新闻学者开始将自己的新闻学术研究与抗战事业相结合，进行抗日新闻宣传研究，充当中国的战时国内、国际新闻宣传"智囊团"。因此，从这个意义上来说，中国新闻学者为争取抗战胜利、民族解放而进行的"知识生产"也是一种抗战实践。这是在国家领土被侵犯、尊严受辱的时代环境下，他们所能做出的具有实际意义的工作。因此，在抗战期间，一批论述战时新闻记者培养和战时新闻事业发展的著作不断问世。

任白涛对于抗日新闻宣传的研究是十分积极且投入的。自1932年第一篇系统研究日本对华新闻宣传政策的文章《过去日本对华的新闻政策》的发表至1945年抗战结束，任白涛在此期间共写成三部关于战时新闻宣传的专著和数十篇文章。可见，在抗战期间，任白涛作为一名新闻学者是迫切希望能为抗日新闻宣传工作贡献力量的。不可否认，在抗战期间，不少新闻学者迫切地希望将新闻学和抗战挂钩，并进行战时新闻宣传研究，同时也写成不少关于这方面的著作。但是，任白涛认为此时的不少新闻学著述仍然离不开先前的学术思维和学术架构，探讨的更多的还是新闻的采写编评。因此，他认为对于抗日

---

① 任白涛.过去日本对华的新闻政策（续）[J].社会导报,1932(7):3-4.

新闻宣传的研究应具有更为明确的当下意识,更明确地将新闻学术研究融入抗战实践。他对他人的研究成果曾做出这样的评价:"关于国际新闻的书,我们的出版界虽也曾出有一两种颇值得一读的小册,但内容都不免过于简略,而且主要目的多是在使读者得到关于国际新闻的知识,那最关重要的各国通信社对华的宣传作用,以及打破在华的国际通讯共管的均势,树立自主的通信社的根本方策,在这些书册中都是很少说到。即既出的几种书册,都是仅适用于平常时期,而不适用于非常时期——特别是对倭抗战的时期。"[1]从任白涛的这番话语中,可见他认为彼时中国的战时新闻宣传研究并不得法,缺乏对"中国情况"的系统深入研究,更未提出打破中国通信事业"国际共管"局面的根本方策。因此,他认为中国的战时新闻宣传研究著作"仅适用于平常时期,而不适用于非常时期——特别是对倭抗战的时期"。任白涛的这种观点在多大程度上合于事实且不论,但它能反映出他对自我研究的信心与肯定,是一种对自我价值的认同。或许正是凭着这份"天下兴亡,匹夫有责"的人生信念,任白涛才将抗日新闻宣传研究作为其在抗战时期的一项重要事业。

---

[1] 任白涛.序[M]//国际通讯的机构及其作用.长沙:商务印书馆,1939:2.

第六章　任白涛在中国新闻史上的地位及评价

任白涛一生钟情于新闻事业,他既投身于新闻实践活动,又从事新闻学术研究。新闻学术研究是任白涛一生中的主要事业。任白涛在中国新闻学某些领域做出了一些开创性的贡献,是民国时期一位重要的新闻人。任白涛以新闻人的姿态和身份在彼时社会环境下的所作所为,对当代新闻人和新闻事业有着重要的启迪作用。对新闻人任白涛的系统研究,既是对前辈光辉历史的缅怀,也是对中国新闻实践经验和新闻学理论内涵的挖掘、弘扬与继承。与此同时,我们还应当看到,受特定时代背景和个人因素的影响,新闻人任白涛身上存在着不足。因此,本章综合上述诸点思考,期望能够对新闻人任白涛在中国新闻史上的地位做出客观的分析和评述。

第一节　新闻人任白涛的历史定位

任白涛诞生于清末民初,彼时正是中国社会发生复杂而剧烈变革的时期。在晚清至民国的动荡社会背景下,任白涛积极进行新闻学术研究,为中国早期新闻学的建构与发展做出了一定的贡献,同时他的新闻实践活动对民国时期的新闻事业发展产生一定的影响。民族危机的降临、政治局势的剧变以及人民生活的疾苦催生任白涛强烈的民族责任意识,促使他将个人事业与国家前途命运紧紧结合,这是那个年代无数进步新闻人共同的自我定位。

一、始终怀揣强烈责任感的新闻人

任白涛出生于1890年,逝世于1952年,这几十年正是中国社会发生深刻巨变的时期。"乱世出英雄",环境的动荡时期往往是社会英才辈出的时代。

民族危机降临、政治形势的剧变以及社会时局的剧烈动荡,催生了一大批有责任感和民族意识的新闻人。虽然他们属于不同党派,有着不同的政治信仰,但是他们都曾对国家、社会和人民抱有崇高的责任感,并在自己的事业领域默默奉献,尽心尽责。不管是民主革命时期,还是抗战时期,任白涛始终怀揣理想、坚持真理,以饱满的热情践履和书写自己的忧国忧民之心,表现出了一位新闻人对国家和中华民族的高度责任感。

(一) 敢于针砭社会黑暗现实

在民国时期的许多新闻人眼中,新闻记者是一个使命崇高、责任重大的社会职业。新闻记者肩负着光荣而艰巨的社会责任,需要有强烈的社会责任感,将自己的工作视为是服务人民、捍卫真理的神圣事业。譬如著名报人张季鸾在其遗嘱中对自己做出这般评价:"余生平以办报为唯一之职业。自辛亥以还,无时不以善尽新闻记者天职自勉,期于国族有所贡献。"[1]在时人看来,新闻记者享有超越一般职业的崇高的社会地位,而地位的崇高意味着责任的重大,因此一大批"敢言"的新闻记者和报纸诞生。任白涛选择以新闻为职业,也是有感于新闻记者崇高的社会地位和使命,并将这种美好的自我想象和抱负付诸新闻实践。

任白涛初入报界是在辛亥革命时期,晚清政府的腐朽无能让他义无反顾地投身革命。他选择进入《民立报》,在清政府严酷的报禁之中对革命消息进行巧妙的报道。民国始建,袁世凯窃取辛亥革命胜利果实,国家政权实质上落入以袁世凯为代表的北洋军阀手中,社会陷入比清政府更严重的黑暗境地,人民愈加陷于水深火热之中。任白涛以《民立报》为阵地发表大量抨击统治当局腐败行径的文章。其中譬如《知县杀人灭学记》《中州之恶消息》《官兵之盗贼行为》《军人大闹典当记》《省垣经济之惶恐》《军人之不法行为》《巡防巡警大冲突》《光怪陆离之汴梁》《负固不服之升允》《南阳将成水国》《灵宝知事作民贼》《豫东土匪猖獗记》《豫民不聊生矣》等。[2] 这些反映河南当地政府贪腐、鱼肉百姓的纪实报道,有力地揭露了北洋政府的反动倒退,矛头直指腐败官员的痛处,激起民众的义愤,加速了袁世凯政府的倒台。面对反动统治当局的封报捕人、钳制言论自由,任白涛毅然在报端大声疾呼,以揶揄讥讽的笔调揭露出军

---

[1] 张季鸾.张季鸾先生遗嘱[M]//中国人民政治协商会议陕西省榆林市委员会.张季鸾先生纪念文集.西安:陕西人民教育出版社,1991:91.

[2] 详见表2-1。

阀政府对言论自由的限制和对新闻事业的禁锢。例如,任白涛在《自由报又不自由》一文中报道了豫省警务促进会机关报《自由报》因斥责张镇芳对匪乱毫无作为、擅征烟税、鱼肉百姓的恶劣行径而被野蛮查封的事实,直言"《自由报》又不自由,只有张镇芳一人自由"①。1913年4月26日,他又撰文揭露张镇芳斥资"一万金"收买《时事豫报》,原因是"近来该报主持公论颇为张镇芳所不容"②。在那样一个腥风血雨的时代,很多报人都只求明哲保身而缄默不语,只有对国家和民族真正怀揣强烈责任感的人才能勇敢地站出来捍卫真理、捍卫正义。从这一点上来说,任白涛是一位敢于抨击社会恶政现实的具有责任感的新闻人。

(二)努力倡导创建民本政治

任白涛成长的年代使他有机会目睹了中国历史上最后一个封建王朝的覆灭。民国建立后不久,辛亥革命的成果即被北洋军阀首领袁世凯窃取。在北洋军阀的独裁统治之下,社会动荡不安,百姓民不聊生。1927年张学良在东北宣布"改易旗帜",北洋政府时代宣告终结,南京国民政府实现了名义上的统一。随后由于国民党政府的"一党专政",中国政治社会从一个深渊走向了另外一个深渊。在连续黑暗的恶劣政治现实的面前,任何怀有政治抱负的知识分子都不可能对中国政局的未来走向和发展无动于衷。就任白涛个人而言,他理想中的国家政治制度是一种以民为本、尊重民意的模式。他期望中国未来的政治进程能够走向民主政治,他设想中的民主政治是这样的:"民本政治胜于官僚政治者,要在不以少数私人决国事,而以公众舆论决国事。健全舆论之造成,民治国人民之责任也。以舆论而行国家之政治,民治国人民之权利也。"③任白涛期望能够通过新闻舆论来影响甚至改变国家政治制度。不可否认的是,这种想法过于理想,但他为建立民主政治而进行学术研究的出发点是值得肯定的。抗战胜利以后,中国共产党顺应民意适时提出成立各党派联合政府的主张,得到民众的广泛响应和支持,将民主政治进程推向新的高峰。任白涛在新中国成立后以更为饱满的热情投入建设事业,这说明他对于中国共产党的这种政治理念是大力支持的。

---

① 自由报又不自由[N].民立报,1912-11-14.
② 张镇芳收买报馆[N].民立报,1913-04-26.
③ 任白涛.应用新闻学[M].上海:亚东图书馆,1937:2.

二、对中国早期新闻学建构有开创性贡献的新闻学者

任白涛在中国新闻学术研究领域是有过突出贡献的。他主要是以学者的形象和身份定格在中国新闻界和中国新闻史上。任白涛对于新闻学的研究带有一种强烈的自觉性质,在个人兴趣的驱使之下以严谨、负责、理性、科学的态度进行新闻学术研究活动。任白涛开始新闻学术研究的时代属于"筚路蓝缕,以启山林"的年代。而任白涛的几部关于纯粹学理和抗日宣传的新闻学著作在当时及后世都产生过一定的反响。任何一门学科的形成、建构和发展都离不开一代人甚至几代人的努力,大量学者和专业著述的涌现是一门学科逐渐走向成熟的标志,任白涛是推动中国新闻学不断发展并走向成熟的贡献者之一。

(一)开我国应用新闻学研究之先河

1918年,北京大学新闻学研究会成立,校长蔡元培聘请留美归来的徐宝璜担任讲师,授课"新闻学大意"。这是中国新闻教育的开端。对于整个中国新闻教育而言,正像鲁迅在赞扬白莽《孩儿塔》一书出版时所说的,它"是东方的微光,是林中的响箭,是冬末的萌芽,是进军的第一步"。虽然还有点稚嫩,但有着深远的意义。[①] 在徐宝璜之前,中国还没有一本国人撰写的专门论述新闻学的著作出现。1919年北大出版部以北京大学新闻学研究会的名义将徐宝璜的《新闻学》印刷发行,自此"中国第一部新闻学理论专著"[②]诞生于世。徐宝璜是五四运动前后中国新闻学界的重要人物,在中国新闻史和中国新闻学术史上都享有盛誉,被誉为"中国新闻界最初的开山祖"。任白涛也是五四运动前后中国新闻学术界的一位重要学者。任白涛新闻学术研究活动的起步时间甚至要早于徐宝璜,在辛亥时期他便开始进行新闻资料的搜集工作。1916年,任白涛东渡日本早稻田大学专门研习新闻学,1918年夏在日本写成《应用新闻学》,1922年在国内创办中国新闻学社并自费出版《应用新闻学》。任白涛的《应用新闻学》是继徐宝璜《新闻学》之后的中国新闻学术史上的第二

[①] 方汉奇.中国新闻学和新闻教育的摇篮——写在北京大学100周年校庆之际[M]//方汉奇文集.汕头:汕头大学出版社,2003:179.
[②] 方汉奇,李矗.中国新闻学之最[M].北京:新华出版社,2005:352.

本新闻学专著。由此,任白涛的《应用新闻学》成为"中国第一部实用新闻学著作"①。

徐宝璜的《新闻学》内容包括新闻理论、新闻业务和新闻事业的经营管理等方面。其重心在于对新闻理论的探讨,譬如对新闻的定义、新闻的诸要素、新闻的价值、新闻媒体的性质及作用等有着比较详尽的论述。方汉奇先生称其"性质类似于今天大学新闻系本科学生必修的新闻学概论"②。任白涛的《应用新闻学》,重点论述的是实用新闻学方面的内容,同时也包含对部分经典新闻学理论的探讨。任白涛自己说这本书的理论部分只占全书的五分之一,其余部分则是对新闻实务的研究。纵观全书内容安排,除了第一编"总论"外,其余三编分别为"搜材""制稿""编辑"。这种编制体例清晰地印证了任白涛以实用为原则的新闻学研究思路。笔者认为任白涛的《应用新闻学》在编制体例上更加清晰明确,在新闻实务方面的论述上也更为详尽充分。诚如任白涛所言:"新闻学者,实一种最名贵之应用科学也。"③

(二)最先将传播学视角纳入新闻学

任白涛的《综合新闻学》是他的另外一本著名的新闻学著作。任白涛写作此书的初衷是期望能够撰写出一部关于新闻学的有体系、有系统的专著。因而该书的内容看上去极为庞杂,但从编制体例上看,任白涛的这部《综合新闻学》与前著《应用新闻学》属于同一模式,即《综合新闻学》的编制体例是建立在《应用新闻学》的基础上。从该书目次上看,其包括"导言"、第一卷"总论"、第二卷"原始的公告形态与通信方法"、第三卷"采访技术和通信方法"、第四卷"编辑和撰述"、第五卷"经营和管理"、第六卷"杂志"。1935年6月间,任白涛开始着手撰写这部六卷本的《综合新闻学》,至1938年春完稿,全书共计130万余字。从体量上来看,任白涛的这部《综合新闻学》完全可以算得上是中国新闻学术史上的鸿篇巨制。当时即有学者评价该书:"新闻学书籍,在我国出版的数量,可说是少的可怜,至于较有系统而材料充实的著作,更为少见,有之则惟前之有戈公振之《中国报学史》,近之任白涛之《综合新闻学》两书而已。"④可见在当时中国部分新闻学者的心目中,任白涛的这部著作是具有相

---

① 方汉奇,李矗.中国新闻学之最[M].北京:新华出版社,2005:353.
② 方汉奇.序[M]//徐宝璜.新闻学.北京:中国人民大学出版社,1994:2.
③ 任白涛.应用新闻学[M].上海:亚东图书馆,1937:4.
④ 黎白.任著"综合新闻学"读后(上)[J].上海记者(上海1942),1942(1):29.

当分量的。

　　更难能可贵的是,任白涛将传播学的理论视野与方法部分纳入其新闻学理论体系。在《综合新闻学》中,他对自己理想中的体系化新闻学进行了建构与布局。其中,在不少章节中涉及了传播学知识。譬如,在第二卷"原始的公告形态与通信方法"中点明了"交通"之于新闻事业发展的必要性,指出交通的发达是新闻事业发达的先行条件。同时他对交通设施的变迁加以考察,着重研究了原始的交通手段及通信媒介,以及在原始交通手段上进行新闻报道的局限性。在当时的学术语境中,"交通"与"交流"在内涵上有相通之处。任白涛认为:"交通是观念或有体物的移转行为;是克服时间、空间之意思的活动。"①任白涛对于"交通"的探讨是从传播手段上对新闻活动的认识。在第三卷"采访技术和通信方法"第七章"现代的高速度通信机关及其作用"中,任白涛详细地介绍了当时的电报、电话、摄影、无线电广播、电视等先进通信手段。毫无疑问,这些关于传播方法及技术手段的研究已经触及了传播学研究的层次。另外,在第一卷"总论"第五章"新闻事业心理"和第六章"报纸与读者"中,任白涛也用专门篇幅分析了"传达方法"与效果的关系,他认为:传达效果是随着传达数量的增加而增加的,要想得到一定传达效果,必须要一定的时间;传达效果与传达内容的难易程度相关,越艰深的东西往往越难得到传达效果。此外,任白涛还认为传播效果还因大众自身的差异而有着不同的变化:传达效果与是否群居有关,群居者往往更容易接受传达;传达效果与民族差异有关,法国人、意大利人比德国人、英国人更容易接受传达;传达效果与温度有关,高温下精神松弛的人更容易接受传达;传达效果与年龄有关,六岁以上儿童更容易接受传达;传达效果与精神意志有关,意志薄弱的人更容易接受传达;传达效果与性别有关,女性比男性更容易接受传达;传达效果与个人素养有关,知识浅薄的人更容易接受传达;传达效果与社会构成有关,有着共同宗教信仰、习惯、风俗、知识程度、生活方式的同质社会相比于异质化社会更容易接受传达,典型的例子犹如更具同质化色彩的农村人比城市人更容易接受传达。"新闻事业心理"的思想有着很明显的美国早期传播学中"传播效果研究"的印记。尽管任白涛文中不少观点是对日本学者和美国传播学研究的引述,但不可否认的是,这些关于传播学思想的论述早已超出了当时传统新闻学研究的范畴。

---

① 任白涛.综合新闻学[M].上海:上海书店,1991:243.

（三）较早以心理学知识阐释新闻学

任白涛对新闻学的研究视野是颇为广阔与宏观的，他的研究不仅仅局限于对新闻学本体的探讨，还注意将新闻学与政治、社会、经济、外交加以联系起来进行综合研究。更难能可贵的是，任白涛还较早地将心理学和新闻学两门不同学科联系在一起，尝试用心理学的知识体系来阐释新闻现象。这种学术研究路径在当时中国新闻学界当中尚属罕见，这一研究对于我国新闻学的发展具有重要的建设性价值。

针对当时中国新闻学界的研究情况，任白涛认为关于新闻事业之史的研究和技术的研究已经是相当发达，但极少见到有学者从新闻事业之心理角度对新闻学展开研究。任白涛将他的这一研究称之为"新闻事业心理学"。在他看来，新闻事业心理研究是新闻学研究当中的一个重要课题，不应当为新闻学者们所忽视。他曾说："新闻事业——主要是报纸和杂志——与社会、国家、政治、外交等等有着密切而至大的关系，这为人所共知，无须多说。那末，与做它的真正的主人的读者大众的心——广而言之'人心'——必然也有着密切而至大的关系，这也是不可否定的像钢铁一般的事实。因此，新闻事业心理的研究，已成了新闻业本质的研究之一种，与它的史的和技术的研究具有同等——就某点上说也许超过些——的重要性。所以要研究新闻事业的心理，并不是为着'迎合'或'操纵'大众的心理，而是为着避免与大众心理相背驰——即走错了正规的新闻评论和报道的路线。"[①]任白涛敏锐地觉察到了新闻学的研究应当关注到读者的心理层面，新闻事业的健康持续发展更应该考虑到读者的心理因素和心态变化。他主张对新闻事业心理的研究绝非为了取悦大众，而是为避免新闻事业走向与大众心理相背驰的错误路线。

何为"新闻事业心理"？任白涛认为"要想解答这个问题，必须把新闻事业和心理学分开来说"，他指出"新闻事业——包括报纸、杂志、出版物等——是以传达于大众为目的之记述行为；所谓心理学，是在种种的精神过程中规定因果关系的定律的学问"，"这样地，把新闻事业和心理学的轮廓弄明白之后，新闻事业心理学的轮廓自然也就明白了。即这里所说的新闻事业心理，是凭借心理学的光明来照射新闻事业的学问。换言之，是新闻事业之心理学的照明和解说"[②]。任白涛关于新闻事业心理的研究思路即以心理学的学科知识来

---

① 任白涛.新闻事业心理研究的重要性[J].文汇丛刊,1947(1):51.
② 任白涛.综合新闻学[M].上海：上海书店,1991:185-186.

阐释新闻事业当中的诸种现象。接着,任白涛从"感觉过程与新闻事业""表象过程与新闻事业""感情过程与新闻事业""意志过程与新闻事业""知觉过程判断过程与新闻事业"等几个方面来探讨新闻事业与社会大众心理的关系问题。感觉、知觉、表象是心理学研究中的三个重要概念,任白涛将它们结合并融入新闻学研究,可见他学术视野之高远。新闻心理学作为一门新兴的交叉学科,在我国至今仅有二十余年的历史。我国对于新闻心理学较全面、形成一定规模的研究是在20世纪80至90年代。① 据此而观,任白涛对于"新闻事业心理"的探究则为今人进行新闻心理学的建构提供了一份宝贵的知识遗产。

(四)促进新闻学研究的学术化和专业化

任白涛的新闻学术研究活动发轫于五四运动前夕,他也是推动中国近代新闻学的建立和发展的重要人物之一。在20世纪20年代前后,以徐宝璜、戈公振、邵飘萍、任白涛等为代表的一代新闻学者共同推动了中国新闻学研究的发展和新闻教育的产生,在不少新闻学领域都做出过开创性的贡献。他们的努力和贡献为黄天鹏、郭箴一、陶良鹤、李公凡、杜超彬、袁殊、赵敏恒、郭步陶等新一代的新闻学者的继续研究打下了良好的理论基石。这一点可以从徐宝璜对黄天鹏、任白涛对袁殊等的直接影响上体现出来。在众人的努力之下,到了20世纪30年代,我国新闻学研究呈现更为专业化的面貌,"即不再将新闻或报纸作为一个整体来论述,而是对记者、编辑、评论、新闻教育、外人在华报刊、新闻政策、新闻经营与管理、宣传学等都有专门论述,研究范围进一步扩大"②。

在此期间,任白涛继续将新闻学研究作为自己的主要工作,力图推进新闻学术研究的学术化和专业化。他不仅十分专注地从事自己的学术研究,还心系中国大学新闻学系的建设和教育事业,以积极而饱满的热情不断地向当时的中国大学新闻学系推荐自己的学术著作——《应用新闻学》。在任白涛看来,要想实现新闻学术研究和教育的专门化,必须要有一套适合中国国情的新闻学教科书和大批从本土成长起来的新闻学教职人员。

1921年,上海圣约翰大学开办新闻科,聘请《密勒氏评论报》主笔彼得森(D.D.Patterson)为该科教授。《应用新闻学》在杭州出版发行后不久,任白涛

---

① 刘京林.新闻心理学概论[M].北京:中国传媒大学出版社,2014:9.
② 吴廷俊.中国新闻事业史[M].武汉:武汉大学出版社,2009:416.

接到该校邮来询问价目的信,信中说明理由是"敝校图书馆现需购阅"①。面对大学新闻学系抛来"橄榄枝",欣喜之余,任白涛当即寄书一册,作为礼物赠送。随即又接到圣约翰大学的来信,并附有一元汇票一张,在信中要求"再购一册为敝校新闻科诸生参考之用"②,这明显已把《应用新闻学》当作供该校新闻科教学之用的参考教材。"这是《应用新闻学》首次被设有新闻科的大学之直接的光顾"③,任白涛对此是颇为高兴和骄傲的。《应用新闻学》甫一问世,就得到当时知名大学的青睐与认可,这不但说明《应用新闻学》在内容与学术水准上的"货真价实",而且也为其继续扩大影响敲响了第一声锣鼓。

促进中国新闻学的进步是任白涛这一代中国早期新闻学人从事新闻学研究的一个基本出发点。为此,任白涛对当时中国社会各大学新闻科或新闻学院的建设十分关注。1922 年,杭州之江大学筹备创设新闻科,任白涛从报上获悉后便主动写信询问该校新闻科的筹备情况。此时正逢《应用新闻学》在上海印出即将运抵杭州。没多久,任白涛便得到之江大学唐鸣时的回信。信中,他对该校新闻科的筹备情况及课程安排做了简单介绍,并对任白涛的来函抱以极为恭敬的态度,"希望先生(任白涛)和贵社诸君时时赐教"④。任白涛的《应用新闻学》再一次得到大学新闻学系的认可,而他本人在新闻学界的影响也随之迅速扩大。

1921 年,燕京大学有开设新闻学系的计划。刊载于北京《生命》月刊上的《燕京大学(续)》一文论及燕大将来的计划时称:"现在所要添设的科目,就是师范科,程度和美国哥伦比亚的师范科相等,还有新闻、制革、高等看护、图书管理等系,都在筹划期内。"⑤并声称鉴于燕大的特殊背景而得到英美以及中国新闻界的广泛赞助,原定于本年秋即可开办。在报上闻知此消息后,任白涛即刻去信问询该系创办情形并附带推销《应用新闻学》。1923 年 1 月,任白涛接到该校答复他的询问信,信中称:"敝校新闻科组织粗有端倪,尚未就绪;俟稍有秩序,再为领教。至贵社所刊《应用新闻学》一书,极为欢迎,以先睹为快也……"⑥从燕大在信中的措辞来看,该校对任白涛的来信关心与指导显得相

---

① 任白涛.综合新闻学[M].上海:上海书店,1991:47.
② 任白涛.综合新闻学[M].上海:上海书店,1991:47.
③ 任白涛.综合新闻学[M].上海:上海书店,1991:47.
④ 任白涛.综合新闻学[M].上海:上海书店,1991:48.
⑤ 谢婉莹,瞿世英,刘万芳.燕京大学(续)[J].生命,1921(2):7-8.
⑥ 任白涛.综合新闻学[M].上海:上海书店,1991:48-49.

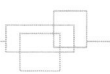

当恭敬,对《应用新闻学》也有较高的评价,否则是不会"极为欢迎"并"先睹为快"的。在中国大学新闻学科的初创时期,能得到新闻学名家的关注与指点,这对于燕大坚定新闻系的创办信念及在全国同类新闻学系中立稳脚跟亦不无助益。同时得到多所大学新闻学系的青睐,对任白涛而言,一方面是对他新闻学术水平的肯定,另一方面也为其继续坚定从事新闻学研究增强了信心。

三、对抗日宣传做出一定贡献的新闻斗士

任白涛追求理想,探寻真理,对国家前途命运怀揣着强烈的忧患意识。抗战爆发以后,他心系国家的生死存亡,身体力行地投入抗日新闻宣传事业当中,先后担任国民党军事委员会政治部三厅中校宣传委员、第六战区恩施《新湖北日报》首任总编辑等职务,以新闻宣传的力量服务抗战。与此同时,任白涛发挥学者的特长,凭借对日本新闻事业及其对华新闻宣传的长期研究,进行有针对性的抗日新闻宣传研究活动,对日本在战争前后对华恶毒、阴险、狡诈的宣传伎俩在学理上予以无情揭露和鞭挞,这对于我国军民在抗战期间的对日新闻宣传具有积极的影响。

(一)积极参与抗日救亡事业

任白涛对日本帝国主义者对华的侵略野心和宣传政策向来保持着高度的警惕。早在留学日本时期,任白涛就积极参与"五七"留日学生运动,与东京数千同学一起反对日本侵占我国山东、反对中日签订丧权辱国"二十一条"。为了揭露日本新闻界助纣为虐的本质,任白涛自1919年夏始便与知友王拱璧停止课业,专门对日本新闻宣传政策进行调查研究,共同发誓:"不和日本帝国主义新闻政策斗争到底,决不罢休!"[1]任白涛又与许多留日同学一道集体返国,向政府当局请命,号召国人团结一致反抗日本帝国主义者的侵华阴谋。1922年12月31日,任白涛在《申报星期增刊》上发表《东京朝日新闻之解剖》一文,详尽地介绍了日本《东京朝日新闻》社的组织、编辑和经营情况,向国人展示了日本新闻界的快速发展和强大实力,其用意在于警惕国人:一旦战争爆发,这类影响国际的日本报纸将成为战争的有力宣传工具。

九一八事变爆发后,任白涛对日本帝国主义者的侵略行径感到极为震惊和愤慨,他身体力行,团结新闻界同人一同对抗日本侵略者。1931年10月5

---

[1] 窦克武.王拱璧传略[M]//王拱璧文集.开封:河南大学出版社,1991:7.

日,任白涛联名黄天鹏、翁毅夫、袁殊等人在《文艺新闻》上发表了《新闻学研究者向中国新闻界紧急请求》,号召中国新闻界自即日起拒载日电,广登抗日报道,加强新闻界间的团结合作,共同筑起新闻长城。在同一天的《文艺新闻》上,任白涛又以个人名义向南京中央政委会邵力子先生发出《国将不国,报将不报:任白涛请严令各地报纸永绝日电》的请求,他期望能够通过与邵力子的个人交情来对抗日有所贡献。在日本帝国主义者的铁蹄踏入中国领土的那一刻,任白涛反抗暴日野蛮行径的急切心情溢于言表。当抗战全面爆发以后,任白涛夫妇跟随中国共产党的脚步来到重庆。任白涛迫切希望能够为抗战贡献自己的一份心力,他将这种心情告知昔日好友周恩来。[①] 但是周恩来考虑到当时去延安的路线被封锁,加之任白涛的病情时有复发,于是周恩来介绍任白涛到郭沫若主持的国民党军事委员会政治部第三厅担任中校设计委员,从事对敌宣传工作。任白涛欣然接受,由此展开在国民党体制内一段非同寻常的抗日宣传工作。其间,周恩来还介绍他认识了董必武、叶剑英、王若飞、秦邦宪等人。他们在一起畅谈时局,听任白涛讲述辛亥革命时期旧闻。由于国民党顽固派发动第二次反共逆流,蒋介石下令罢免了郭沫若第三厅厅长职务,任白涛为表示不和顽固派同流而决绝选择了离开。随后邵力子邀请任白涛担任湖北恩施《新湖北日报》总编辑一职,任白涛征求周恩来的意见,周恩来对他说:"眼下我们需要更多的同志和朋友到新闻界工作,你还是到恩施去好。"[②]由此,任白涛又一次义无反顾地投入抗日救亡的伟大事业当中。

(二) 抗日新闻宣传研究对抗战产生一定影响

九一八事变以后,中国的国难日益深重,日本帝国主义者的侵略炮火笼罩在国人头顶。新闻学者再也无法静心书斋,孜孜于纯粹新闻学理的探讨。他们纷纷调转笔锋,将研究重心移至抗日新闻宣传上,期望能对战时新闻宣传有所助益。在许多职业新闻人的眼中,宣传之于抗战意义非凡,认为"非常时期中的宣传工作,对于战争胜负的前途实有直接影响"[③]。然而宣传工作并非一蹴而就,它要求宣传工作者具备专门的技术和谙熟的经验。由此,抗日新闻宣传研究工作的价值得以体现。在这一信念之下,新闻学者从自身职业特性出发,以特有的视野继续进行学术研究,将理论探讨与挽救民族危亡密切联系起

---

① 陈正卿.任白涛:追随共产党的辛亥名记者[J].上海滩,2006(1):7.
② 陈正卿.任白涛:追随共产党的辛亥名记者[J].上海滩,2006(1):8.
③ 穆超.非常时期的宣传政策[M].重庆:正中书局,1938:126.

来。任白涛自然也不例外,他主动将新闻学术研究与抗日救亡运动相结合,试图在理论层面为抗日新闻宣传提供对策。几本关于战时新闻宣传的著述和其他相关文章都是在抗战期间发表问世,在一定程度上填补了战时新闻宣传研究的需要。任白涛关于抗日新闻宣传研究的一个特点在于他总是努力尝试为对敌宣传提供对策和方案。因此,在相关研究当中时常可以见到他关于对敌宣传策略的总结和分析。实际上,任白涛关于抗日新闻宣传的研究也的确对抗战有所助益,并产生了一定的积极影响,他的论述和观点在新闻界获得相当认可和极力推荐。1938年祝秀侠在《新战线》上对任白涛的《抗战期间的新闻宣传》一书进行介绍时称:"我国自抗战以来,一切力量集中于抗战各部门,以服务于抗战为第一。所以如何发挥抗战的新闻宣传力量,须有赖于新闻学者即工作者的研讨和实践。但无可讳言的,抗战以来的报纸还未能尽了最大的责任,而在汗牛充栋的战时小册子中关于新闻学一类的书籍也非常少。最近很高兴看见任白涛先生的《抗战期间新闻宣传》(北新)和任毕明先生的《战时新闻学》(光明)这两本小册子,意见正确,举例周详,实在是关于抗战新闻宣传问题的好书。"[①]由于新闻学者们既不掌握政权,又不掌握军队,他们只能以新闻学术研究来支援抗战,为抗日新闻宣传担当智库,以此践行他们"新闻救国"的理想。

第二节 新闻人任白涛的历史局限性

新闻人作为与时代贴合相当紧密的一类群体,他们身上不可避免地带有深刻的时代、历史印记。加之个人生活阅历和认识水平的因人而异,民国时期的新闻人各自走出了属于自己的独特道路,同时又表现出了不同程度的历史局限性。就民国时期新闻人任白涛而言,我们在看到他身上积极一面的同时,还应当对他在某些行为上表现出来的局限与不足有所认识。

一、过分地看重新闻事业的力量和作用

与民国时期其他的新闻人一样,任白涛也受到了西方新闻学理论和思想

---

① 祝秀侠.介绍两本抗战新闻学[J].新战线,1938(1):39.

的影响。尽管他并未明确表示研究或者讨论过西方新闻学的理论内容,但他的不少著述留有西方新闻理论影响的痕迹。新闻事业在西方世界发端之后,逐渐得到社会各界人士的认可与重视,其影响力和影响范围也随之不断扩大。在当时,西方不少新闻学者和新闻业者有意识地将自己所从事的事业地位进行美化与抬高,新闻事业在西方社会也被称之为"宪法上的第四种权力",自由报刊应是对行政、立法、司法三权起制衡作用的"第一种权力"[1]。当这种学说和认识传入中国,很快在中国的新闻学者和报人之间引起极大共鸣。西方世界对新闻事业的这种价值定位,应当说正好契合了正在面临转型阵痛中的中国士大夫知识分子的心理需要,给他们一个顺理成章走入新闻道路的绝佳理由。因为新闻记者这一职业在彼时社会中还不是一个十分有尊严和地位的职业,甚至曾经被视为落拓文人的"穷途末路"。

既然已经从心理上得到了认可,那么就不妨在各类出版物上大书特书。任白涛对于新闻事业和新闻记者的地位也是极为看重、极尽赞美,甚至可以说到了有点过分的程度。在任白涛看来,新闻记者具有"无冕之帝王""社会之师表"的崇高社会地位。他对于新闻事业的地位和作用也是毫不吝惜赞美之词:"报纸者,近世文明产出之原动力也。报纸之发达与世界文明之发达为正比例。但就一国家而论,内治无报纸为前导,则修明无望,外交无报纸为后盾,则优胜难期。故报纸威力之雄伟堂皇,殆有非专制君主之压力、万灵宗教之神力以及披靡金汤之炮火、网维乾坤之电气,所可相提并论者矣。"[2]在任白涛的心里,新闻事业成为文明之发达、社会之进步、政治之修明、外交之优胜的主要推动力,新闻事业的地位已可与专制君主、宗教神力、炮火电气相提并论。可见他对新闻事业的地位和作用的推崇已经到了无以复加的地步。与任白涛一样,徐宝璜对于新闻事业的力量和作用也是极为看重的,他也曾做出过与任白涛类似的表述:"新闻纸,或可作政治之中心点,力亦伟哉。"[3]任白涛与徐宝璜的这种观点应当说都是受到了西方资产阶级新闻理论的影响较多,过分地看重和夸大了新闻事业的力量,也因而都表现出了认识上的历史局限性。

---

[1] 刘建明."第四权力说"的历史滑落[J].现代传播,2006(4):25-27.
[2] 任白涛.应用新闻学[M].上海:亚东图书馆,1937:2.
[3] 徐宝璜.新闻事业之将来[M]//新闻学.北京:中国人民大学出版社,1994:128.

二、未能充分地将自己的新闻主张贯彻于实践

客观地说,任白涛在新闻学术研究上确实具有较深的造诣,他对许多新闻学术问题和新闻现象都有独到的见解和认识,为中国早期新闻学的发展进步做出了一定贡献。尽管从某种意义上来说,从事新闻学术研究也是一种"新闻实践",但它本质上并未与真正的社会现实相结合,如此新闻学术研究的社会功用可能会大打折扣。对于一位研究者个体而言,倘若未能将自己的学术研究与实践结合,或者说未能将自己的新闻学知识运用于现实实践,那么这就可能无形中关闭了一条对社会产生助益的有效通道。不可否认,这种要求对于绝大多数新闻学者而言可说是一种苛求。

对于新闻人任白涛而言,他是极力倡导要将新闻学术研究融入社会实践当中的,而且他也正是这样做的。譬如,他创办中国新闻学社招纳同道之人共同从事学术研究,他参加左翼新闻记者联盟从事新闻文化事业,等等。但与徐宝璜、邵飘萍、戈公振等人相比,任白涛将自己的新闻主张与实践的结合程度则显得又不那么充分。在当时的社会环境中,新闻学者能够将自己的新闻主张和新闻学识运用于实践的途径主要有两种:其一,依托某一高等教育机构从事新闻学的教育活动;其二,依托某一新闻媒体从事新闻职业工作。就前者而言,任白涛将自己的新闻研究与实践的结合程度显然不及徐宝璜;就后者来看,任白涛的新闻学术研究与实践的结合程度又不如邵飘萍。很难想象,如任白涛这般痴心于新闻学术的新闻学者竟然没有将自己的新闻学术见解运用于新闻教育事业。实际上,任白涛是一位非常推崇新闻教育,且对新闻教育思想也有独特思考的新闻学者。任白涛在当时的社会条件下曾经有机会走向大学讲坛。此前在《应用新闻学》出版之际,任白涛曾与上海圣约翰大学、杭州之江大学、燕京大学等多有往来,假若他肯向这些大学申请教职,那么成为新闻学科教师应非难事。另外在 1926 年,戈公振在撰写《中国报学史》时曾去向任白涛借阅过新闻史料,随后戈公振在返回上海之后写信让任白涛来上海某大学任教。但由于当时日本东方通信社社长波多博也在该大学担任教职,任白涛便毅然决然地拒绝了戈公振的引荐,并且表示从此以后与戈公振不再通信,大有与其划清界限的姿态。对于这段往事,任白涛曾做出过详尽的记述:"当他返沪不久即一九二六年春季,突然寄我一张某大学所开设的暑期新闻学课程时间表,附函说把他所担任的六小时让给我两小时,而在该课程表上所列的《通信事业》一门下面印就的担任讲师的名字,竟是当时做东方通信社社长的

波多博——一点不差:在'波多博'三字下面有'东方通讯社'的夹注!这实在使我吃了一惊;我为避免日后的麻烦以及服从个人的良知起见,谢绝了这个讲师的职责,但没有把原因明告给他——这在我想来,也没用再行絮说的必要。就从这时候起,我同戈氏便不通信了。"[1]从1926年春季这一时间上来推算,任白涛口中所指的"某大学"应当是当时戈公振任教的上海国民大学。从任白涛对戈公振的言辞拒绝上来看,他实际上是不愿意与日本帝国主义者代理人同流合污的,足见他大义凛然的民族气节。从这件事上我们可以看出任白涛谨慎、刚正、正直、孤高的人物性格。或许正是这份知识分子所独具的"高洁品性"使任白涛始终游离在新闻教育事业的边缘,同时也使得他失掉了一个能够将自己的新闻学识付诸实践的良好途径。

第三节　新闻人任白涛的现实启示

任白涛是中国早期卓有贡献的新闻学研究者之一,他所关注和试图解决的问题与当今新闻界面临的问题具有不少共性,与新闻传播的基本规律也是相符的。从当下的视角来审视和评析民国时期新闻人任白涛的新闻思想、学术研究及其新闻实践,对我们当前的新闻学研究仍然具有一些启迪意义。

一、新闻人应当具有为国为民的社会责任意识

国内学术界一般认为"知识分子"概念源自西方。因为它能够涵盖中国历史和现实社会中一种类型的人,所以顺理成章地进入中国人的语境。余英时认为在中国文化语境中,与"知识分子"最接近的是"士",不仅因其具有丰厚的知识素养,更因其具有西方近代知识分子那种超乎私利之上的对"国家、社会以至世界上一切有关公共利害之事"[2]的关怀。"士"在中国传统社会结构中占有重要位置,位居农、工、商之首。荀子有"儒者在本朝则美政,在下位则美俗"的说法。自秦汉以来,维持政治秩序和文化秩序的责任其实都落在了"士"

---

[1] 任白涛.日本对华的宣传政策[M].长沙:商务印书馆,1940:4.
[2] 余英时.引言:士在中国文化史上的地位[M]//士与中国文化.第2版.上海:上海人民出版社,2013:2.

身上。"士"肩负着社会评论及舆论引导的责任。鸦片战争后,中国近代意义上的知识分子在西方文明影响下伴随废科举、兴新学运动而出现。他们作为一个社会阶层从封建"士大夫"中脱胎而出,或传播新思想、新知识,或从事近代学术研究,或兴办近代企业,在社会历史进程当中发挥着重要作用。新闻人是中国近代知识分子当中的一类代表,由于继承传统"士大夫"精神和文化的涵蕴,许多新闻人自觉地将国家兴盛、民族振兴作为自己的人生理想和职业使命。任白涛自幼接受过良好的封建传统文化教育,爱国主义情感是始终深深地植根于他的心里。清末社会的传统教育在那个求新求变的时代尽管显得格格不入,且带有很大程度上的"糟粕性",但是它的一些优秀成分仍旧被传承下来。

中华民国建立以后,中国社会并没有如许多人设想的那样开始走向民主国家的道路。在北洋军阀政府和国民政府的残暴黑暗统治之下,政府官吏依旧是贪污腐败、搜刮民脂,连年内战致使百姓生活疾苦、民众怨声载道。任白涛不赞成报人因周旋于政治事务而忽略了自身事业。尽管任白涛终其一生没有参加任何党派,但这并不影响他出于新闻人的责任心而与阴暗现实相斗争,在复杂的时局面前最大限度地体现一位新闻人朴素的社会良知。任白涛的"敢为"在于他懂得运用"新闻"这一锐利无比的武器。作为资深新闻人,任白涛清楚地明白新闻事业强大的社会功用以及新闻记者肩负的社会责任。他以自己的亲身新闻实践对新闻人的社会责任做出诠释,那就是不惧困难,心系国家和人民,坚守新闻人维护社会正义与推动社会进步的职业品格。任白涛所提倡和践履的这种职业精神,对我们今天的新闻工作者仍有较强的现实指导意义,这是老一辈新闻工作者在艰难岁月中传承下来的充满光荣与责任的精神财富。

二、新闻学术研究应与当下时代需要相结合

伴随社会的发展和进步,中国的新闻学在经历了从无到有的过程后,逐步发展起来。作为新闻学研究主体的中国新闻人试图将学术研究与现实需要相结合,使得中国近代以来的新闻学研究呈现出一种鲜明的时代烙印。尽管对于很多新闻人来说,从事新闻学术研究最初可能是源于兴趣爱好,但随着个人阅历和思想观念的增长与更新,不少新闻人的新闻学术研究活动开始自觉地走上服务于国家社会发展的路径,进而与时代需要紧密结合。这种适应时代需要的新闻学术研究,或许才能真正"小叩小响,大叩大响",真

正于国于民有所裨益。

任白涛的新闻学术研究活动是紧紧与彼时时代环境相结合的,在任白涛的身上体现出一种明确的"当下"意识。九一八事变以前,尽管国内政治社会环境也不太平,国家颓败不堪,但中国还没有到亡国灭种的极端危险境地。所以任白涛的新闻学术研究目的如他所言"当然是在改善与我们休戚相关的中国的新闻事业"[①]。从改善"中国的新闻事业"话语中,可见任白涛是期望用新闻学研究来解决中国新闻业中的实际问题,推动中国新闻事业的良性发展。抗战爆发以后,任白涛及时适应战时环境需要进行抗日新闻宣传研究,以"爱国新闻人"的身份奋斗在抗日新闻宣传阵线上。在《抗战期间的新闻宣传》一书中,任白涛明确表示这本书的写作用意即在于:"敌人关于我国情的谍报,那详尽的程度,远非我老百姓所能审悉万一。……我上下应本血诚,深自反省的。现在全国勠力,共赴国难,当无暇互责,但凡有与战事直接痛痒相关的,自应披沥相告,冀谋补苴。"[②]在关乎国家民族生死存亡的攸关时刻,任白涛不顾个人安危,以笔为戈毅然投入抗战宣传的洪流中去,完成了由"潜心治学的文化学者"到"为国为民的新闻战士"的转变。

三、应当理性看待西方新闻学理论和思想

与中国近代新闻事业一样,中国近代新闻学也是"舶来品"。中国境内最早出现的两部新闻学著作即出自外人之手,经国人翻译而来。因此,中国早期新闻学的发展不可避免地受到域外新闻学的影响。19世纪末期,"新闻专业主义"在西方开始形成,它作为一套论述新闻实践的话语,根植于对新闻业在走向专业化进程中所遇到的危机与困境的反思。新闻专业主义在西方国家历经百年新闻实践的积淀,逐渐形成一套适用于新闻事业的规范性原则。新闻专业主义的一些基本性原则与要求包括:(1)传媒具有社会公器的职能,新闻工作必须服务于公众利益,而不仅限于服务政治或经济利益集团;(2)新闻从业者是社会观察者、事实的报道者,而不是某一利益集团的宣传员,或政治、经济冲突的参与者或鼓动者;(3)新闻从业者是资讯流通的"把关人",采纳的基本原则是以中产阶级为主体的主流社会价值观念,而不是任何需要向主流社会灌输的意识形态;(4)以实证科学的理性标准评判事实的真假观念,服从于

---

① 任白涛.再版的话[M]//应用新闻学.上海:亚东图书馆,1937:3.
② 任白涛.开头的话[M]//抗战期间的新闻宣传.广州:新闻研究社,1938:5.

事实这一最高权威,而不是臣服于任何政治权力或经济势力;(5)受制于建立在上述原则上的专业规范,接受专业组织的自律,而不接受在此之外的任何权力或权威的控制。① 以新闻专业主义为代表的西方新闻学理论或思潮对中国早期新闻学具有比较明显的影响,在许多新闻人的研究内容中都能见到这一理论的影响痕迹。这些原则作为理想的典范不仅深入学者的心中,同时也渐渐渗透进了当时中国的新闻教育体系。

任白涛早年接受的新闻学理论知识虽说是来自日本,但从根本上说依旧是西方新闻学的理论体系。因此,任白涛的新闻学术研究受这一理论影响也是难免的。尽管他并没有将西方新闻专业主义当作新闻学研究的指导原则,但实际上他对这一理论中的不少观念持认同态度。新闻专业主义所强调的精神内涵客观上有利于新闻学科建设走向专业与规范。值得注意的是,任白涛对于西方新闻学理论的态度并非一味地照搬照抄,而是不断思考将其与中国新闻界的具体情况相结合。他曾明确指出过西方新闻学理论可取的地方只是其原理。他对西方新闻学理论的接纳是采取兼容并蓄、取其精华、为我所用的态度。所以,诸如自由主义报刊理论、社会责任理论以及新闻专业主义理论等西方新闻学理论在任白涛的新闻理论当中尽管都有相当程度的体现,但并不是简单移植。新闻专业主义虽然是对新闻规律的揭示,但对它的认识不能仅仅停留在纸面,而应与中国具体历史环境和社会语境相结合。因为理论终归是一种意识层面上的东西,理论只有"落地"才能真正发挥价值。

自甲午战争至民初,在中国社会的许多领域,"向西方学习"的口号已经喊响了半个多世纪。在当时的新闻学人看来,尤其是在中国本土新闻学缺位的情况下,以引进为主的新闻学研究模式似乎成为一种必然选择。任白涛的身上,体现出的却是对"东洋"与"西洋"新闻界的差异化认识,以及相当明显的对新闻学理论本土化的尝试与探索。这说明中国新闻学发展至近代,国人学者已经开始对域外新闻学加以反思,同时开始勾画我国新闻学的未来蓝图。当下新闻学者,在博采众长、旁征博引、学术争鸣的同时,应时刻不忘为我国新闻学理论体系添砖加瓦,在新的时代背景、新的学术环境下,进一步巩固和确认新闻学的学科地位,尝试推进新时代中国特色社会主义新闻学的理论创新工作。

---

① 陆晔,潘忠党.成名的想象:中国社会转型过程中新闻从业者的专业主义话语建构[J].新闻学研究,2002(71):17-59.

结 语

许纪霖先生认为对中国近现代历史上的知识分子"如果说我们无法理解他们的思想复杂性的话,那仅仅只能证明我们自身的思想还不够丰富,我们的心灵还太单纯,要使我们的思想变得与古人一样丰富,不是拍脑袋就能拍出来,也不是凭激情、凭灵感、凭豪情,而是要凭自己的学理。你的知识越多,你了解得越多,就越能与那些过世的人物有真正的心灵对话,就能了解他们所有的烦恼、痛苦、内心的紧张和不安"[①]。这段话恰切地诠释了研究历史人物,首先需要对其遗留下来的或与其相关的文献资料进行系统而详尽的掌握、阅读与消化。这种思路对于民国时期新闻人任白涛的研究同样适用。在对已有史料的搜集、整理、分析与研判的基础上,笔者认为:

第一,任白涛是中国早期新闻学研究的重要人物之一。从时间上来看,任白涛是属于与徐宝璜、邵飘萍等同一时期的新闻学者,是同样活跃在五四时期的新闻学者。在此之前,新闻学作为一门学科从未在中国新闻学术史上真正建立起来,正是因为有如任白涛等新闻学者的存在,才促成了新闻学这一科学在中国社会的迅速建构与落成。任白涛的新闻学术研究工作对于中国新闻学的发展具有"以启山林"的现实价值。任白涛的新闻学术研究内容相当广泛,在新闻理论、新闻实务和新闻史学等多个方面都有自己的著述和论文,其中难掩他思考、思维、思想的结晶之光。即使新闻史学并非任白涛的研究重点,但他也并非毫无涉猎。他曾在《应用新闻学》中特别附编了"欧美新闻史略"内容,这是当时国内新闻学者对西方新闻史的较早介绍。任白涛的研究重心在于应用新闻学,他强调新闻学是一门应用科学,看重的是新闻学对新闻事业的现实指导作用。正是基于这样的价值考量,任白涛将新闻学术研究与社会的民主进程相结合,期望通过学术研究来推动社会的发展进步。任白涛的新闻学术研究视野也是非常宏阔的,他常常将新闻学与社会学、心理学、文艺学等

---

① 许纪霖.在刺猬和狐狸之间:我的知识分子研究之路[M]//中国知识分子十论(修订版).上海:复旦大学出版社,2015:15.

学科相提并论,同时还把新闻学与社会、政治、经济、文化等领域相融合,期望在更为宏大的背景下来考察新闻学的社会价值和现实意义。这表明任白涛在当时的新闻学研究上已经有了很强的学科意识,认为新闻学"实为一种最实证的科学"。任白涛的新闻学术研究历程彰显了知识分子的学术责任和坚守精神,这对当下的新闻学研究者来说具有重要的启迪和影响。

第二,任白涛是一位具有高度社会责任感的新闻人。任白涛一生坚持真理,对国家、社会、人民始终怀揣着一种高度的责任心和使命感。他心怀新闻理想,期望能够通过投身新闻事业对现实社会有所作为。任白涛所处的时代是政治纷乱、社会动荡、人民不安的年代,残酷的现实迫使他渴望寻找到一条能够救国救民的道路。他出于对新闻的热切期望走向新闻记者之路,因新闻记者工作的神圣和强大的社会功能而热爱新闻职业,又为了促进吾国新闻事业的发展而转向新闻学术研究之途。从新闻学者的立场出发,任白涛希望能够通过新闻学术研究来促进和改善我国新闻事业的发展现状,最终目的是实现国家的繁荣、民主、独立和富强,改变中国封建、迂腐、破落的社会面貌。这不仅是任白涛的人生追求,更是与其相类的同一时代的新闻人的共同理想。

第三,任白涛又是一位具有强烈民族主义情感的新闻人。任白涛出生在一个具有浓厚传统文化色彩的家庭中,幼年时期既接受过封建家庭式教育,又接受过新式学堂教育。在任白涛幼小的心里,一种爱国主义情感逐渐萌生。及至成年,任白涛逐渐找寻到自己的人生道路,开启了自己的新闻人生涯。九一八事变爆发以后,日本帝国主义者将罪恶的侵略炮火投向了中国人民的身上。对日本帝国主义者的侵略行径,任白涛表现出强烈的痛恨之情。在浓烈的民族主义情感和爱国之心的驱使之下,任白涛毅然投入了抗日新闻宣传事业当中,他既从事抗日新闻宣传学术研究,又展开抗战宣传实际行动。他期望能够通过新闻学术研究来改变中国积贫积弱、任人宰割的悲惨现实,并热切地期盼着能够"把东亚大陆的干净土上沾染的爱尔兰式和三韩式的血迹,洗得一点不留,使我们的全民族乃至全世界的人类,同进入自由平和的境域"。任白涛始终秉持着"不党不派"的人生信念,一生未曾加入过任何党派。这或许让他看起来始终像是一位特立独行的学者模样。但这丝毫不影响他对国家和民族的拥护之心,丝毫不影响他为争取民族独立、国家解放而付出的满腔热情。在抗战时期的动乱年代,任白涛不顾自身安危为国家和民族呐喊、呼号,这是难能可贵的。

第四,任白涛是一位值得今人加以研究和重视的重要的"民国时期新闻人"。笔者认为,任白涛是中国新闻史上积极推动新闻学发展的一位重要的历史人物。任白涛生活清贫,性格刚正,追求真理,从不仰承权贵鼻息。与友人相交,任白涛总是保持一种"君子之交淡如水"的高洁姿态,多的是志趣上的相投,少的是利益上的往来。任白涛丰富的人生历程并非看似那么完美,其间既有精彩、得意、奋进,也有坎坷、遗憾、退缩,然而他始终心怀理想并孜孜不倦地从事新闻学术研究。他的这份才情、坚持和努力是值得我们今天的新闻学者学习和称颂的,他所做出的贡献也是不应忽视的。历史人物的研究和评价应当遵循历史唯物主义和辩证唯物主义的基本立场和态度。评价和认识一位历史人物,应当将其放入他所处的具体历史环境下加以看待,不能以今天的价值和标准去衡量和要求前人。中国新闻学术研究和新闻事业的发展是一项任重而道远的事业,需要经历数代新闻人的坚持不懈的努力和长期奋斗。任白涛作为民国时期的一位新闻人,他在新闻界辗转沉浮四十余年,是在辛亥革命时期就投入新闻事业的老报人,也是在中国新闻学术史上的一位早期探索者。

任白涛同徐宝璜、邵飘萍、戈公振等人一样,是中国近现代新闻史上的重要新闻学者,是那个时代新闻学术研究群体中的一分子。他为中国新闻学的研究和发展做出过一些具有开创性的贡献,理应在中国新闻史上占据一席之地。任白涛从弱冠之年便开始涉足新闻界,在新中国成立前的近四十年里,他始终以新闻人的身份奋斗在新闻实践和新闻学研究领域,践行着他"新闻救国"的人生理想。新中国成立以后,任白涛拖着病躯依然进行新闻学的整理、研究、修订工作,孜孜不倦地为中国新闻事业建设而努力。终其一生,任白涛都始终未曾离开过他所热爱的新闻事业。

参考文献

一、报刊资料

1.《绸缪月刊》
2.《大公报》
3.《东方杂志》
4.《民国日报》
5.《民立报》(1910.10.11—1913.6.30),中国国家图书馆所藏缩微胶卷。
6.《青年界》
7.《时报》
8.《申报》
9.《神州日报》
10.《社会日报》
11.《文艺新闻》
12.《向导》
13.《新闻报》
14.《新湖北日报》(1941.1.1—1942.2.28),中国国家图书馆所藏缩微胶卷。
15.《益世报》
16.《战时日报》

二、中文著述

1. 包天笑.考察日本新闻记略[M].上海:商务印书馆,1918.
2. 白吉庵.胡适传[M].北京:人民出版社,1993.
3. 白万献,黄运甫,李仁瑞,等.南阳历代名人[M].郑州:中州古籍出版社,1998.
4. 蔡尚思.中国古代学术思想史论[M].广州:广东人民出版社,1990.
5. 程兆盛.周恩来人际交往实录[M].南京:江苏文艺出版社,1993.
6. 陈承铎.河南新闻事业简史[M].郑州:河南人民出版社,1994.
7. 程世寿,刘洁.现代新闻传播学[M].武汉:华中理工大学出版社,2000.
8. 陈建云.中外新闻学名著导读[M].杭州:浙江大学出版社,2005.
9. 陈建云.大变局中的民间报人与报刊[M].福州:福建教育出版社,2008.

10. 陈建云.向左走,向右走:一九四九年前后民间报人的出路抉择[M].福州:福建教育出版社,2010.
11. 蔡斐.新闻传播经典文献导读[M].北京:法律出版社,2015.
12. 蔡斐.重庆近代新闻传播史稿(1897—1949)[M].重庆:重庆出版社,2017.
13. 程曼丽,乔云霞.中国新闻传媒人物志:第3辑[M].北京:长城出版社,2014.
14. 长虹.走到出版界[M].上海:上海书店出版社,1985.
15. 陈惇,刘洪涛.现实主义批判:易卜生在中国[M].南昌:江西高校出版社,2009.
16. 丁淦林.中国新闻事业史[M].武汉:武汉大学出版社,1990.
17. 丁淦林,商娜红.聚焦与扫描:20世纪中国新闻学与传播学研究[M].北京:新华出版社,2005.
18. 窦克武.王拱璧文集[M].开封:河南大学出版社,1991.
19. 郑超然,程曼丽,王泰玄.外国新闻传播史[M].北京:中国人民大学出版社,2000.
20. 邓绍根.中国新闻学的筚路蓝缕:北京大学新闻学研究会[M].北京:清华大学出版社,2015.
21. 童兵,林涵.20世纪中国新闻学与传播学:理论新闻学卷[M].上海:复旦大学出版社,2001.
22. 方汉奇.报史与报人[M].北京:新华出版社,1991.
23. 方汉奇.方汉奇文集[M].汕头:汕头大学出版社,2003.
24. 方汉奇,李矗.中国新闻学之最[M].北京:新华出版社,2005.
25. 方汉奇.中国新闻事业编年史[M].福州:福建人民出版社,2000.
26. 方汉奇,史媛媛.中国新闻事业图史[M].福州:福建人民出版社,2006.
27. 方汉奇.中国新闻事业通史:第1卷[M].北京:中国人民大学出版社,1992.
28. 方晓红.中国新闻史[M].北京:北京师范大学出版社,2013.
29. 复旦大学新闻系新闻史教研室.简明中国新闻史[M].福州:福建人民出版社,1986.
30. 复旦大学新闻系新闻史教研室.中国新闻史文集[M].上海:上海人民出版社,1987.
31. 戈公振.中国报学史[M].上海:商务印书馆,1927.
32. 戈公振.新闻学撮要[M].上海:商务印书馆,1929.
33. 甘家馨.欧美新闻界鸟瞰[M].南京:正中书店,1933.
34. 管照微.新闻学论集[M].上海:汉文正楷印书局,1933.
35. 郭步陶.编辑与评论[M].上海:商务印书馆,1933.
36. 郭步陶.不受侵略论文集[M].上海:新闻报馆收发处,1934.
37. 郭沫若.郭沫若选集:第1卷(下)[M].成都:四川人民出版社,1979.
38. 郭沫若.采桑子文丛:创造十年[M].昆明:云南人民出版社,2011.
39. 谷长岭,俞家庆.中国新闻事业史[M].北京:中央广播电视大学出版社,1987.
40. 耿云志.胡适遗稿及秘藏书信26[M].合肥:黄山书社,1994.

41. 郭汾阳.铁肩辣手:邵飘萍传[M].杭州:浙江人民出版社,2006.

42. 顾国华.文坛杂忆全编六[M].上海:上海书店,2015.

43. 黄天鹏.新闻学名论集[M].上海:上海联合书店,1929.

44. 黄天鹏.新闻学论文集[M].上海:光华书局,1930.

45. 黄天鹏.中国新闻事业[M].上海:上海联合书店,1930.

46. 黄天鹏.新闻学演讲集[M].上海:现代书局,1931.

47. 黄天鹏.新闻学入门[M].上海:光华书局,1933.

48. 黄天鹏.新闻学概要[M].上海:中华书局,1934.

49. 胡道静.上海新闻事业之史的发展[M].上海:上海市通志馆,1935.

50. 胡绳.从鸦片战争到五四运动[M].北京:人民出版社,1981.

51. 胡太春.中国近代新闻思想史[M].太原:山西人民出版社,1987.

52. 胡适.尝试后集[M].合肥:安徽教育出版社,2006.

53. 胡玫,王瑾.回忆胡政之[M].天津:天津人民出版社,2009.

54. 何扬鸣,张健康.20世纪中国新闻学与传播学:宣传学和舆论学卷[M].上海:复旦大学出版社,2002.

55. 哈艳秋."勿忘历史:抗战新闻史"学术研讨会文集[M].北京:中国广播影视出版社,2016.

56. 郝雨.新闻传播学概论[M].上海:上海交通大学出版社,2017.

57. 黄志辉.追梦与幻灭:报人成舍我研究[M].北京:中国社会科学出版社,2017.

58. 蒋国珍.民国丛书第三编41·文化教育体育类·中国新闻发达史[M].上海:上海书店,1927.

59. 蒋廷黻.中国近代史(插图增补版)[M].北京:现代出版社,2018.

60. 梁士纯.战时的舆论及其统制[M].北京:燕京大学新闻系,1936.

61. 刘光炎.战时新闻记者的基本训练[M].上海:独立出版社,1940.

62. 李大钊.李大钊选集[M].北京:人民出版社,1959.

63. 鲁迅.鲁迅日记(上下卷)[M].北京:人民文学出版社,1959.

64. 李大钊.李大钊史学论集[M].石家庄:河北人民出版社,1984.

65. 李大钊.李大钊箴言录[M].杭州:浙江人民出版社,2001.

66. 李泽厚.李泽厚十年集:中国近代思想史论(修订本)[M].合肥:安徽文艺出版社,1994.

67. 刘建明.现代新闻理论[M].北京:民族出版社,1999.

68. 刘建明.新闻学概论:第2版[M].北京:中国传媒大学出版社,2017.

69. 李秀云.中国新闻学术史(1834—1949)[M].北京:新华出版社,2004.

70. 李秀云.中国现代新闻思想史[M].北京:中国社会科学出版社,2007.

71. 李秀云.留学生与中国新闻学[M].天津:南开大学出版社,2009.

72. 林溪声,张耐冬.报人时代:邵飘萍与《京报》[M].北京:中华书局,2008.

73. 罗炳良.劝学篇[M].北京:华夏出版社,2002.

74. 李良荣.西方新闻事业概论:第3版[M].上海:复旦大学出版社,2006.
75. 李彬.中国新闻社会史[M].北京:清华大学出版社,2008.
76. 李金铨.文人论政:知识分子与报刊[M].桂林:广西师范大学出版社,2008.
77. 柳斌杰,李东东.中国名记者:第3卷[M].北京:人民出版社,2014.
78. 李亚子,乔雅洁.现代公共关系学理论与实践[M].西安:西安电子科技大学出版社,2014.
79. 罗尔纲.师门五年记 胡适琐记[M].北京:生活·读书·新知三联书店,2014.
80. 刘京林.新闻心理学概论[M].北京:中国传媒大学出版社,2014.
81. 李俊.学者藏书与学术研究的转型——以郑振铎为例[M].芜湖:安徽师范大学出版社,2015.
82. 毛泽东.毛泽东新闻工作文选[M].北京:新华出版社,1983.
83. 马学新,曹均伟,薛理勇,等.上海文化源流辞典[M].上海:上海社会科学院出版社,1992.
84. 马光仁.马光仁文集[M].上海:上海社会科学院出版社,2013.
85. 马光仁.上海新闻史(1850—1949)[M].上海:复旦大学出版社,2014.
86. 毛德富.百年记忆——河南文史资料大系·政治卷:卷2[M].郑州:中州古籍出版社,2014.
87. 倪延年.中国古代报刊发展史[M].南京:东南大学出版社,2001.
88. 倪延年.中国新闻法制史[M].南京:南京师范大学出版社,2013.
89. 南阳市地方史志编纂委员会.南阳市志[M].郑州:河南人民出版社,1989.
90. 庞荣棣.申报魂:中国报业泰斗史量才图文珍集[M].上海:上海远东出版社,2008.
91. 彭菊华.新闻学原理:第2版[M].北京:中国传媒大学出版社,2014.
92. 漆树芬.经济侵略下之中国[M].北京:生活·读书·新知三联书店,1954.
93. 齐卫平,朱敏彦,何继良.抗战时期的上海文化[M].上海:上海人民出版社,2015.
94. 任白涛.应用新闻学[M].上海:亚东图书馆,1937.
95. 任白涛.给志在文艺者[M].上海:亚东图书馆,1928.
96. 任白涛.抗战期间的新闻宣传[M].广州:新闻研究社,1938.
97. 任白涛.国际通讯社的机构及其作用[M].长沙:商务印书馆,1939.
98. 任白涛.日本对华的宣传政策[M].长沙:商务印书馆,1940.
99. 任白涛.综合新闻学[M].上海:上海书店,1991.
100. 任白涛.文艺学方法论[M].上海:北新书局,1950.
101. 任毕明.战时新闻学[M].汉口:光明书局,1938.
102. 单波.20世纪中国新闻学与传播学:应用新闻学卷[M].上海:复旦大学出版社,2001.
103. 邵飘萍.实际应用新闻学[M].北京:京报馆出版部,1923.
104. 邵飘萍.新闻学总论[M].北京:京报馆出版部,1924.
105. 孙义慈.战时新闻检查的理论与实际[M].重庆:军事委员会战时新闻检查局,1941.

106. 苏进添.日本新闻自由与传播事业[M].台北:致良出版社,1990.
107. 孙洪康.新闻老战士与抗战[M].上海:上海人民出版社,2015.
108. 萨空了.科学的新闻学概论[M].北京:中国传媒大学出版社,2018.
109. 萨日娜.东西方数学文明的碰撞与交融[M].上海:上海交通大学出版社,2016.
110. 上海市政协文史资料工作委员会,中国社会科学院近代史研究所中华民国史研究室.中华民国史资料丛稿人物传记:第10辑[M].北京:中华书局,1981.
111. 上海市社会科学界联合会,上海市人大教科文卫委员会,上海市历史学会.辛亥革命与中国近代化:学术讨论会文集[M].上海:上海人民出版社,2012.
112. 陶良鹤.最新应用新闻学[M].上海:复旦大学新闻学会,1930.
113. 童兵.比较新闻传播学[M].北京:中国人民大学出版社,2002.
114. 童兵.童兵自选集·新闻科学:观察与思考[M].上海:复旦大学出版社,2004.
115. 唐海江.西方自由主义新闻思潮新论[M].长沙:湖南大学出版社,2006.
116. 涂凌波.现代中国新闻观念的兴起[M].北京:中国传媒大学出版社,2016.
117. 谭琳.历史书写中的女性话语建构:中国妇女/性别史研究集萃[M].北京:中国书籍出版社,2017.
118. 伍超.新闻学大纲[M].上海:商务印书馆,1925.
119. 王新常.抗战与新闻事业[M].香港:商务印书馆,1938.
120. 王文彬.报人之路[M].上海:三江书店,1938.
121. 吴好修.战时国际新闻读法[M].广西:开明书店,1941.
122. 王芸生.六十年来中国与日本[M].北京:生活·读书·新知三联书店,1979.
123. 王琳.狂飚诗人:柯仲平传[M].北京:中国文联出版公司,1992.
124. 吴廷俊.新记《大公报》史稿[M].武汉:武汉出版社,2002.
125. 吴廷俊.中国新闻事业史[M].武汉:武汉大学出版社,2009.
126. 王润泽.北洋政府时期的新闻业及其现代化(1916—1928)[M].北京:中国人民大学出版社,2010.
127. 王蔚.新闻真实观探究——一种历史与实践的视角[M].北京:中国广播影视出版社,2014.
128. 韦冬.中国共产党思想道德建设史(上)[M].济南:山东人民出版社,2015.
129. 徐宝璜.新闻学[M].北京:北京大学出版社,1919.
130. 徐宝璜,胡愈之.新闻事业[M].上海:商务印书馆,1924.
131. 徐宝璜.新闻学纲要[M].上海:上海书店出版社,2011.
132. 肖玉.周恩来(领袖交往实录系列)[M].成都:四川人民出版社,1992.
133. 徐培汀,裘正义.中国新闻传播学说史[M].重庆:重庆出版社,1994.
134. 徐培汀.二十世纪中国的新闻学与传播学[M].北京:党建读物出版社,2002.
135. 徐中约.中国近代史(上下册)[M].香港:香港中文大学出版社,2001.
136. 许金生.近代日本在华报刊通信社调查史料集成(1909—1941)[M].北京:线装书局,2014.

137. 谢鼎新.中国广播电视研究的演变[M].合肥:合肥工业大学出版社,2014.
138. 许纪霖.中国知识分子十论(修订版)[M].上海:复旦大学出版社,2015.
139. 新华社新闻研究所.新华社文件资料选编:第4辑[M].1987.
140. 袁殊.学校新闻讲话[M].上海:湖风书局,1932.
141. 姚公鹤.上海闲话[M].上海:商务印书馆,1933.
142. 毅生.宣传学与新闻记者[M].上海:中南文化协会,1935.
143. 尹韵公.中国新闻界人物[M].北京:中国人事出版社,2002.
144. 张友渔.报人生涯三十年[M].重庆:重庆出版社,1982.
145. 张静庐.中国的新闻记者[M].上海:光华书局,1928.
146. 张静庐.中国的新闻纸[M].上海:光华书局,1928.
147. 张静庐.在出版界二十年[M].上海:上海书店,1984.
148. 张静庐.中国近现代出版史料[M].上海:上海书店出版社,2011.
149. 周孝庵.最新实验新闻学[M].上海:上海时事新报馆,1928.
150. 赵占元.国防实用丛书之十五:国防新闻事业之统制[M].上海:汗血书店,1937.
151. 赵超构.战时各国宣传方策[M].重庆:独立出版社,1938.
152. 张友鸾.战时新闻纸[M].重庆:中山文化教育馆,1938.
153. 张友鸾.去到敌人后方办报[M].重庆:中山文化教育馆,1939.
154. 赵锡骅.民盟史话(1941—1949)[M].北京:中国社会科学出版社,1992.
155. 中国青年记者学会.战时新闻工作入门[M].重庆:生活书店,1939.
156. 中国人民大学新闻系.列宁论报刊[M].北京:中国人民大学出版社,1958.
157. 张枬,王忍之.辛亥革命前十年时间时论选集:第3卷[M].北京:生活·读书·新知三联书店,1977.
158. 中共中央文献研究室,南开大学.周恩来早期文集:1912.10—1924.6(上)[M].北京:中央文献出版社,1996.
159. 张之华.中国新闻事业史文选:公元724年—1995年[M].北京:中国人民大学出版社,1999.
160. 张允若.外国新闻事业史[M].武汉:武汉大学出版社,2000.
161. 张育仁.自由的历险——中国自由主义新闻思想史[M].昆明:云南人民出版社,2002.
162. 郑保卫.中国共产党新闻思想史[M].福州:福建人民出版社,2004.
163. 翟惠生.中国新闻界人物[M].北京:光明日报出版社,2008.
164. 张振亭.中国新时期新闻传播学术史研究[M].南昌:江西人民出版社,2009.
165. 张振亭.专业化与大众化:黄天鹏新闻思想与实践研究[M].南昌:江西人民出版社,2014.
166. 张晓锋.新闻职业精神论纲[M].北京:中国广播电视出版社,2011.
167. 赵长海.河南辛亥革命人物传略[M].郑州:大象出版社,2012.
168. 周婷婷.中国新闻教育的初曙——以北京大学新闻学研究会为中心的考察[M].

武汉：华中科技大学出版社，2013.

169. 周一凝.封面上的往事[M].北京：中央广播电视大学出版社，2015.

170. 朱凯.于右任传[M].西安：陕西人民出版社，2015.

171. 赵玉明，艾红红，庞亮.广播电视学学科体系建设研究[M].北京：中国广播影视出版社，2015.

172. 中共代表团."四八"被难烈士纪念册[M].上海：上海书店，1992.

173. 中共中央文献研究室第二编研部.邓颖超书信选集[M].北京：中央文献出版社，2000.

174. 中国人民政治协商会议湖北省委员会文史资料委员会.湖北文史集粹：文化艺术[M].武汉：湖北人民出版社，1999.

175. 中国社会科学院近代史研究所中华民国史组.胡适来往书信选（上、中）[M].北京：中华书局，1979.

176. 中国人民政治协商会议湖北省委员会文史资料研究委员会.湖北文史资料·1986年第2辑（总第十五辑）：纪念抗日战争胜利四十周年专辑（之五）——抗战时期的湖北省会恩施[M].武汉：湖北人民出版社，1986.

177. 中国人民政治协商会议河南省南阳市委员会文史资料研究委员会.南阳文史资料：第3辑[M].1987.

178. 中国人民政治协商会议河南省开封市委员会文史资料研究委员会.开封文史资料：第9辑[M].1989.

179. 中国人民政治协商会议陕西省榆林市委员会.张季鸾先生纪念文集[M].西安：陕西人民教育出版社，1991.

三、期刊论文

1. 白丁.日本新闻政策的对华活动[J].新闻通讯，1934(8).

2. 程安.任白涛[J].南都学坛，1992(2).

3. 陈正卿.任白涛：追随共产党的辛亥名记者[J].上海滩，2006(1).

4. 陈立新.从"新闻价值"一节看任白涛与伍超之版权纷争[J].国际新闻界，2012(1).

5. 陈力丹.新闻传播学科发展的文献保障与实践基础[J].新闻大学，2013(4).

6. 邓涧云.女记者[J].读书生活，1935(2).

7. 剪初.日本对华新闻政策的检讨[J].三民主义月刊，1935(5).

8. 冯自由.粤记者陈耿夫被害始末：附民十一参议院散花记[J].大风(香港)，1939(50).

9. 关梅.我国"电视新闻"概念的提出及其价值[J].新闻界，2013(6).

10. 黄天鹏.四十年来中国新闻学之演进[J].中国新闻学会年刊，1942(1).

11. 黄燕萍.任白涛的"公众本位"新闻观[J].青年记者，2017(26).

12. 緱晓菲.论任白涛的女记者观[J].东南传播，2018(2).

13. 李民治.出版界的怪事[J].现代评论，1925(25).

14. 黎白.任著"综合新闻学"读后(上)[J].上海记者(上海1942)，1942(1).

15. 黎白.任著"综合新闻学"读后(中)[J].上海记者(上海1942),1942(2).
16. 黎白.任著"综合新闻学"读后(下)[J].上海记者(上海1942),1942(3).
17. 刘家林.新闻史上的一桩公案[J].新闻爱好者,1999(5).
18. 林胜祥.浅论任白涛的新闻思想[J].新闻爱好者,2002(1).
19. 陆晔,潘忠党.成名的想象:中国社会转型过程中新闻从业者的专业主义话语建构[J].新闻学研究,2002(71).
20. 李秀云.任白涛:中国早期新闻道德改革的倡导者[J].军事记者,2003(5).
21. 李秀云.任白涛的两个"第一"[J].新闻爱好者,2005(1).
22. 刘建明."第四权力说"的历史滑落[J].现代传播,2006(4).
23. 李浩.任白涛应用新闻观之新闻事业心理研究[J].新闻研究导刊,2017(9).
24. 马星野.日本报纸之罪恶[J].十日文萃,1939(7).
25. 马光仁.任白涛与新闻学研究[J].新闻大学,1986(13).
26. 倪延年.抗战前后共产党新闻宣传口径的历史性转折与启示[J].现代传播(中国传媒大学学报),2017(12).
27. 任白涛.地方报之编辑[J].东方杂志,1921(17).
28. 任白涛.生活与文艺[J].民铎杂志,1925(2).
29. 任白涛.文艺底研究和鉴赏[J].小说月报,1925(1).
30. 任白涛.文艺的内容与表现[J].民铎杂志,1926(3).
31. 任白涛.轮转印刷机之发明及变迁[J].艺光汇刊,1930(1).
32. 任白涛.文艺创作是人生的实验[J].芒种,1935(8).
33. 任白涛.文学与科学[J].商务印书馆出版周刊,1935(148).
34. 任白涛.我仍然是个集纳主义者[J].文艺大路,1935(1).
35. 任白涛.十年来日本的劳动者教育[J].复兴月刊,1935(10).
36. 任白涛.从监牢式的私塾跳入学堂[J].青年界,1935(1).
37. 任白涛.爱读切合身心和生活的书[J].青年界,1935(1).
38. 任白涛.东京新闻社的一日[J].绸缪月刊,1935(11).
39. 任白涛.看日本一天的无线电播音!![J].现代,1935(2).
40. 任白涛.我一段记者生活的实录[J].青年界,1936(3).
41. 任白涛.什么叫集纳主义[J].自修大学,1937(9).
42. 任白涛.关于对敌宣传[J].中国青年(重庆),1940,3(1/2).
43. 任白涛.新闻学的对象和研究方法[J].中国青年(重庆),1941(4).
44. 任白涛.新闻事业心理研究的重要性[J].文汇丛刊,1947(1).
45. 任白涛.知识分子向群众学习的几种方法[J].书报精华,1948(47).
46. 任白涛."综合新闻学"搁浅记[J].春秋(上海1943),1949(2).
47. 任白涛.列邦的新闻学研究机关[J].中山文化教育馆季刊,1937(2).
48. 任白涛.过去日本对华的新闻政策(上)[J].社会导报,1932(5).
49. 任白涛.过去日本对华的新闻政策(续)[J].社会导报,1932(6).

50. 任白涛.过去日本对华的新闻政策(续)[J].社会导报,1932(7).

51. 任唯贤.为河南教育文化事业做出巨大贡献的张嘉谋[J].河南大学学报(社会科学版),1984(3).

52. 苏洁."勇于质疑"是记者的基本素质[J].新闻传播,2013(5).

53. T.C..新闻的侵略[J].向导,1924(71).

54. 王湛国.新闻学子任白涛[J].新闻爱好者,1994(11).

55. 王璋.为今日报界进一言[J].东方杂志,1919(5).

56. 王璋.日本新闻政策:乃日货中之最大最毒者[J].心,1919(2).

57. 王世杰.对于中国报纸赘言[J].现代评论,1926(第一周年纪念增刊).

58. 王金玉,窦克武.王拱璧与《东游挥汗录》[J].近代史研究,1987(3).

59. 王笑圆.邵飘萍和任白涛应用新闻观之比较研究[J].今传媒,2011(5).

60. 谢婉莹,瞿世英,刘万芳.燕京大学(续)[J].生命,1921(2).

61. 小山荣三.新闻学认识之目的[J].林春帆,译.新闻学报,1940(1).

62. 小山荣三.新闻学认识之目的(续完)[J].林春帆,译.新闻学报,1940(2).

63. 杨舒婷.任白涛新闻伦理思想探析[J].视听,2018(3).

64. 祝秀侠.介绍两本抗战新闻学[J].新战线,1938(1).

65. 哲甫.陈耿夫死事补[J].大风(香港),1939(52).

66. 朱经农.在我记忆中的熊秉三先生[J].东方杂志,1948(1).

67. 张国良.谈谈日本的新闻教育[J].新闻大学(上海),1982(3).

68. 朱至刚.取向与取舍:"学科"角度下的早期中国新闻学[J].新闻与传播研究,2015(9).

四、学位论文

1. 安平.近代日本报界的政治动员(1868—1945)[D].长春:东北师范大学,2013.

2. 崔清活.中英传播学教育比较研究——传播学历史的发展与演变[D].上海:复旦大学,2007.

3. 丁捷."官""报"之间:清末新政中的《北洋官报》研究[D].武汉:华中科技大学,2018.

4. 方晨.詹姆斯·W.凯瑞的新闻历史观研究[D].武汉:华中科技大学,2017.

5. 姜红.现代中国新闻学科建构与学术思想中的科学主义(1918—1949)[D].上海:复旦大学,2006.

6. 罗映纯.近代中国新闻职业化的建构——以民国新闻教育为考察中心[D].广州:暨南大学,2015.

7. 钱阳.留日背景下的民初知识分子——作为新闻人的角色呈现[D].合肥:安徽大学,2015.

8. 孙宝印.日本明治时期新闻政策研究[D].北京:中国社会科学院研究生院,2010.

9. 王红军.清末民初思想界的黄远生——新闻撰述生涯及生平史实之考辨与补正[D].上海:复旦大学,2010.

10. 徐基中.上海新闻记者职业团体研究(1921—1937)[D].武汉:华中科技大学,2016.
11. 杨娟.民国时期新闻评论理念研究——以储安平为中心的考察[D].武汉:华中科技大学,2017.
12. 阳海洪.探索中国新闻史研究新范式——基于媒介生态的视角[D].武汉:华中科技大学,2008.
13. 喻频莲."两报一刊"评论研究[D].武汉:华中科技大学,2016.
14. 张晓锋.新闻职业精神论[D].上海:复旦大学,2008.
15. 张振亭.中国新时期新闻传播学术发展史[D].武汉:华中科技大学,2008.
16. 周婷婷.中国新闻教育的初曙——以北京大学新闻学研究会为中心的考察[D].上海:复旦大学,2008.

五、外文译著

1. [德]马克斯·韦伯.天降之任:学术与政治[M].王容芬,译.北京:中央编译出版社,2018.
2. [美]休曼.实用新闻学[M].史青,译.上海:广学会出版,1913.
3. [美]薛莱尔.日本向全世界挑战[M].陈清晨,译.广州:战时出版社,1938.
4. [美]韦尔伯·斯拉姆等.报刊的四种理论[M].中国人民大学新闻系,译.北京:新华出版社,1980.
5. [美]斯蒂芬·埃里克·布隆纳.重申启蒙:论一种积极参与的政治[M].殷杲,译.南京:江苏人民出版社,2016.
6. [美]哈罗德·D.拉斯韦尔.世界大战中的宣传技巧[M].张洁,田青,译.北京:中国人民大学出版社,2003.
7. [美]兰斯·班尼特.新闻:幻象的政治[M].杨晓红,王家全,译.北京:中国人民大学出版社,2018.
8. [美]丹尼尔·C.哈林,[意]保罗·曼奇尼.比较媒介体制:媒介与政治的三种模式[M].陈娟,展江,等,译.北京:中国人民大学出版社,2012.
9. [美]沃尔特·李普曼.幻影公众[M].林牧茵,译.上海:复旦大学出版社,2013.
10. [美]沃尔特·李普曼.公众舆论[M].阎克文,江红,译.上海:上海人民出版社,2002.
11. [美]迈克尔·舒德森.为什么民主需要不可爱的新闻界[M].贺文发,译.北京:华夏出版社,2010.
12. [日]朝永三十郎.从康德平和主义到思想问题[M].任白涛,译.上海:启智书局,1930.
13. [日]有岛武郎.有岛武郎论文集[M].任白涛,译.上海:神州国光社,1933.
14. [日]有岛武郎.有岛武郎散文集[M].任白涛,译.上海:龙虎书店,1935.
15. [日]实藤惠秀.中国人留学日本史[M].谭汝谦,林启彦,译.北京:生活·读书·新知三联书店,1983.

16. [日]和田洋一.新闻学概论[M].吴文莉,译.北京:中国新闻出版社,1985.
17. [日]新井直之,内川芳美.日本新闻事业史[M].张国良,译.北京:新华出版社,1986.
18. [日]松本君平,[美]休曼,徐宝璜,等.新闻文存[M].余家宏,宁树藩,徐培汀,等编注.北京:中国新闻出版社,1987.
19. [日]杉村广太郎.新闻概论[M].王文萱,译.北京:中国传媒大学出版社,2018.
20. [日]后藤武男.新闻纸研究[M].俞康德,译.北京:中国传媒大学出版社,2018.
21. [日]小野秀雄.各国报业简史[M].陈固亭,译.台北:正中书局,1959.
22. [日]稻叶三千男,新井直之.日本的报业理论与实践[M].张国成,叶伦,王晓民,等译.北京:新华出版社,1985.
23. [苏]蔡特金.文艺学方法论[M].任白涛,译.上海:北新书局,1950.
24. [日]前田珍男子.神经衰弱与眼[M].任一碧,译.上海:商务印书馆,1951.
25. [苏]拉萨诺夫.共产主义与性爱·结婚·家族问题:马克思、恩格斯见解的发展[M].任白涛,译.上海:言行出版社,1938.
26. [英]密尔顿.论出版自由[M].吴之椿,译.北京:商务印书馆,1958.

附 录

任白涛生平大事记

1890年(清光绪十六年) 1岁
2月3日出生于河南省南阳市卧龙区白庄的一个没落地主家庭,幼年时期,父亲早亡,依靠伯父任学椿长大成人。

1894年至1905年(清光绪二十年至光绪三十一年) 5—16岁
四岁时便接受了严格的家庭教育,八岁时开始进入私塾,此后展开长达七年的私塾学习。

1906年(清光绪三十二年) 17岁
进入劝忠学堂,这所学校是由南阳当地热心教育事业的张嘉谋先生所创办,属于初中性质,其间曾师从李仙芳、王宗纲等诸先生。

1907年(清光绪三十三年) 18岁
因患有严重的近视,遂赴上海医治眼病同时兼以求学,曾先后在上海某体育学校和上海精武体育会学习,致力于体能方面的锻炼。

1910年(清宣统二年) 21岁
由于家庭资助中断而被迫退学,只身前往开封谋取生计,随后成为《民立报》驻汴特约通信记者。经于右任介绍,又为《神州日报》《时报》《新闻报》三家报馆同时担任特约通信记者。

1914年 25岁
7月,以"冷公"为笔名在《余兴》杂志第4期上发表《时报十周年纪念五更调》,祝贺《时报》创办十周年。《余兴》是时报馆出版的文艺性刊物,创刊于1914年,停刊于1917年。

1916年 27岁
东渡日本留学,进入日本早稻田大学政治经济科,因为酷爱新闻学,于是主要进行新闻学修习。
同年,参加大日本新闻学会,成为该会首届会员。
5月3日,以"冷公"笔名在《时报》上发表正题为《教育部与留东之自费生》,副题为《北京政府财政艰困之一斑》《现在时局与辛亥之比较》的新闻消息。

1917年 28岁
9月3日,在《时报》上发表《西方近世立志成功者之逸话》。

9月4日,在《时报》上发表《西方近世立志成功者之逸话(续)》。

1919年　30岁

置身东京"留日学生运动",反对巴黎和会关于中国青岛问题的解决方案,曾与留日学生一起返回国内,在中国政府当局的压力之下,同年又再次东渡日本。

10月12日,以"冷公"笔名在《友声日报》上发表《卖糖孩者说仿卖柑者言》一文。

1921年　32岁

从日本返回国内,曾在上海短暂居住。

9月10日,在《东方杂志》第18卷第17期上发表《地方报之编辑》。

1922年　33岁

迁居杭州西湖灵隐寺,创办中国新闻学社,潜心新闻学术研究,同时自费出版《应用新闻学》。

12月31日,在《申报星期增刊》上连载《东京朝日新闻之解剖》。

1923年　34岁

1月7日,在《申报星期增刊》上继续连载《东京朝日新闻之解剖》。

1月14日,在《申报星期增刊》上再次连载《东京朝日新闻之解剖》。

这年开始,为了维持生计,开始向《妇女杂志》《民铎杂志》《教育杂志》等长期撰稿。

5月20日,在《教育杂志》第15卷第5期上发表《一个日本学者之欧美教育视察谈》。

6月1日,在《妇女杂志》第9卷第6期上发表《爱与食之关系》。

6月1日,在《民铎杂志》第4卷第4期上发表《恋爱之哲理》。

7月1日,在《民铎杂志》第4卷第5期上发表《天才论》(叔本华原著)。

7月20日,在《教育杂志》第15卷第7期上发表《欧美教育的新趋势》。

8月20日,在《教育杂志》第15卷第8期上发表《青年期之性的卫生及道德》。

9月20日,在《教育杂志》第15卷第9期上发表《欧美之补习教育制度》。

10月20日,在《教育杂志》第15卷第10期上发表《欧美教育制度概观》。

11月20日,在《教育杂志》第15卷第11期上发表《德美师范教育之改造》。

12月20日,在《教育杂志》第15卷第12期上发表《英国劳动党之教育政策》。

1924年　35岁

3月23日,以"冷公"笔名在上海小型报纸《大世界》上发表《闸北祥经织绸厂大火烧说新闻》。

4月1日,在《民铎杂志》第5卷第2期上发表《妇女之道德》(爱伦凯原著)。

3月20日,在《教育杂志》第16卷第3期上发表《战后英国之新人文主义的教育》。

4月20日,在《教育杂志》第16卷第4期上发表《瑞典的成人教育》《苏俄的教育政策及其设施》。

5月20日,在《教育杂志》第16卷第5期上发表《战后德国之理想主义的教育》。

6月20日,在《教育杂志》第16卷第6期上发表《日本尾岛氏之欧美教育视察谈》《现代教育思潮之批判的观察》。

7月20日,在《教育杂志》第16卷第7期上发表《欧美之劳作教育》《世界语教授之国际的运动》。

8月20日,在《教育杂志》第16卷第8期上发表《欧美的道德教育》。

9月20日,在《教育杂志》第16卷第9期上发表《欧美之补习教育》。

11月20日,在《教育杂志》第16卷第11期发表《一个柏林劳作小学的国语教学的实例》。

11月20日,在《教育杂志》第16卷第11期上发表《欧美之补习教育(续)》。与商务印书馆协商,将关于"欧美补习教育"的文章汇编成《欧美之义务补习教育》一书,翌年出版。

12月20日,在《教育杂志》第16卷第12期上发表《欧美成人教育之勃兴》。

同年,在《小说月报》第15卷第10期上发表《宣传与创作》。

1925年　36岁

2月1日,在《民铎杂志》第6卷第2期上发表《生活与文艺》。

2月20日,开始在《教育杂志》上连载《欧美都市教育之一斑》长篇文章。此后商务印书馆将这部分文章汇集入《改造中的欧美教育》一书并出版,以版税作为对任白涛的补偿。因为先前商务印书馆曾出版了伍超对任白涛《应用新闻学》的抄袭之作——《新闻学大纲》。

3月,在《小说月报》第16卷第1期上发表《文艺底研究和鉴赏》。

3月20日,在《教育杂志》第17卷第3期上发表《欧美中学教育之近况》。

4月1日,在《民铎杂志》第6卷第4期上发表《康德的平和论》。

4月20日,在《教育杂志》第17卷第4期上发表《欧美之艺术教育》。

5月20日,在《教育杂志》第17卷第5期上发表《现代日本教育思想之两大潮流》。

11月20日,在《教育杂志》第17卷第11期上发表《欧美的新学校》。

12月20日,在《教育杂志》第17卷第12期上发表《欧美的新学校(续)》。

12月,著述《欧美之义务补习教育》,由上海商务印书馆发行。

12月,与易家钺合著《青年期之性的卫生及道德》,由上海商务印书馆出版发行。

12月,与常道直合著《成人教育》,由上海商务印书馆发行。

1926年　37岁

戈公振为了撰写《中国报学史》,亲自到杭州西湖灵隐寺向任白涛借阅资料,后者慨然将多年积累的所有文献史料拿出来供其选用。

同年6月,与亚东图书馆达成协议,准备《应用新闻学》的再版事宜。

8月1日,在《民铎杂志》第8卷第1期上发表《文学的本质》《产生艺术之胎》。这两篇文章被排版在本期的最前面,可见任白涛的文章是为当时杂志社所重视的。

10月1日,在《民铎杂志》第8卷第3期发表《文艺的内容与表现》。

1927年　38岁

3月1日,在《民铎杂志》第8卷第4期上发表《"苦闷的象征"的缩译》。

5月20日,在《教育杂志》第19卷第5期上发表《日本之补习教育》。

5月23日,致函胡适,询问关于"欧美新教育"的丛书在亚东图书馆的出版情况,后来这部书由商务印书馆印行。

6月20日,在《教育杂志》第19卷第6期上发表《日本之补习教育(续)》。

7月20日,在《教育杂志》第19卷第7期上发表《日本之补习教育(续)》。

7月,辑译《近代恋爱名论》,由上海亚东图书馆负责出版。

1928年　39岁

3月,编著文艺类著作《给志在文艺者》一书,交由上海亚东图书馆印行。

9月,着手《应用新闻学》的三版事宜。

1929年　40岁

4月,著述《最近各国的补习教育》一书,由上海启智书局印行。

6月,着手《应用新闻学》的四版事宜。

1930年　41岁

4月,翻译日本文学博士朝永十三郎所著的《从康德平和主义到思想问题》一书,由上海启智书局印行。

6月,在《艺光汇刊》第1期第1册上发表《轮转印刷机之发明及变迁》。

6月,编译《改造中的欧美教育》一书,由上海商务印书馆发行。

1931年　42岁

2月23日,在《新学生》创刊号上发表《少小时代之运动与健康》。

7月20日,在《教育杂志》第23卷第7期上发表《婴儿教养院的特质及其价值》。

10月5日,与黄天鹏、翁毅夫、袁殊等人一起联名在《文艺新闻》上发表《新闻学研究者向中国新闻界紧急请求》,号召中国新闻界拒载日电,共筑新闻长城。

10月5日,在《文艺新闻》的同一版上以个人名义发表《国将不国,报将不报:任白涛请严令各地报纸永绝日电》。

1932年　43岁

5月13日,在《社会导报》第1卷第5期上发表《过去日本对华的新闻政策(上)》。

5月20日,在《社会导报》第1卷第6期上发表《过去日本对华的新闻政策(续)》。

5月27日,在《社会导报》第1卷第7期上发表《过去日本对华的新闻政策(续)》。

7月,为袁殊《学校新闻讲话》写作序言,该序名为《写在袁著〈学校新闻讲话〉的白页上》。

1933年　44岁

2月,准备《应用新闻学》的五版事宜。

5月,编译《西洋文学史(近世篇)》,由上海民智书局出版发行。

5月,翻译《有岛武郎论文集》,由上海神州国光社出版发行。

9月13日,在《国际每日文选》第44期发表《日本停职左倾教授列传》。

1934年　45岁

10月,辑译医学丛书《优生学与遗传及其他》,由上海商务印书馆发行。

11月1日,在《中华月报》第2卷第11期上发表《西洋出版小史》。

12月1日,在《中华月报》第2卷第12期上发表《西洋出版小史(续完)》。

12月,译订并出版日本作家厨川白村所写《恋爱论》,该书由上海启智书局发行至第九版。这表明男女两性类问题为当时社会民众所津津乐道的话题,任白涛也在迎合市场需要而写作这一类书籍。

1935年　46岁

1月,在《青年界》第7卷第1期上发表《从监牢式的私塾跳入学堂》。

3月1日,在《现代(上海1932)》第6卷第2期上发表《看日本一天的无线电播音!!》。

4月1日,在《文艺月刊》第7卷第4期上发表《科学的文学》。

5月10日,在《新文学》第1卷第2期上发表《斯丹大尔论》。

5月10日,以"任一碧"笔名在《行素》第1卷第7/8期上发表《学校卫生简述》。

5月23日,接受《新闻报》记者殷麟采访,对"新闻学"及创设"业余记者"发表看法,介绍该记者所写关于"业余记者"的文章在《记者座谈》刊物上发表。

6月,将其历年来所积累的新闻学资料加以整理分类,着手写作《综合新闻学》。

6月1日,在《复兴月刊》第3卷第10期上发表《十年来日本的劳动者教育》。

7月1日,在《芒种》第8期上发表《文艺创作是人生的实验》。

7月15日,以"冷公"笔名在《绸缪月刊》第1卷第11期上发表《东京新闻社的一日》。

8月,在《青年界》第8卷第1期上发表《爱读切合身心和生活的书》。

9月28日,在《商务印书馆出版周刊》新第148期上发表《文学与科学》。

10月1日,以"任一碧"笔名在《复兴月刊》第4卷第2期上发表《欧美发明界的展望》。

10月25日,在《绸缪月刊》第2卷第2期上发表《近世文豪夏目漱石》。

11月29日,在《文艺大路》第2卷第1期上发表《我仍然是个集纳主义者》。

11月,翻译《有岛武郎散文集》,由上海龙虎书店出版。

1936年　47岁

3月,在《青年界》第9卷第3期上发表《我的一段记者生活的实录》。

1937年　48岁

2月,《应用新闻学》经亚东图书馆出至第六版。

4月,在《中山文化教育馆季刊》第4卷第2期上发表《列邦的新闻学研究机关》。

4月9日,在《中国学生(上海1935)》第4卷第6期上发表《关于学校防痨的几桩要事》。

5月15日,在《自修大学》第1卷第9期上发表《什么叫集纳主义》。

1938年　49岁

春季,由于上海沦为"孤岛",举家离沪前往广州,临行前在上海写成《抗战期间的新闻宣传》书稿。

5月,由新闻研究社担任出版者,出版了《抗战期间的新闻宣传》一书,交由北新书局代售。

迁居广州期间,在战火中写成《国际通讯的机构及其作用》书稿,拟交广州商务印书馆出版。

翻译苏联作家拉萨诺夫的《共产主义与性爱·结婚·家族问题：马克思、恩格斯见解的发展》，由上海言行出版社发行。

1939 年　50 岁

2 月，抵达广西贵县，其间写成《日本对华的宣传政策》书稿，拟交商务印书馆出版。

4 月间，抵达战时陪都重庆，到中共代表团驻渝办事处寻找好友周恩来。

不久，经周恩来介绍，到郭沫若主持的国民党军事委员会政治部第三厅担任中校设计委员，从事对敌宣传工作。

7 月，与商务印书馆拟定协议，出版《国际通讯的机构及其作用》一书。

1940 年　51 岁

1 月，与商务印书馆达成协议，出版《日本对华的宣传政策》一书。

8 月 1 日，在《中国青年》第 3 卷第 1/2 期合刊上发表《关于对敌宣传》。

9 月，国民党顽固派掀起了第二次反共逆流，蒋介石下令罢免了郭沫若的政治部三厅厅长职务，接任厅长贺衷寒强迫三厅全体职员一齐加入国民党，三厅中进步人士群起抵制，愤然离开三厅。

10 月 19 日，以"冷公"笔名在《立言画刊》第 108 期上发表《青年三票友：三"小"合演春香闹学、明昼长安票界大合作》。

10 月 26 日，以"冷公"笔名在《立言画刊》第 109 期上发表《上期三小字合演春香闹学：成绩圆满》。

1941 年　52 岁

1 月，成为湖北恩施《新湖北日报》首任总编辑。

4 月 1 日，在《中国青年（重庆）》第 4 卷第 4 期上发表《新闻学的对象和研究方法》。

4 月 11 日，以"冷公"笔名在《吉安动员》第 2 期上发表《略谈吉安》。

7 月，商务印书馆出版了《综合新闻学》的第一、第二两册。

此后，曾任第六战区中校参谋、湖北省政府参议等职务，实则权力已被架空，仅为虚职。

1942 年　53 岁

11 月 1 日，以"一碧"笔名在《津津月刊》第 1 卷第 9 期上发表《美丽与幻灭》。

1943 年　54 岁

6 月 24 日，以"冷公"笔名在《力报（1937—1945）》上发表《兴来偶笔》。

1946 年　57 岁

3 月，住进了曾家岩。

4 月，搬至位于神仙洞和化龙桥的《新华日报》报社。

4 月 8 日，出席重庆国共谈判与政治协商会议的中共代表王若飞、政协宪草审查委员会中共代表秦邦宪为与中共中央商讨协定内容，和新四军军长叶挺、中共中央职工委员会书记邓发、进步教育家黄齐生等于 4 月 8 日由渝乘 C47 式运输机飞延。由于天气恶劣，飞机不幸失事,全体人员遇难。任白涛与夫人邓涧云联名撰写纪念文章《难忘的四·八!》,以示哀悼。

5月1日,在《至尊画报》创刊号上发表《台湾》一文。

7月,经周恩来同意,与《新华日报》报社人员一同撤退至南京。

12月,寄居上海,为生活书局撰写《〈资本论〉图解》第一册,作为认识、研究马克思主义理论和思想的辅导读物。

1947年　58岁

9月,在《文汇丛刊·春天的信号》第1期第1辑上发表《新闻事业心理研究的重要性》。

12月,译述儿童故事《猎猩猩记》,由上海商务印书馆出版,主编为朱经农、沈百英。

1948年　59岁

与蔡尚思先生就"许行思想"在报端展开激烈论战。

8月15日,在《文讯》第9卷第2期上发表《关于"许子之道"》。

9月18日,在《展望》第2卷第18期上发表《知识份子向群众学习的几种方法:首先拆除"劳心""劳力"的旧墙壁》。

10月15日,在《文讯》第9卷第4期上发表《再论"许子之道":并同蔡尚思先生讨论一下》。

10月,在《青年界》第新6卷第2期上发表《活像菜馆伙计的臧克家》。

11月15日,在《书报精华》第47期上发表《知识份子向群众学习的几种方法:首先拆除"劳心""劳力"的旧墙壁》。

1949年　60岁

2月,在《春秋(上海1943)》第6卷第2期上发表《"综合新闻学"搁浅记》。

7月,新中国成立前夕,受邀至北平出席全国文学艺术工作者代表大会,简称"第一次文代会",得到了周总理的接见。

1950年　61岁

翻译了苏联作家蔡特金的《文艺学方法论》,对无产阶级文艺学理论加以引介。

1952年　63岁

8月31日,在应周恩来邀请准备赴京工作之际,不幸突患中风病逝于上海。

后　记

三年前,我完成了博士学位论文的撰写。在导师的支持下,我的这篇博士论文被纳入《南京师范大学民国新闻史研究所丛书》(第二辑)的出版计划之中。因此,本书是在我的博士学位论文基础上修改、充实、完善而成的。从论文撰写到修改成书的过程中,我得到了许多人的帮助与支持,这使我能够顺利地完成论文撰写与修订,在此我想对他们表达感谢。

我衷心感谢我的导师倪延年教授。2018 年,我有幸进入了"倪门",成了倪老师的学生,从此开启我的科研之路。在我眼里,倪老师是一个温和的人。与倪老师交谈,我有一种与家中长辈相处的亲切之感,这让我能够以轻松的心态在老师面前畅所欲言、直抒胸臆。因此,每次与倪老师交谈结束,我总有一种心情舒畅的感觉。倪老师带领我走进了"民国新闻史"的研究领域,带我领略了一个缤纷多彩的新闻史的世界。还记得在博一的时候,倪老师给我们讲授"新闻传播史研究"这门课,他在一次课上用两个小时的时间从新闻媒介、新闻事件、新闻人物等多个角度对中国新闻史的发展进行了细致的讲解。倪老师的博学多识令我钦佩,这也激励我更加奋发学习。倪老师还是一个严谨而负责的人,他对于教育的态度是一丝不苟的。他对我的博士论文修改甚为详细,给我留下深刻的印象,正如任白涛回忆他的老师对他文章的批改那样,即"小批和大批,印象太深刻了"。我的科研道路的铺就与博士论文的撰写离不开倪老师的诸多心血,有师如此,真乃幸事!

我衷心感谢南京师范大学新闻与传播学院的诸位老师们。求学期间,我有幸聆听了张晓锋教授、顾理平教授、骆正林教授、于德山教授、靖鸣教授的精彩课程,这帮助我增长了专业知识,拓宽了学术视野。在开题报告论证会上,方晓红教授、胡正强教授、张晓锋教授、王继先教授对我的博士论文开题报告提出了宝贵的建议,促使我的研究工作趋于完善。鄢放老师、刘发群老师以及钱珺老师也在日常学习和生活上给予我很多帮助和支持。

在我的博士论文写作期间,我还得到了许多学友们的帮助和支持。国际文化教育学院的吴明昊博士在史料研读上给予我诸多帮助。我的同门周浒博士在史料收集上给予我诸多指点。此外,我的其他同门和同学也给予了我许多鼓励和支持,大家经常就学术问题展开探讨。我在此向他们表示感谢。

本书的出版得到了南京师范大学出版社的大力支持,衷心感谢为本书的校对、修改、出版倾注精力与心血的编辑们。

最后要感谢的是我的家人。这么多年以来,父母一直都在背后默默地支持着我前行,他们是我坚实的后盾。一路走来,感恩父母的关心、爱护与陪伴。

任白涛是一位活跃在晚清民国动荡环境下的新闻人。他坚持真理,追求民主,注重将个人理想与时代需要相结合。在其多年的新闻人生涯里,他不仅在新闻事业和新闻学研究上积累了丰富的经验,还留下了许多珍贵的新闻作品和学术成果,他在中国新闻史上所做出的贡献有理由使他成为新闻史研究领域中的一个重要课题。个人社会地位的高低或许是衡量历史人物历史影响的一种标杆,但这不应当成为唯一标准。本书秉持历史唯物主义和辩证唯物主义的基本原则,坚持实事求是、论从史出,以尽可能详尽的史料为基础,以严谨的态度和科学的方法对新闻人任白涛展开研究。但由于任白涛所处的时代历经战火,他的不少著述文稿或毁于轰炸,或散之各地,或存于相关单位及个人而暂未得以披露,这是本书研究的一大缺憾。因此,本书在有限史料基础上对新闻人任白涛做出的研究或存在遗漏、片面等缺陷。对此,我衷心希望得到各位专家学者的批评和指正。

张炳旭
2024 年 12 月 12 日于扬州大学